媒介、文化与身份叙事

Media, Culture, and Identity Narration

谢觅之 编著

浙江工业大学重点教材建设项目资助

浙江省省级线上一流课程《媒介与性别文化传播》配套教材

ZHEJIANG UNIVERSITY PRESS
浙江大学出版社
·杭州·

图书在版编目（CIP）数据

媒介、文化与身份叙事 / 谢觅之编著. -- 杭州：
浙江大学出版社，2025.6. -- ISBN 978-7-308-26303-0

Ⅰ. G219.2

中国国家版本馆CIP数据核字第20257DZ164号

媒介、文化与身份叙事

谢觅之 编著

责任编辑	顾 翔	
责任校对	陈 欣	
封面设计	VIOLET	
出版发行	浙江大学出版社	
	（杭州市天目山路148号 邮政编码310007）	
	（网址：http://www.zjupress.com）	
排 版	杭州林智广告有限公司	
印 刷	杭州钱江彩色印务有限公司	
开 本	710mm×1000mm 1/16	
印 张	17.5	
字 数	268千	
版 印 次	2025年6月第1版 2025年6月第1次印刷	
书 号	ISBN 978-7-308-26303-0	
定 价	78.00元	

前　言

在打开这本书前，你会如何介绍自己？

如果你听到有人这样介绍自己——谢觅之，来自银河系、地球的人类，中国人，汉族，80后；自然性别为女性，无跨性别倾向，是异性恋者，但非异性恋霸权者；有自己的立场和观点，有自己的事业和梦想；曾投身于单身浪潮，后进入自由婚姻，自然生育，拥有一位10后男孩的监护权；以自我命名，拒绝在必要的关系场景外被喊作某太太或某妈妈；有清醒的性别意识，是致力于性别平等的女性主义者——你是否会有一点点超出自我经验的错愕感？

从这个略显奇怪的自我介绍中，大家也许会看到一些有趣的维度：比如，"来自银河系、地球的人类"，基于一种暗暗认同外星文明存在可能性的宇宙观，并且隐隐体现着她"去人类中心主义的物种平等主义者"的一面。比如，"自然性别为女性，无跨性别倾向，是异性恋者，但非异性恋霸权者"，表达了她对自我的性别的认知以及对性少数群体抱持有"看见"和"尊重"的平等态度；而"自由婚姻"和"自然生育"，则可以被理解为，穿透了诸如"包办婚姻"等婚姻形式的历史和诸如"借助科技主义构建脱离传统生育伦理及制度"的未来；"拥有一个孩子的监护权"是一种对人类关系和制度层面的警醒——"孩子是爸爸妈妈的孩子"这样的常识，如果被放在一个与现有社会家庭结构模型以及现有生育、法律制度相悖的社会中，就不一定成立……

同时，大家也不难发现，在这个介绍中暗含着基于性别视角的潜在问题：我们的性别身份与经历，是否获得了主流文化的认同？哪些部分存在特权、不公正或者偏见？人类文明社会亘古绵长的婚姻制度、生育制度、家庭结构正在朝着怎样的方向发展变化？类似于《使女的故事》①这样的反乌托邦脚本是睿智的预警还是深沉的回望？"女性主义"为什么那么容易被误解甚至被污名化？我们该如何弥合正在上升的性别意识与在具体实践中产生的多重矛盾甚至鸿沟？大众传媒是如何强化社会性别意识的？我们又如何在当下的性别文化范式中为自己和他者命名？

人类存在一种不可测量、无法言表的质性，这种质性既可以喂养痛苦，也可以支撑灵性。从你打开这本书、修这门课程开始，我们便一起吞下了"红色药丸"②，开始进行基于多种性别文化、文本的照见和选择。在这个过程中，我们也许会经历打破意识惯性、剥离传统性别角色的痛苦，也可能因此获得更为多元化的性别视角和重构性别秩序的灵性力量。我们可能会打破性别二元对立的藩篱，并意识到：我们对待性别的看法以及扮演性别角色的方式可能需要改变；我们在认真思考个人的性别身份的同时，有责任为我们共享的世界提供新的视角和实践；我们需要借由性别教育获得性别文化传播的系统动力，并在性别化的社会场景中进一步了解媒介作为社会文化的载体与呈现者是如何渗透日常生活、影响社会性别意识、维护或颠覆性别寓意的。在"人人皆是媒体人"的众媒时代，这恰是我们每个人都该拥有的基于性别视角的媒介素养。

本书分为三大部分。第一部分主要从东西方关于"性""性别形成"的认知、理论视角，激活对性别文化传播的观察与想象；第二部分从历史中的女性主义运动浪潮、男性运动的语艺传播及女性主义的传媒批判理论，厘清媒介与性别研究的发展脉络，了解性别、文化、传播三者间的深刻关系；第三部分多维度、多向面地探讨社会热议的性别命题，并立足于突破西方语境的东方文本，探索其中的话语制造与性别叙事。

---

① 加拿大作家玛格丽特·阿特伍德创作的长篇小说，虚构了一个女性沦为生育工具的男性极权世界。
② 在电影《黑客帝国》中，红色药丸象征着觉醒和对真相的追求。它代表着选择了解真实世界的勇气，即使这个真相可能是残酷和不愉快的。选择了红色药丸的人愿意从虚幻的乌托邦中觉醒，并面对现实世界的复杂和挑战。这个隐喻在现实生活中被广泛应用，通常被用来描述一种愿意深入了解事物本质、追求真理的态度。

目 录

第一部分

性别的基本认知与理论

第一章 性别形成的基本认知

你了解自己的性别吗？你知道性别是如何形成的吗？东方和西方主流的性别认知有什么不同？在历史中，人类是否存在过先进的性别文化与性别观？身处性别意识转型期的我们，是否能够理解社会中不同群体之间矛盾的性别态度？比如：有人既认为"女性应该在社会生活与学习工作领域中享有平等的机会"，又认为"女性不应该卷入残酷的战争"；有人既认为"男性女性都有责任照顾儿女"，又认为"母亲应该在照顾儿童的早期生活方面承担主要责任"；有人既认为"女性和男性同样具有高明的管理才能"，又"希望自己的上司是位男性"……是的，很多时候很多人连自己都搞不清楚自己的态度！

性别的认知并不简单，性别政治正确和不受性别限制地发展理想，与我们真实的价值观、信念以及实践依然存在着正负偏差。而要洞悉这一切，我们要首先要回到性与性别的本源。

第一节 东西方语境中的性与性别

一、西方语境中的性与性别

在西方语境中，性（Sex）指解剖学意义上的男女，是一种基于生物学的符号所指，是一种由遗传学因素和生物学因素决定的分类。而性别（Gender）在英文中最初是语言学用语，指代名词的"阴/阳"属性；之后在美国女性主义运动第二次浪潮中，被用来指代由社会和文化原因所导致的性别差异。此时，性别更多地被视为一种社会学和心理学意义上的符号所指，具有社会属性，并在语言、互动、文化符号等文化要素的构成中形成了具有一定共识的社会标准。性与性别二者密切相连，但又不是同一概念。在中文中，我们常用"社会性别"来指代"Gender"的内涵。

（一）性和性别的生物性与社会性

在 20 世纪 70 年代之前，生物学上的两性差异借由解剖来判别。有生物学常识的人一定知道，人体的体细胞有 23 对 46 条染色体：其中 22 对 44 条染色体为男女所共有，称为"常染色体"（Autosome），主要调控身体的发育；最后一对，即第二十三对染色体是决定性别的染色体，男女不同，称为"性染色体"（Sex Chromosome）。性别的认定便取决于这对性染色体：XX 染色体发展成女婴，XY 染色体发展成男婴。一个个体，只要没有 Y 染色体就是女性；只要有 Y 染色体，就是男性。染色体的构成决定了个体的性器官、性腺等一系列生理特征。

同时，性发育会受到激素的影响，正常的生理性别的形成与确认需要精准无误的激素水平。有一种特殊的情况是：当 XX 染色体胎儿受到过量孕酮影响或 XY 染色体胎儿在性分化的关键时期缺乏孕酮，就有可能形成兼具男女双性生物学特征的现象，这样的胎儿一般被称为"间性人"（Intersex）。间性人的存在推翻了人们关于生理性别的二元论认知，说明人类的生理性别并非非男即女。如今，每年的 10 月 26 日被定为"间性者现身日"（Intersex Awareness Day）。

拓展资料：间性人与奥运会的故事

很多人没有关于间性人的认知及经验，我们也很少从媒体上获得相关的信息。最先引起媒体注意的间性人，是一群被视为"利用性别作弊"的世界级运动员。如：1932 年洛杉矶奥运女子 100 米金牌得主，波兰人斯坦尼斯洛娃·瓦拉谢维奇（Stanislawa Walasiewicz），其在去世后被发现是间性人；1966 年世界女子滑雪冠军奥地利人埃里克·辛内格（Erik Schinegger）在 1967 年被验出雄性染色体；在 20 世纪 60 年代创下多项世界纪录的塔玛拉·普雷斯（Tamara Press）和伊尔娜·普雷斯（Irina Press）姐妹，因在 1964

年东京奥运会上表现得过于惊人（前者获得了射击和铁饼两块金牌，后者取得了五项全能冠军）而深受性别质疑，当 1968 年墨西哥城奥运会决定实施性别鉴定时，姐妹俩选择主动退出奥运舞台；2006 年多哈亚运会女子 800 米银牌得主印度人桑蒂·松达拉贾恩（Santhi Soundarajan），因不能通过性别鉴定而被取消奖牌……

　　间性人的存在，使得很多国际运动赛事的性别鉴定失去了意义：无论是早期要求运动员在专家面前赤身裸体，是改用抽取口腔细胞以惰性 X 染色体来判定性别，还是 1992 年国际奥委会改用聚合酶链式反应测试 Y 染色体以决定区域基因 SRY①，其实人类一直都没能找到一种绝对精准的性别鉴定方法。因为人体内可能先天拥有多种染色体，且基因性别也并不完全等同于生物性别——拥有男性基因的人，其体能未必向男性方向发展。

　　所以从 2000 年悉尼奥运会起，运动员在赛前就不再需要接受性别鉴定了（在个别运动员的性别存在疑问的情况下，可以使医学人员干预）。2004年 5 月 18 日，国际奥委会在瑞士洛桑宣布，允许跨性别者参加奥运会，并公布了实施标准及限制性条件：在参赛时，运动员接受变性手术后产生的性别变化必须已经完成，且已获得官方对其新性别的合法承认；同时，在参加比赛前，变性运动员必须接受两年以上的激素治疗。

　　所以，"性别"一词可能远比我们想象得要丰富得多。心理学家约翰·马尼（John Money）对生理性别的发展阶段做了更为精细和全面的概括。他认为：两性是从同一组织中分化出来的，所有的人走在同一条路上，但是后来分了路，潜在的男性和潜在的女性通过一系列的岔路口，分别走上不同的道路。这些岔路口包括：染色体性别（Chromosomal Sex）、性腺性别（Gonadal Sex）、胎儿荷尔蒙性别（Foetal Hormonal Sex）、内结构性别（Internal Morphologic Sex）、外结构性别（External Morphologic Sex）、脑性别（Brain

---

① 1990 年，学者们在 Y 染色体上找到了睾丸决定基因，也就是著名的 SRY 基因。其一般作为哺乳动物性别决定基因——具有 SRY 基因发育成雄性，不具有 SRY 基因则发育成雌性。但 SRY 基因只是影响性别发育的诸多基因之一。科研人员已经发现了十余种与性别发育相关的基因，分别从不同的发育阶段对胎儿的性征发育进行调控，在任何阶段出现问题，均会引起性发育异常，使幼仔出生后表现出性征模糊。

Sex）、抚育性别（Sex of Assignment and Rearing）、青春期荷尔蒙性别（Pubertal Hormonal Sex）、社会性别身份与角色（Gender Identity and Role）和生育性别（Procreative Sex）。学界一般认为：一个个体起码染色体性别、基因性别、性腺性别、生殖器性别、心理性别和社会性别这六种性别模式全部统一，才可能确定其真正意义上的性别，否则就会出现性别模糊或性征模糊。

性别具体的社会性、符号性意义，在很大程度上取决于社会的文化价值观及其青睐的生活组织方式，形成于人们与社会交互、与性别的自我认同相结合的过程中，并会因时而变。几乎所有与性别相关的文化、行为、制度都是社会性的，具有相应的社会属性和规范意义。因此，美国心理学家罗伯特·斯托勒（Robert Stoller）在其著作《性与性别：男性气质与女性气质的发展》（*Sex and Gender: The Development of Masculinity and Femininity*）中，区分了社会性别和生理性别。斯托勒认为，社会性别一词强调了社会对于生理性别的规制，且批判性地指出了男性在社会地位上高于女性是由社会文化创造的。在斯托勒之前，英语中有着混用Gender与Sex的情况，即在指代社会性别时也有可能用到Sex一词，反之亦然。这也解释了为什么在20世纪的中国学者的译文中，出现了将生理性别和社会性别混用的现象。而美国社会历史学家琼·W.斯科特（Joan W. Scott）对Gender的定义是："基于可见的性别差异之上社会关系的构成要素，是表示权力关系的一种基本方式。"她在系统论述社会性别概念时指出：其一，社会性别是区分社会地位和组织社会关系的基础；其二，社会性别是区分权力关系的基本方式。

（二）西方媒介语境中的性别选择

西方语境中的性别是一个被精细剖解的概念。虽然在传统媒体上，性别二元论以及传统的性别期待依然随处可见，但在脸书（Facebook）这样的网络媒介上，性别则被指向了56种选择①，如无性别（Agender）、双性别（Bigender）、顺性女/顺性男（Cis Woman/Cis Man）、跨性别（Trans）、流性（Gender Fluid）、非常规性别（Gender Nonconforming）、性别存疑（Gender

---

① 这56种性别分类是脸书联合GLAAD（Gay&Lesbian Alliance Against Defamation）共同制定出来的。GLAAD成立于1985年，是美国知名的全国性反歧视组织。该机构为非异性恋社团争取曝光率和大众理解而努力。

Questioning）、性别酷儿（Genderqueer）、泛性别（Pangender）、双灵（Two-spirit）等，并由此向性别的二元论提出了尖锐挑战。

拓展资料：多元的性别选择

无性别者往往指那些觉得性别不是自己核心特质的人。

双性人是自我性别认定可以在两种性别之间切换的人。这两种性别未必是男和女，可以是这里提到的许多种其他非传统性别。

顺性和跨性别是一组相对的概念。持顺性男或顺性女性别认知的人强调自己的生理与心理与出生时的生物性征一致，跨性别者则强调自我性别认定和出生时的生物性别不同。值得注意的是，跨性别者还是会使用男女二元论，只不过他们的性别认同恰好和出生时的性别相反。这种"跨"可以是心理和政治意义上的，也可以是伴随手术和激素疗法而改变的生理状况；这个标签可以是转变过程中的暂时性的标签，也可以是永久性的标签。

流性人是指在不同时间经历性别认知改变的人。与双性人在两种明确的状态间切换不同，流性人的性别认知是一种连续谱。这些年很受欢迎的"性别是流动的"观点就是对流性人的特质的写照。

非常规性别者拒绝接受传统性别的二元区分，强调自己的拒绝特征：我不属于传统二元中的哪一元，但我也不会去精确确认自己的位置。而性别存疑者恰好与之相反：对自己的性别归属不完全确定，但确信自己在主观上有确立自我性别认知的倾向。

性别酷儿中的"酷儿"（Queer）原意是"怪诞、奇怪、变态的"，本为英语中用来攻击和羞辱性少数者的用语。20世纪90年代，该词被性少数群体和学界用来表达对主流性别体制的抗拒和不满，成为所有不符合主流性与性别规范的性少数群体所使用的身份、政治和学术用语，并在近几十年来成为非传统性别的代名词。它既是一种身份标签（性别酷儿），也是一种政治策略（性别酷儿/酷儿身份），同时还是一种文化分析概念（酷儿理论①）。性别酷儿正是代表基于酷儿理论的带有哲学思考的自我性别认知和表达方式。

---

① 酷儿理论是20世纪90年代初在美国形成的文化理论。该理论批判性地研究了生理的性别决定系统、社会的性别角色和性取向，反思现有性别体制，认识到多元性别和多元性取向的存在。

泛性别者认为自己是各种性别特质的混合体，即每样性别都有一点儿。

双灵人即两魂人，是来自北美原住民文化的术语，指"体内同时含有男人和女人灵魂的人"。与冰冷的医学术语不同，这个词强调的是其神秘主义和浪漫主义的特性，以及北美性别文化对"双性"气质的认同。

二、东方语境中的性与性别

在东方语境中，"性"一词的内涵非常丰富，既包含了东方的生命智慧和哲思，亦囊括了"性别"本身。《说文解字》云："性，人之阳气性善者也。从心，生声。"其本义是指"人的本性"，以及"人或事物本身所具有的能力、作用等"。而它丰富的衍生含义，无一不与西方语境下的诸多性别命题形成映照。

衍义1：性通生（shēng），指生命、生机。如：与人留一线生机，众生平等。衍义2：意为性别，指向男性、女性或雌雄特质。主要强调特质区分，而非高低之见。衍义3：指性情、脾气。东方智慧讲究修身养性，性情脾气可经由后天的自我觉知与修炼而获得，不拘泥于性别的自然流现①。衍义4：有关生物生殖的。这一衍义与生命、生机的起源形成呼应，既是生物性的，也是被赋予灵性的——很多民族受到文化禁锢，谈性色变，大概只将"性"关联到人类最原始的动物性感官本能，或者关联到诸如性工作者等被社会污名化的边缘群体，而忽略了人类起源本身所蕴含的灵性能量。衍义5："性"一词指向内心，如"性识"一词就是天分、悟性的意思。将其应用于宗教哲学领域，则指事物的本质，与"相"相对。由大众媒介同谋构建出来的景观社会，都是"相"，一个人只有回归本心，不流于皮相，不执于意志，才能明心见性。从这个角度而言，东方的文化底色本该有着更为先进与辽阔的性别观。

老子在他的宇宙生成论里说："道生一，一生二，二生三，三生万物。"《淮南子·天文训》将这句话解释为："道始于一，一而不生，故分而为阴阳，阴阳合和而万物生。"阴阳本身就包含了性别智慧，是造化，是一体的能量守恒，

---

① 自然流现是基于正在生成的未来而展开行动的状态。

是多元平衡，即所谓"你中有我，我中有你"。用西方的流行语来讲就是："He for she./She for he."。还有一句名言"上善若水，至柔则刚……天下之至柔，驰骋天下之至坚"，彰显出老子贵柔守雌、刚柔并济的智慧力量。

在东方语境中，我们能感受到万物归一的融通。正如北京大学佟新教授所认为的，在中国"一提性别都知道是在说社会性别，中国的性和性别不像西方有那么大的区别"。若将西方的"间性"概念放置到东方的文化语境中，其可能会和通晓阴阳方术的古老形象联系起来，到现代则大量地出现在网络小说的书写以及游戏角色的构建中。

东西方语境下的性别分类有些是基于生理性的，有些则是基于社会性与文化性的。虽然大多数人在生活中不一定会用到如此多元的性别分类和选择，但就如同长尾理论①所描述的那样，在那个无限贴近横坐标的弧线上，每一个点都是存在的，我们无法假装它们不存在。当我们运用社会学想象力，意识到性别在某些国家和地区作为一种严格的社会身份，遵循强大、僵硬、刻板的性别印象且变得越来越难以逾越的时候，我们或许会为了那个融通性别的理想世界而不惧怕这多元化和充满可能性的"麻烦"。

第二节　性别认知与研究中的关键词

一、性别身份与性别污名

一般来说，性别身份指人们对自己性别的认知，包括一个人所拥有的与性别相关的统一、持续、一贯的特征，这些特征涵盖了全面的人格范畴。从精神医学角度看，人的性别身份由三点要素所构成：其一，被指派性别，即以生理性别为基础判断的性别，但被指派性别并不完全等同于生理性别；其二，性别认同，即对自己性别的认知和确信；其三，性取向，即一个人本身的性别与其在性方面的兴趣、欲望所指向的性别之间的关系。

---

① 长尾理论的核心概念在于"长尾"的两个方面：一是"细"，即这些市场份额很小；二是"长"，即这些小市场数量众多。所有这些"尾部"的小市场累加起来，在网络上可以形成比"头部"流行市场还大的市场规模和总体效益。

（一）对性别认同的基本认知

在讲到性别认同命题时，中国人很容易想起艺术家金星。她在 28 岁时进行了性别重置手术，成为将性别认同问题放置于公共视野，将跨性别形象投放到媒介高光下的第一人。有些人称赞她的勇气，有些人则抱以批判或不解的态度。

那究竟什么是性别认同？世俗意义上的性别认同障碍又是如何产生的呢？

在回答问题之前，我们先来了解另外几个问题。

1.生理解剖角度的性别差异是何时出现的

一开始基因没有任何差别，直到妊娠第五周，胚胎在睾酮的影响下，逐渐形成有性别差异的解剖结构，才出现不同的生殖腺分化。

2.大脑的性别认同是何时产生的

在母亲的孕后期，当胎儿的性器官发育完成后，大脑的性别差异就开始发展了：胎儿体内分泌足量的睾酮决定大脑向男性分化；当缺乏睾酮或睾酮水平过低时，则向女性分化。如此便产生了大脑的性别认同，即认为自己是男性还是女性。当人体发育到青春期，性别认同的脑回路（brain circuits）会被性激素再次激活。值得注意的是，睾酮并不是影响性别分化的唯一因素，基因也与大脑的性别分化存在联系。而且，当前的脑科学研究认为，大脑的性别分化一旦形成，就会一直保留在我们的大脑中，余生不变。

3.性别认同障碍是如何产生的

概括起来说，性别认同是对自身性别的同一性认识，即掌握自己的性别属性或相应的作用。我们人类的性别认同并不一定等同于一个人的生理性别：当一个人的性别认同和生理性别相同时，为顺性别；当一个人的性别认同和生理性别不一致时，则为跨性别。人类的性器官发育和大脑性别认同形成是完全不同的过程，在这两个过程中，雄激素水平、基因等因素都有可能造成性别认同的障碍。

性别认同障碍者会感觉那个出生时被指派性别的生理特征，是对他们的一种错误或不完整的描述。他们有可能会进行后天的医学性别重整治疗，也可能对这种步骤不感兴趣。与之密切相关的是在定义上充满争议的"跨性别"或"跨性别者"等集合名词，涉及各种与性别角色的部分或全部逆转有关的个体、行为以及相关群体。

传统媒介出于人类性别伦理的复杂性和不同性别文化的主流期许与禁锢，很少用媒介语言对性别认同进行有效的科普传播。而这些知识往往是去除性别偏见的重要开始。

4.性别认同障碍是一种疾病吗

在世界卫生组织（World Health Organization，WHO）1990年发布的《国际疾病分类》（第十版）中，"性别认同障碍"被收录在疾病列表中。到了2018年，世界卫生组织发布《国际疾病分类》（第十一版）时，已经将跨性别从精神疾病中删除，强调跨性别者不需要治疗。

拓展资料：看见跨性别者

在《2017中国跨性别群体生存现状调查报告：跨性别者与非性别常规者》中，2060个样本数据展现了跨性别者的生活状况。其一，家庭暴力极为普遍。在1640位可能或确定被父母或监护人知道身份的受访者中，仅有6位未遭受家庭暴力，而其他人遭遇的暴力形式极其严重。其二，在校期间遭受霸凌者占比极高。总样本均值为70.8%，其中跨性别女性[1]占比高达75.07%。其三，失业率高，工作环境不友好。样本失业率高达11.87%，是普通人的3倍，工作环境对跨性别者不友好的占比达到24.58%。其四，抑郁焦虑情况普遍，高自残自杀风险。有61.5%的调查对象正经历不同程度的抑郁，有73.2%正经历不同程度的焦虑，有44.5%想过自残，46.2%有过自杀想法。

【案例】性别认同障碍案例

【案例一】孩童案例

好莱坞影星安吉丽娜·朱莉和布拉德·皮特的大女儿希洛在年幼时就一直向父母表示自己想当个男孩儿。在咨询了专家的意见以后，朱莉和皮特决定

---

[1]　跨性别女性，或跨性别女人、跨性别女、跨女，指的是出生时生理性别为男性，性别认同为女性，由男性转变为女性的跨性别者。

尊重孩子的选择，他们希望希洛能感受到爱和安全。希洛接受了荷尔蒙阻断剂的注射，延缓青春期的到来，这样以便其有更充足的时间去考虑是否真的需要进行变性。

【案例二】成人案例

有一部经典的电影，改编自大卫·埃贝尔舍夫的同名小说《丹麦女孩》。故事取材于 20 世纪 20 年代的真人真事，主人公丹麦画家艾纳·韦格纳在妻子格尔达的一次画展上，替代女模特穿上婚纱，成为妻子的缪斯，这唤醒了他内心深处被命名为"莉莉·艾尔比"的女性人格。从此，他开始厌恶自己作为男性的身体。他发现莉莉不但是艺术的存在，更是真正的自己。最后，他在格尔达的支持下，做了跨性别手术，成为世界上最早记录的变性人之一。他俩的人生也因此发生了翻天覆地的变化。

（二）性取向的基本认知

性取向（Sexual Orientation）也称"性倾向"，它和性别认同是两码事。如果说性别认同是自己和自己的关系，那么性取向则指向自己和他者的关系。根据维基百科，性取向是指，一个人在爱情和性欲上，长久受到异性、同性或两者都有的吸引，分别对应异性恋、非异性恋的所有形态。所谓非异性恋，包括同性恋、双性恋、无性恋等，是以非异性为对象建立起亲密关系，或以此性取向作为主要自我认同的行为或现象。

1.性取向之谜

2011 年，加州大学洛杉矶分校专门研究性取向的威廉研究所综合分析了 9 项有关性取向的调查研究后，认为美国非异性恋人群大约占总人口的 3.5%，而全球各地的样本比例在 1.2% ～ 2.1% 波动。

如此庞大的非异性恋群体为什么会存在呢？

虽然尚无研究能够明确证实，性取向是由某个特定因素或多个因素所导致的，但是多数科学家假定性取向的形成出于生物因子（基因、激素）和孕后环境因子间复杂的交互作用。在生物因子的研究上，主要着眼于基因、父母的荷尔蒙和大脑结构。

一开始，科学家关注的重点主要是：是否有基因影响了性取向。在 20

世纪 90 年代的研究中，美国国立卫生研究院的一些研究证据指向了 X 染色体上的 Xq28 位点，他们认为这个位点出现突变与同性性取向相关。1990年，荷兰皇家科学院神经科学研究所的迪克·斯瓦柏（Dick Swaab）教授首次发现，同性恋的下丘脑生物钟结构和异性恋不同，说明性取向与大脑密切相关。2005 年，有研究认为，8 号染色体的 8q12 是最有可能与性取向有关的基因区段。

也有人反对这些研究成果。2019 年，来自博德研究所、哈佛大学和剑桥大学的研究人员联合开展了一项医学和人类基因组项目，样本量有近 50万人。该研究通过全基因组关联分析（GWAS），探讨了性取向不同的个体间的基因差异，结果找到了 5 个可能和同性性行为存在联系的基因位点——按照当时的分析结果，每一个基因位点对同性性行为的影响程度上限只有 8% ～ 25%，这 5 个基因位点能够共同解释的性行为变化不到 1%。这意味着：性取向可能是一种多基因（polygenic）遗传特征，但是没有哪一个基因对性行为的影响很大，并且基因对于性取向的形成可能只扮演部分角色。因此，该项研究的主要作者、哈佛大学遗传学家安德里亚·甘纳（Andrea Ganna）干脆直言："没有'同性恋基因'。"当时，新闻媒介引用《科学》和《自然》杂志的研究成果，以"不存在同性恋基因"为题对此进行了报道。

有些科学家主张子宫环境会影响胎儿的表观遗传（epigenetics），进而调控性取向的形成，但有专家对其预测的准确性表示怀疑，指其样本数量过小。也有一些科学家指出，激素与性取向的形成有关，一种说法是出生前的睾酮（testosterone）浓度会影响胎儿脑部结构，胎儿在子宫时就被编译好特定的性取向、性别认同以及相关的行为、认知和性格特质，并且未来也不会改变。目前没有任何证据说明，性取向受父母教导、养育方式或童年经历的影响。而且，性激素、阉割等方法仅仅能影响性欲，并不能影响性取向。

2.性取向是一种连续谱吗

从美国性学专家阿尔弗雷德·金赛（Alfred Kinsey）博士开始，研究者提出性取向并不是一个非黑即白的选项，而是一种连续谱。他们认为，落在性取向连续谱两端的人，基本上是不能够改变性取向的，而落在性取向连续谱中间的人往往会在外界影响下发生改变，很多人毕生都无法确认自己的性取向。

金赛博士早在 1948 年就制定了备受争议的金赛量表（Kinsey Scale，见表 1）。该表非常明确地展示了人的性取向并不是只有"同性恋"和"异性恋"两种，每个人都有一定的同性恋/双性恋倾向，只是程度不同。金赛量表给出了一定的参考：0 代表完全异性恋，6 代表完全同性恋。但他同时认为，大部分人的性取向不是绝对的 0 或者 6，大部分人的性取向都位于 0 到 6 这个区间内。

表1　金赛量表

等级	形容
0	完全异性恋
1	主要为异性恋，只偶尔有同性恋行为
2	主要为异性恋，但也有同性恋行为
3	异性恋与同性恋倾向相同
4	主要为同性恋，但也有异性恋行为
5	主要为同性恋，只偶尔有异性恋行为
6	完全同性恋
X	无性恋

（三）被污名化的性少数、性别少数

本质上，性少数与性别少数群体的产生，在很大程度上归根于生命诞生发展时自身携带的奥秘。少数是一种相对概念：相对于男性和女性，间性人是生理性别方面的少数派；相对于异性恋，同性恋、双性恋、泛性恋、无性恋是性取向方面的少数派；相对于性别认同与其生理性别一致的顺性别者，"身心不符""里外不同"的跨性别者/性别不符者（Gender Non-conforming）则是社会性别方面的少数派，是"性别认同必须和生理性别一致"这一社会文化规范之外的边缘人。

间性人、性少数和性别少数这三者相互区别，但他们所面临的污名、歧视、压迫与暴力却是同源的，即以男女二元、异性恋和顺性别为正统的社会观念。所以，这三个少数群体的处境和诉求是相互联系的。

在争取性别平等的道路上，我们首先要看见性别、认知性别，然后才能向多元社会性别体制迈出坚定的步伐。

曾经，性别观念传统的国人从《欲望都市》（Sex and the City）这样的媒介文本中认识了性少数人群。如今，当中国的年轻一代声称自己不是异性恋霸权者，不是恋爱脑，不是性缘脑①，并不以性别区分友谊的纯度时，性取向看起来似乎已经不是我们日常生活中的尖锐的议题。

事实上，在人类历史上，非异性恋亲密关系既受到过推崇，也受到过迫害。从19世纪末开始，争取同志社群能见度、同性亲密关系得到社会承认和争取相关法律权利的呼声渐起，要求保障同志在婚姻或民事结合、生育抚养、工作就业、从军入伍、医疗照护上获得平等对待的权利，并且呼吁制止对性别气质或性取向的仇恨言论和霸凌行为。

20世纪中期，美国精神病协会将同性恋归为精神疾病的一种。1992年，世界卫生组织在《国际疾病分类》的疾病目录中将同性恋删除。1998年，美国心理学会和精神病学会声明，反对针对同性恋的治疗。

在中国，指涉同性恋的"同志"一词最早出现在20世纪70年代香港地区的同志文化中。1989年，香港导演林奕华筹办首届香港同志电影节，以"革命尚未成功，同志仍须努力"之意让同志文化与大众文化产生连接。"同志"这一称呼在1991年为台北金马影展同志专题所沿用，而后开始在台湾地区流行起来，并流传至大陆。1997年，同性恋在中国去罪化。2001年，中国将同性恋从精神疾病分类中删除，然而依然有大量的人认为非异性恋都是可以被医治的病。2006年，中山大学彩虹社②成立。

拓展资料：受迫害的图灵

艾伦·麦席森·图灵（Alan Mathison Turing），英国计算机科学家、数学家、逻辑学家、密码分析学家、理论生物学家，是"计算机科学之父""人工智能之父"，英国皇家学会院士。1936年发明了被称为"图灵机"的逻辑机通用模型，1938年获普林斯顿大学博士学位，1939年开始在英国军方工作，其间协助盟军破解德国密码系统"英格玛"和"金枪鱼"，从而扭转了二战战局，加速了盟军取得二战胜利。1946年，图灵获大英帝国勋章。

这位通过显著缩短战争时间而拯救了无数生命的秘密天才，并没有因为

① 性缘脑是一种将性视为关键因素的思维方式，通常表现为过度关注性与恋爱，而忽视其他重要的社交和情感需求。
② 彩虹社为中山大学于2006年10月批准的在珠海校区成立的同性恋维权学生社团，是中国大陆第一个合法注册登记的关于同性恋的学生社团。

满是勋章而受到尊敬,也没有因为他战后在英国国家物理实验室提出自动计算机(ACE)的设计思想而得到赦免——因为同性性取向,他被施以化学阉割。持续一年的合成雌激素注射造成了他的性无能和乳房发育。1954年6月,图灵被发现死于家中的床上,床头放着被咬过一口的泡过氰化物的苹果。他没有坚持到1958年世界上第一台晶体管计算机的问世。

2009年,首相戈登·布朗代表英国政府就"图灵所受的骇人听闻的对待方式"做出正式道歉。2013年,英国女王伊丽莎白二世向图灵追加了"皇家赦免令"。赦免令说:"图灵对战争的卓越贡献和在科学界留下的遗产应该被后人铭记和认可。"

目前,法律保障非异性恋可结合为婚姻关系的国家及地区超过了30个,包括荷兰、比利时、西班牙、加拿大、南非、挪威、瑞典、葡萄牙、冰岛、阿根廷、丹麦、巴西、法国、乌拉圭、新西兰、英国、卢森堡、美国(50个州)、爱尔兰、哥伦比亚、芬兰等。其中,荷兰是全球第一个支持同性婚姻合法化的国家,其同性婚姻法案于2000年12月通过,于2001年4月1日正式生效。与之相对的是深受宗教文化影响,对非异性恋行为持有严厉的法律措施的国家,包括尼日利亚、乌干达、苏丹、索马里、坦桑尼亚、津巴布韦、沙特阿拉伯、伊朗、阿富汗、巴基斯坦等。在中国,虽然非异性恋者无法登记结婚,但非异性恋行为本身并不违法,也不会受到法律的制裁。对待性少数群体的态度,体现着不同国家和地区主流性别文化的选择策略,但以科学的精神尊重个体的性取向,是性别平等理念的重要组成部分。

二、性别气质与性别刻板印象

(一)性别气质的本质是流动的

性别气质是以两性的第一性征和第二性征[①]为基础的第三性征,也被称作"性别差异"或"性度"(Degree of Sex Difference),是一整套固化的、强调两性对立的心理特点和行为举止。北京大学佟新教授在《社会性别研究导

---

① 第一性征包括染色体、性腺、生殖器等;第二性征包括肌肉组织、体毛等;第三性征指发式、服饰等一系列性别心理的表征。

论》一书中指出：男性气质（Masculine/Masculinity）是指，男性具有成就取向和关注完成任务的行动取向的一系列性格和心理特点。男性气质固化和稳定的内容至少包括三个成分：地位、坚强和非女性化。地位代表功成名就和受人尊敬，是社会成就取向；坚强代表力量和自信；非女性化则是避免进行女性化的活动。女性气质（Feminine/Femininity）则是指，女性具有同情心、令人感到亲切、对他人关心等一系列性格和心理特点。女性气质的内涵不断变化，但固有的内容包括三个部分：与家庭或关系相关的一切，温柔、爱整洁、依赖男性，以及一切与男性气质相对立的特征。因此，女人味总与羞涩、腼腆、胆小、多愁善感、温柔、在性活动中被动联系在一起。

性别二元对立概念，使得男性气质与女性气质被泾渭分明地划分开来——女性气质反衬出男子气质总与雄心勃勃、大胆、争强好胜、具有竞争力，以及性活跃的积极状态联系在一起，而不是依赖、柔弱、温柔。稳定、固化的两性对立的性别气质被称作"性别刻板印象"（Gender Stereotypes），其与一整套社会性别规范和固定性别角色联系在一起。比如，将亲和、静态的植物属性与女性联系在一起，将行动性特质与男性联系在一起，并期待人们按照性别气质来承担社会角色。脱口秀演员颜怡、颜悦曾将按照性别气质来命名的现象说成段子。

> 文静伴随着女孩的一生。那些动静很大、被寄予厚望的名字如"广智""志胜""大张伟"，一听就不是谁的女朋友，一听就是要出去征服世界的男性。女性的名字，如"怡""悦"，乍一听很有意境，但其实都是emoji。很多男性的名字一听就是男性，是因为他们的名字中都有动词，如"张飞""刘备""曹操"；而女孩子的名字很少有动词，我们唯一听过的有动词的女孩名是"招娣"。

性别刻板印象通过男性气质和女性气质之分，将性别范畴化（categorization），每一范畴对应相应的规则、权利和义务，由此简化人们的社会知觉。它与社会中普遍存在的歧视和颇具等级化特征的刻板印象叠加在一起：男性气质和女性气质的多种表达方式按等级安排，并围绕一个确定的前提——男性对女性的支配。霸权的男性气质被视为理想型的男性气质，它首先与异性恋和婚姻相关联，其次与权威、有酬劳动、力量和身体健壮等相关，它控制着社会上所有其他的男性气质和女性气质。传统理想的女性气质则被引向满足男性的利益和愿望的方向——年轻女性的气质多与性行为的接受能力相关，中老年女性的气质多与母性相关，而二者均以被期待为顺从、关心、体贴和善解人意为特征。

性别刻板印象是人为的、社会建构的，它在社会的交流与传承中形成，又通过媒介、教育、法律等机制反作用于社会环境，循环往复，直至形成一种固化的社会思维模式，其是形成性别不平等的重要基础。

在性别意识普遍觉醒的今天，传统意义上的女性气质已被很多女性群体所摒弃，普遍流行的"飒""女友力"才被视为一种赞美。

男性气质和女性气质没有明显的分化，兼具男性气质与女性气质的心理特征被视为第四性征，往往也被称为"去性征化"或"双性化"（Androgynous）。其打破了男女两性对立的性别气质，即女性可以拥有那些在传统性别二元论中被划分给男性的特质，反之男性也可拥有传统的女性气质。具有双性化特点的男女没有严格意义上的性别角色的限制，能够更加灵活、有效地应对各种情境，独立性强，自信心也强，能够在多种情境下驾驭多元的角色要求并切换自如。因此，性别角色的双性化被认为是极佳的性别角色发展模式。

不过，当前我们主流的性别文化尚未摆脱男女气质二元分割的理论假定，正如法国女性主义者莫妮卡·威蒂格（Monique Witting）所指出的：二元性别气质的对立是政治性的，所谓的性别并不是指"两性"，而只是指"女性"，比如开会名单中不管人数多少、男女比例怎样，在姓名后面被打上括弧并添上性别的唯有女性；男性也并不是指男性，男性是普遍性的，就像"他"可以代表他和她，而"她"只能是她自己。朱迪斯·巴特勒[①]（Judith Butler）力求颠覆性别概念，将女人和男人皆视为人。让-保罗·萨特的存在主义观点则将性别气质理解为："没有所谓人性（human nature）这种人所

[①] 朱迪斯·巴特勒，1956年出生于美国，耶鲁大学哲学博士，加州大学伯克利分校修辞与比较文学系教授。她是当代最著名的后现代主义思想家之一，在女性主义批评、性别研究、当代政治哲学和伦理学等学术领域成就卓著。其提出的"性别操演"概念是酷儿理论中十分重要的观点，她也因此被视为酷儿运动的理论先驱。

共有的、决定人应该做什么的本质；相反，唯一存在的是人的处境（human condition），所有人都是同等地被抛入这个处境的——最初未定型的生命体在通过有意识的行动后做出选择和决定，为自己创造出不同的本质身份。"

所以，无论是从生理角度还是从社会角度，每一个个体都参与了对自身性别气质的建构过程，因此，一个人所拥有的性别气质会在不断冲突、变化的生命场域中流动和变化，并构成复合的、多样的、充满挑战和变化的自我。

（二）性别气质：哲学层面的男女同异争论焦点

在探讨男性与女性的同异问题时，我们时常经历"男性""女性"的术语困境。我们意识到，因为经历、遗传、性取向、种族、文化、阶级等方面存在多元化倾向，同性之间可以存在差异，而异性之间也可以趋同，所以我们很难选择恰当的语言来讨论传播的普遍模式。譬如，当我们描述"与男性相比，女性的力量更倾向于私人化"时，我们可能就陷入了要素化语境，即我们假设了男性与女性均有一些稳定的、显著的要素，这种思考方式和语言方式被称为"要素化"。要素化语境模糊了男性、女性的个体特征，掩盖了同一性别的个体差异，加强了性别刻板印象。

男女同异的争论焦点主要集中在三大层面：其一为哲学层面，即男女两性基本性别和性格特征的异同；其二为功能主义层面，即男女两性是否有或是否应该有不同的社会角色与功能；其三为体制层面，即女性在制度和立法上是应当争取与男性相当的待遇还是应当争取基于女性特殊价值的不同待遇。

在哲学层面，关于两性气质的争论集中在以下几对概念上。

1.理性与感性的区别

在男权（父权）占主导的社会中，女性天生富有感情，但缺乏理性，缺乏逻辑思维能力，没有连续性，被认为"只是长大的孩子，有着娱人的口舌，有时显得机灵，但却没有实在的理性或理智"。

2.关于自然和文化的性别归属

很多人相信，女性更接近自然，男性更接近文化。理由有：女人的肉体看上去更接近自然，譬如女性的生理周期暗合自然的 7 日周期；女人的社会角色更接近自然；女人的心理更接近自然。由此把女性从文明、文化构建的历史中去除。

3.关于抚育性和女性的问题

人们容易把抚育性同女性联系在一起，普遍认为抚育对男性来说是暂时的，是他人的事情；对于女性，却是一项长时间的自身命题。与之一脉相承的是关于母性气质问题：在赞美母性的方向上，延续"女人要有女人的样子"，指出"母亲要有母亲的样子"，即温柔、贤淑、充满浪漫主义的爱。一边赞美哺乳的光辉，一边在公共媒介上赞美少女感、诋毁母亲因哺乳而下垂的胸部。

同时，由于女性具备母性气质，就赋予她们养育的特性，默认她们热爱带有"养育性气质"的职业，如护士、保育员等。事实上，生育的功能对于两性从事职业的影响并不总是一致的。在曾经的西方社会中，医学主要是男人的事业；但在苏联，它主要是女人的事业。

4.关于攻击性与男性关联性的问题

人们总是把攻击性与男性联系在一起，把柔顺与女性联系在一起。当人们衡量男人时，所用的标准是强壮、粗犷、能干、自信；当衡量女人时，所用的标准则是娇小、细致、柔弱、体贴、美丽、优雅等。还有社会生物学家试图从进化论角度来解释男性的攻击性，他们提出了这样的问题：为什么多数动物的雄性比雌性体型大，较有攻击性？其实这是雄性动物为了获得与雌性交配的特权而在同性别中开展竞争的结果。雄性搏斗，雌性选择。攻击性适合于雄性的竞争，所以攻击性是性交选择的产物。

5.关于公领域与私领域的划分

在工业革命前，因为家庭与工作一体，男性和女性的气质特征具有统一性；而在工业革命后，出现了工作与家庭的分离，强化了男人是家庭供养人的观念，导致男性气质与女性气质的分离。人们开始认为，女人与生俱来具有私密、柔和、温馨、整洁的私领域气质；而男人则更具有独立、冒险、竞争、谙于处世、决策果断的公领域气质。在当时的社会上流行着这样的谚语：男人为土地而生，女人为炉灶而生；男人为剑而生，女人为针而生；男人用头脑，女人用心灵。更简洁的说法是：男性应具主外的性别气质，而女性应具主内的性别气质。

中国文化首创"阴阳融通"的概念，其涉及所有文化、历史、经济领域，以及自然本身。但是，在"罢黜百家，独尊儒术"之后的中国，人们对性别气质的认知开始偏向"阴阳殊性，男女异行。阳以刚为德，阴以柔为用。男以强为贵，女以弱为美"。如果有一位男士，他的个性是感性超越理性、抚育性超过攻击性、热衷于私领域、不喜欢公领域的竞争与成功，那么在男权占主导的社会中，他的性别气质将被污名化为"娘娘腔"。如果有一位女士，她的气质恰与这位男士相反，那么她的性别气质将被污名化为"男人婆"。他们都被剔除出"真正的男人"和"真正的女人"这样的语境。

（三）瑞文·康奈尔与"霸权的男性气质"概念

瑞文·康奈尔（Raewyn Connell）在《性别与权力：社会、个人与性政治》（ Gender and Power: Society, the Person, and Sexual Politics ）一书中描述了"霸权的男性气质"概念，以及与该概念相对立的"另类男性气质"和"反霸权男性气质"。她认为，在大众社会关系层面上，高度刻板印象化的男性气质定义是构建居支配地位的男人与居从属地位的男人之间的关系及所有男人与女人之间关系的基石。这种霸权原则在支配国家与从属国家之间关系的全球秩序中得到了抽象的复制，反过来这种霸权原则又在新闻业的国际新闻架构中得到了再生产。

她的另一本书《男性气质》（Masculinities）则论述了在现代性别秩序形成过程中男性气质的产生。书中指出，1450—1650 年，在资本主义经济形成的以北大西洋为核心的地带形成了现代性别秩序。书中还阐述了对现代男性气质形成有重要影响的几个维度。其一，文艺复兴和新教改革瓦解了宗教有关个人生活的权威观念及其力量，禁欲制度崩溃，个人主义兴起，配偶家庭文化得到了强化，强制的异性恋行为和异性婚姻成为权威文化。这些文化变迁将男性定义为体现理性的性别，蒙昧世界的启蒙者，从而形成了男权社会的合法性。其二，世界殖民历史催生了从军、贸易等男性职业。大西洋沿岸的老牌强国葡萄牙、西班牙、荷兰、法国和英国，以及后来的俄国、美国、德国、意大利和日本等国都建立了跨洋帝国统治。他们制定了依赖于男性身体力量及暴力掠夺的国策，使男人成为征服者和新帝国的统治者，征服者的暴行遂成为男性气质的一部分；同时，帝国主义的经济逻辑导致了巨大劳动力人口的流动，这些人口在种族等级秩序的构建中，再一次塑造了基于繁重体力劳动而生成的男性气质。可以说，在全球范围内，欧美的性别秩序向殖民地世界的输出引起了最为深远的变化，本土的性别多样性在历史上首次被西方的制度和文化摧毁，而无论是前往殖民地的欧洲女性还是本土的土著男女，都受到了男性殖民者的控制，成为家庭内的妻子、佣人以及奴隶。其三，资本主义发展过程中的城市化进程创造出了有别于乡村的日常生活新环境。城市生活看似更富条理，但缺少个性，其通过商业文化、工厂制度固化了公领域的气质，将性别作为区分依据的劳动和权利合法化。同时出现了针对身体的两分法，将那些拥有被划分为女性气质的男性视为异类，两性气质相互排斥加剧，公领域、私领域的性别角色分野程度加深。其四，战争加剧了中央政权，巩固了男权秩序。好战逐渐成为男性气质和民族主义的特征。

总体而言，超级大国的男性是当代世界秩序的主要受益者，他们都拥有控制自然界和占有他人劳动的巨大力量。同时，超级大国的财富支撑了分工细致的服务产业。在这些产业中，男性气质的象征性意义被详尽表达，特别是在大众媒体、商业性的体育运动，以及交通工具中。超级大国的财富和技术还支撑了男性化的武装力量，其毁灭能力惊人。

（四）玛格丽特·米德与性别气质角色模型

通过本书的讲述，我们不难发现：性别的意义取决于社会的价值观、信仰及大集体青睐的生活组织方式；我们生而为男性或女性，但是我们通过学习成长为拥有男性气质的人（masculine）或拥有女性气质的人（feminine）。这种基于性别气质的性别角色定式是对男女两性的压迫，无论是男性还是女性都应摆脱这种气质决定论。我们不该是性别文化意义的被动接受者，人类学家、女权运动者玛格丽特·米德（Margret Mead）研究的性别气质角色模型为我们提供了可以替代传统观念的其他选择。

20世纪三四十年代，玛格丽特·米德在南太平洋岛国进行田野调查时，发现了该地区的社会文化基于男性气质和女性气质对人进行了结构性划分。她强调了这一划分中的性别规范和由此产生的不同地域、文化下的不同社会结构，并依据此发现撰写了《三个原始部落的性别与气质》一书。她在书中描述了分别存在于三个部落的不同性别气质角色模型：第一个部落叫"阿拉佩什"（Arapesh），那里的男性与女性都温文尔雅、彬彬有礼，行为规范，乐于照顾他人，尤其是乐于照顾儿童；第二个部落叫"蒙杜古马"（Mundugumor），那里的男性和女性都平等进取，具有极强的竞争性和攻击性，女性不愿意花时间照顾初生婴儿，早早给他们断奶；第三个部落叫"德昌布利"（Tchambuli），这个部落的女性为家庭的主要供养者，因此处于主导地位，更具有侵略性，而男性则地位相对低下，被视为是娇柔脆弱的。另外，世界上有些地区及文化崇尚双性气质，认为一个人的性别随时可能会发生改变。比如，美洲土著部落尤其尊重拥有多种性别的人。

所以，从批判的角度看，性别气质的建构存在以下社会功能。其一，实现了一系列社会控制。通过性别气质的建构，社会发展出了异性恋的婚姻模式，由此实现了社会的组织化和有效管控。其二，使劳动性别分工合法化，实现了一套社会性别关系秩序。社会依照人们的生理性别将某些社会责任和权利分别交付给男性和女性，从而形成了一系列的制度安排。其三，完成了个体从社会管理向自我管理的转化。人们在认识自己生理性别的同时，也理解和认可了自己的社会性别角色和性别规范。等级化的性别关系秩序和制度需要建立分化的性别角色，固定化的性别气质是使性别角色分工正当化和合法化的工具。其四，性别气质的刻板印象使性别角色和不平等的两性关系得以延续和再生产。男性进取、智慧、强有力和高效率的形象和女性被动、温顺、贞洁、效率低下的形象通过社会化过程得以延续和再生产。性别气质的刻板印象具有政治功能，拥有一种维护男性对女性的统治和女性对男性的服从的关系的力量。塑造典型的性别气质是使两性朝着有助于男权社会要求发展的社会化过程。总之，个人作为文化的载体，其性别身份通过性别气质的建构成为社会控制的一部分，由此实现了社会的等级化管理。

我们必须认识到：性别是一种关系概念，女性气质和男性气质只有发生对比才会有意义；性别气质是社会赋予的社会性、符号性意义，这些意义通过我们日常生活中的结构和行为得到传播，造成合理性幻觉；性别气质既非永远固定的，也非永远流动的，而是受到社会和文化的限制的。

三、性别化装扮演与性别操演

性别气质是习性的积累。养成了习惯以后，性别气质就像外部条件一样，好像天生就如此。它就像蜗牛的壳，将蜗牛限制于其中。社会性别不应当被构建为一个固定的身份，而应被视为"结果"，是"身体姿势、动作和不同风格的有规律的重复的产物"。而约翰·瑞维尔（Joan Riviere）的"性别化装扮演理论"（Womanliness as a Masquerade）则认为，性别是可以化装扮演的。作为一位高度智慧的知识女性，她在男权社会中将自己扮演成一位传统女性，即"戴上女性气质的面具，化装成主流性别价值认同的女性"。

受拉康精神分析和法国后结构主义女性主义的影响，朱迪斯·巴特勒提出了"性别操演"（Gender Performativity）理论，认为：现代西方社会普遍存在两极化的性别身份，即将男性与女性视为两种有区别且相互对立的人。这种观念得到了法律的支持，受到了无意识政治力量的影响，强迫人们根据固定的、相互对立的性别身份来思考身体和行为。所谓的女人或男人的样子是被理想化的，是一种幻觉，是主流文化的表象。她把这种权力支配下的性别建构过程称作"性别操演"，并进一步指出，性别身份不过是形而上学话语下的一个理论设定，在实践层面并不存在一个固化的性别实体，不论是生理性别还是社会性别，都是动态的"成为"的过程。

以往的女性主义性别理论虽然关注到文化对性别的塑造作用，但是由于无法回避生理性别作为一种自然事实对于人的文化活动的预先制约，从而导致生理上性别化的身体与文化建构的性别之间的根本断裂，进而造成女性主义在实践中的"麻烦"。巴特勒则打破了这一局限性："一旦打破僵化的男/女性别二元结构模式，恢复性别身份在实践中的流动性，我们就不难发现，性别的二元性建构隐藏着一个文化运作背后的权力关系及整个结构机制本身的策略目的。"性别操演理论具有重要的政治意义，它颠覆或打破了性别本身，即性别本身是不存在的，是社会为了实现以生殖为目的的异性恋制度而操演了性别的分化。

拓展资料：性别化装扮演理论和性别操演理论的区别

性别化装扮演理论和性别操演理论的主要区别在于，二者对性别形成过程的解释和强调的自主性程度不同。

性别化装扮演理论强调个体在性别角色中的自主性。在这个理论中，个体被视为在一定的社会和文化框架内，通过化装扮演来展现自己的性别身份。个体可以在一定程度上根据自己的理解和意愿来表现性别角色，尽管这种表现受到社会规则和文化期望的限制，但个体仍然有一定的自主性和选择性。

性别操演理论则更加强调性别形成的被动性和强制性。在这个理论中，性别不是个体自主选择的结果，而是通过一系列社会规则被规训和塑造的。性别操演理论认为，性别是在一种带命令性或强制指导性的话语中形成的，这些话语会在个体的成长过程中不断重复，直到将其塑造成社会认同的性别形象。

美国著名性社会学家J. 加格农（John Gagnon）进一步认为：变动的社会实践会改变身体和气质，即基于现代审美和性别意识，女性体型体能特征与性别气质会发生改变。如基于律师职场特质而将自己扮演成更具雄辩性、竞争性、统治性的女律师们。所谓性别气质都是后天的文化获得。

四、性别体制与性别秩序

在任何社会中，人们都会观察到存在着一套有关男女社会角色、社会分工的文化、政治和经济制度，这套制度规范了两性的社会关系，被称为"社会性别体制"。1975 年，美国人类学家盖尔·鲁宾（Gayle Rubin）首次揭露了资本主义社会催生了使女人从属于男人的性别体制，其将生物的性属关系转化为人类活动的一整套组织安排。这一概念提出的标志性意义在于，它展现了两性之间的生物性差异可以转化为社会性差异，并借助制度力量来维持这一整套不平等的性别关系。

美国社会历史学家琼·W.斯科特认为，对性别体制的分析要关注四个方面的问题。其一，文化象征的种种表现，如为什么夏娃和圣母玛利亚分别象征污浊与纯洁？这些文化象征是在什么条件下产生的？以何种方式产生？其二，有关男人气质和女人气质的含义是什么？为什么不同的性别气质是相互排斥的？其三，应用政治学的概念，将社会组织、经济制度等纳入对性别与权力关系的分析。其四，分析主观身份的建构，即分析性别关系是如何再生产出来的。而卡尔·马克思和弗里德里希·恩格斯则清楚地告诉我们，特权来自法律、私有财产。特权所代表的绝不仅仅是极其不公正的两性压迫，而是一种迄今为止的体制的本性。在社会演化的进程中，我们除了关注女人的地位高低的问题，还应将构成男女地位的现实生活条件与社会制度的变革结合起来考察，正如马克思和恩格斯心目中的上层建筑的核心，并非单单指向文化，也指向政治、法律秩序。

（一）全世界最广泛的性别体制：男权制

性别体制是历史性的。作为历史现象的性别体制体现为一整套男权制①的统治逻辑。到目前为止，全世界大多数的文化都形成了男权制，并持续了千年之久，只有少数例外，如一些岛国的原住民文化、中国云南省的摩梭文化等。男权制是一种跨文化的现象，其既不是自然的，也不是永恒的，而是人为构建的，是可以改变的，并且正处于在女性主义运动和实践的作用下不断改变的过程中。

男权制通常被视作一种权力和权威制度。狭义上指"由年长者组成的统治集团中男性的权力"，即"父亲的统治"。更加广义地去看男权制，就是将男性身体和生活模式视为正式和理想的社会组织形式。这是一种系统的、结构化的、不公正的男性统治女性的制度。男权制包括这样一些制度（如政策、实践、地位、机构、角色和期望）和行为，它们为男性授予较高的身份、较大的特权和较大的价值。这些制度和行为构成了性别主义的概念框架，后者反过来维护前者，将前者合理化。男权制的核心是对男性地位和特权的维护和将其合理化。长期以来最令人惊异的一个事实是，男性的活动总是被当作绝对重要的，文化体系对男性的角色和活动赋予了绝对的权威和价

---

① 男权制在西方学术话语中被称为"父权制"（Patriarchy），原因大约在于，从词根上讲，男权制与父系的（patrilineal）、男性家长（patriarch）同源，相对于母系的（matrilineal）、女性家长（matriarch），表示一种男性占据统治地位的两性不平等的制度。

值。故而，男权制社会是以男性为中心、由男性统治、更认同男性、关键因素之一为压迫女性的人类社会。

具体来说，我们可以从几个角度去理解男权制所包括的内容。其一，男性统治。在一个社会中，无论在政治、经济、法律、宗教、教育、军事还是在家庭领域中，所有权威的位置都保留给男性；用男性的标准评价女性，而不是相反。例如，想象一下在媒体上出现对总统的这样一句评价：我想知道他是否能够像女性那样做个好总统。所有人都会觉得匪夷所思，根本没有人会这样说话。其二，男性认同。核心文化观念总是同男性和理想男性气质联系在一起。例如：用"男人"的"他"代表包含两性的人类；男人在前台，女人是背景；在男主外、女主内的前提下，把挣钱的工作当作劳动和事业，同时并不把不挣钱的家务视为劳动和事业。当然，女性的价值也不是完全被否定的，女性的美丽被视为男性欣赏的对象，许多文化将女性浪漫化，尤其是将母性浪漫化。其三，将女性客体化。在男性事务和交易中将女性当作客体。按照男权的思维方式界定女性的生存方式、情感方式，限制和阻碍女性接触社会知识的机会和取得文化成就的创造力；否定女性的性，将男性的性强加于女性；统治和剥削女性的劳动力；将两性共同生育的孩子控制在男性谱系中；从空间到肉体限制女性；在社会的性别文化意识传播中，在传媒的各类符号设计中，明着暗着贬损女性角色，将其置于次等地位；在社会结构安排的社会最高权力机制上排斥女性。

从本质而言，男权制建立在男尊女卑的性别意识形态上，是保护男性普遍优先权的性别关系秩序。它的思维模式就是二元对立的两分思维，非此即彼的思考方式将所有的事物分为黑白两极，无视多元化的性别视角和可能性。但它又不是简单的男性"统治"女性，作为制度，它让女性像男性一样参与到这种统治中，也让男性受到这种统治的限制——男权制的逻辑在于，参与者（不分男女）不断加入对统治制度的建设，自觉或不自觉地维护或促使统治延续。

（二）男权文化中的性别歧视

接下来，我们将从男权制下的宗教文化、哲学思想两个视角来看性别歧视的脉络，以及通过宗教文化、哲学思想的传播控制所建立起来的性别秩序。

1.宗教文化中的性别歧视

无论是东方的印度教、佛教、伊斯兰教还是西方的基督教，其性别观念和性别秩序都是教义的重要内容。同其他领域一样，宗教团体的等级系统将女性排除在权力之外，基督教表现得尤为明显。

基督教通过对生命起源的解释建立了性别关系秩序。《圣经·创世纪》里写道："上帝用从男人身上取出的肋骨造了女人，把她领到男人面前。亚当说，这是我的骨中骨，肉中肉；要把她叫作女人，因为她是从男人身上取出来的。"基督教的"原罪说"将女性定义为"有罪的人"。在这一原罪说中，夏娃受到了蛇的诱惑，吃下了智慧之果，是人类罪恶之本。德尔图主教曾说："女人，为了使你不要忘记，你是使人类走向灭亡的东西，你要常常双眼含着忏悔的泪，用乞求的目光，愁眉苦脸，衣衫褴褛地度日。女人！你该进地狱之门！"他又说道："哪怕人类灭亡，也必须选择独身。"上帝降罪于有原罪的女性："我必多多加增你怀胎的苦楚，你生产儿女必多受苦楚。你必恋慕你丈夫，你丈夫必辖你。"这恰恰体现了男权对女性获得主体性别意识的恐惧和制裁。所以，基督教原罪说为维护男权制提供了"男优女劣"的文化基础，并将其转变为日常生活中女性的次级地位和必须顺从和柔弱的性别气质。同时，《圣经》通过规范女性性行为的纯洁来约束和剥夺女性。基督教认为，女性是不洁之物，仇女症结严重。与之唱反调的是哲学家汉娜·阿伦特（Hannah Arendt），她说："上帝并没有创造出人，而是'创造出了男人和女人'，就像他们必须在无法用语言形容的惊诧中接受宇宙的奇迹、人类的奇迹以及存在的奇迹一样。"她认为：男人是奇迹，女人当然也是奇迹。

教权与王权并重的古罗马在法律条文中将对女性的控制合法化："女人由于心性轻浮，即使长大成人也要有人监护。"直到现代，人们也常将妇女和儿童联系在一起，法典根源就在于此。所以罗马人无法理解当时德意志人对于女性的尊敬，也意识不到这一点会成为朱利乌斯·克维利斯（Gaius Julius Civilis）领导德意志人和比利时人动摇罗马人在高卢全部统治的积极因素。

伊斯兰教的《古兰经》教义主张："男人掌管女人，因为真主把他们中的一个造得比另一个更好，因为男人用财产供养女人，所以好女人是驯服的。"在伊斯兰教向各地传播的过程中，特别是在阿拔斯王朝后期，各民族观点、各种异教教义等不断汇入其中，致使妇女在穆斯林社会中的地位逐步下降。此外，为政治服务的宗教神学家们对《古兰经》中不利于妇女解放的、属于在特殊条件下有针对性的一些法规进行进一步延伸、扩大，从而把妇女幽禁在深闺，要求她们出门蒙面纱、穿黑袍，使她们难于登上社会舞台。

相较而言，佛教教义本身强调众生平等，包括男女平等，但在佛教经典中也存在着将女性与修行的负面特质相联系的描述。如佛教小乘论中的"五漏洞身"（又叫"五障思想"）就是指女人一不能成梵王，二不能成帝释，三不能成魔王，四不能成转轮王，五不能成佛。原因如下："梵王是净行，而女人多染；帝释是少欲，而女人多欲；魔王是坚强，而女人懦弱；轮王是大仁，而女人善妒；佛是万德圆满，而女人烦恼具足。"但是又有释义说，五漏或五障并不是针对女人的肉身，而是指人的思想和精神。最经典的是《涅槃经》里的见解："若有女人，能知自身持有如来性，虽是女儿身，我说此人是男子。"意思就是说：一个女人，如果她克服了精神上的弱点，脱离了女人的一切过失，行"丈夫"之事，便能得"丈夫"所得，虽然她的身体是女人，也可以称之为"丈夫"。但若是被俗世今人解读起来，这段话大抵还是强调修佛需先修男身，存在"厌女"的嫌疑。

简言之，不同宗教的种种教义深入日常生活，大多数都形成了男性第一、女性第二的等级秩序，并通过文化实现代际传递。

2.哲学思想中的性别不平等

哲学家在大多数记载中都被刻画成"有智慧的男性"，这成了对哲学家群体的性别刻板印象。现如今，哲学正面临着诸多性别平等争论，我们深切认同哲学史遗产对性别平等问题的重大影响，但我们不无遗憾地发现，深受人类尊崇的先哲圣贤们多有歧视女性的思想与言论。

柏拉图说："女人天生的道德潜能劣于男人，在各个方面都是弱者；一个男人可能会因为胆怯或不正经，下辈子被罚做女人。"他认为未来的统治者、导师不应接近女人、奴隶和下等人。

亚里士多德认为：男性高于女性，女性是男性有缺陷的、发展不完备的形态；是男性塑造了社会和世界，而女性应当待在家中，等待着男性塑造的物质。他甚至提出：男人在生殖中起主要作用，卵子只是男性种子的被动孵化器。

让-雅克·卢梭，这位攻击社会所有不公的先哲，却在《爱弥尔》中写道："男人和女人是为对方而存在的，然而他们的相互依赖性是不平等的。没有女人，男人仍然存在；可没有了男人，女人的存在便有问题。女人依靠男人的感觉而活，依靠男人对她们的奖赏而活，依靠男人对她们的吸引力、为她们的美德所设定的价值而活。女人一生的教育都应该依照和男人的相对关系而计划，女人要取悦男人，要赢得男人的爱和尊重，要哺育男人，要照顾男人，要安慰、劝慰男人，使男人的生活甜蜜且愉悦。"卢梭的男权制观点使其成为女性主义重要的批判目标。

伊曼努尔·康德在女性主义者那里是口碑最坏的哲学家，他的厌女倾向以及对女性智性的轻视，可谓登峰造极。他认为：由于恐惧和胆怯，女人不适宜做学术工作；女学者的学问就像一块表，只是为了向他人展示、炫耀，可这块表实际上是停摆的，是显示不了时间的。他还认为，女人研究哲学不是凭借理性，只是依靠感觉而已。康德强调的理性和客观性，完全是一副男性的面孔。他将"人"等同于男性，仅仅在与男性的关系中定义女性，强调妻子对丈夫的服从，排斥女性的智力与政治权利。他甚至认为，只有女人想做男人，没有男人想做女人。康德的观点被认为是性别主义在哲学领域中的典型表现，女性主义挑战启蒙理性、普适性和道德共识的原因就在这里。

格奥尔格·黑格尔自有一套歧视女性的概念体系，他说："女人如果担任政府首脑，国家就会立即陷入危险。"他还说："女性通过诡计把政府的普遍目的转化为一个私人目的，把政府的普遍成果转化为这一个特定的个体的事业，把国家的公共财富转化为家庭私有财产的饰物。"由此，即使是再喜欢黑格尔哲学的人，也不得不意识到黑格尔是一位正统的男性中心主义者。早在撰写《法哲学原理》之前15年，他就强调了女性与男性之间的差别，我们可以借此辨别出他是在为特定的政治理想著书立说，他的宇宙论是有性别的。后来，他在《精神现象学》的一些关键性段落中，论述了关于性别和家族血缘关系的历史意义，并把体现在城邦国家、民族伦理中的力量与所谓人的规律和规范家庭的神的规律联系起来，认为人的家族血缘关系是天生的，不是人力可以左右的，所以它是神的规律——我们或许可将这种观点视为另一种生理决定论。在《精神现象学》中，黑格尔增加了一个关于男女性别的规范论定义。其采用古希腊城邦社会对女性传统定义的表达，认为男性公民都热衷于政治，彼此承认对方为公民，而将女性和孩子排除在官方社会（意识形态）及公民身份之外。他认为女性应在亲密的家庭生活象征中寻找自己的位置，作为"非公民"的女性只有在私人领域才能大放光彩、得到赞扬，她若胆敢突破这一范围，就会遭到谴责和嘲笑。同时，他认为在公共领域的非个人化的互动，是由家庭中个人化的互动来补偿的。对于黑格尔，女性主义者的批判角度主要在于，他将"家庭领域的活动和道德等同于女性的活动和道德"。有人说"黑格尔是女性的掘墓人"，他所掘的墓就是将"家庭"视作"私人领域"。女性主义者反对将这种"男主外、女主内"的角色分工永恒化、绑架化，主张高度评价女性在公共领域的价值。

阿图尔·叔本华思想深邃，但是在他所有那些充满智慧的言论中，有关男权制的论述是一大败笔。他认为：女性从本性上来说意味着服从，是介于儿童与成年人的一种中间体，需要一位丈夫和主人；他反对女性拥有财产；他还将法国大革命的起因归咎于宫廷中女人的腐败。

赫伯特·斯宾塞的进化论和有机体论强调角色分工的平衡，认为"男主外、女主内"是最好的制度安排，只要女人扮演好妻子、母亲的角色，男人挣钱养家，社会就达到了平衡。

弗里德里希·尼采的观点并不比叔本华好，他借查拉图斯特拉之口说：男人应当被教养作战，妇人应当被教养为战士之消遣；妇人应当服从，她的灵魂是表面的，男子的灵魂是深邃的。他还说，所有衰退的、病态的、腐败的文化都会有一种女性的味道，如果你到妇人那边去，别忘了带鞭子。发表这种男权中心主义的论点，尼采可谓厌女鼻祖。

拓展资料：全球女性政治领袖现状

【资料一】联合国妇女署发布的《2024年女性政治领袖报告》显示，在全球范围内，女性在决策中的代表性不足仍然是一个严峻的现实。全球有113个国家从未有过女性担任国家元首或政府首脑的情况。截至目前，只有26个国家由女性领导。数据显示，尽管取得了进步，但妇女在很大程度上仍被排除在拥有权力的职位和外交职位之外，最高级别的职位仍主要由男性把持：截至 2024 年 1 月 1 日，只有 23% 的部长职位由女性担任，在 141 个国家中，女性在内阁部长中所占比例不到 1/3；有 7 个国家的内阁中根本没有女性代表；男性在外交和外事领域的主导地位延伸到了常驻联合国代表团当中，在这些代表团中，女性担任常驻代表的人数仍然不足——截至 2024 年 5 月，在纽约常驻代表中女性占 25%，在日内瓦常驻代表中女性占 35%，在维也纳常驻代表中女性占 33.5%。怪不得第七十六届联大主席阿卜杜拉·沙希德（Abdulla Shahid）曾说：“按照目前的发展速度，可能需要 300 年才能实现性别平等。”

2024 年是世界大选年，许多国家将举行重要的选举。这些选举将对各国的政策方向和国际关系产生深远影响。联合国妇女署执行主任西玛·萨米·巴胡斯（Sima Sami Bahous）说：“我们工作的指导信念是，当妇女发挥领导作用时，世界上的所有人和我们的整个星球都将受益。今年，许多国家都要进行投票，我们必须让妇女在最重要的地方和时刻站在权力的顶峰。妇女平等参与治理和领导是改善所有人生活的关键。”

【资料二】2021 年 4 月 6 日，欧盟委员会主席乌尔苏拉·冯德莱恩与欧洲理事会主席夏尔·米歇尔（Charles Michel）访问土耳其，并与土耳其总统雷杰普·埃尔多安（Recep Erdogan）就欧土关系、移民等领域的问题进行会晤。然而，当天，土耳其方只准备了两把椅子。当米歇尔和埃尔多安落座后，冯德莱恩因不知该坐在哪而尴尬地在原地摊手，最后不得不坐在一侧的沙发上，位置与土耳其外交部部长迈乌吕特·查武什奥卢（Mevlut Cavusoglu）对等。欧盟内部人员表示，这场会面持续了两个半小时。欧盟委员会首席发言人埃里克·马默尔（Eric Mamer）说：“冯德莱恩应该受到和米歇尔、埃尔多安一样的待遇，坐在同样的地方。”欧洲议会荷兰议员费尔德发文指出，“埃尔多安此举显然是刻意怠慢冯德莱恩”。冯德莱恩在事后的采访中表示，当时的确对这种安排感到惊讶，但她“决定仍要继续进行会谈，把实质议题放在外交礼仪之前”。

现场画面被媒体发出后引发了巨大的国际舆论，“沙发门”的话题标签迅速在社交媒体上发酵，演变成世界瞩目的性别政治事件。社交网络和全球各大媒体均有声音指出“沙发门”再次体现了长久以来的性别平等问题，也有外媒认为土耳其的此番操作可能是对在其退出旨在保护妇女权益的《伊斯坦布尔公约》后引发欧盟官员批评的蓄意报复。

女性主义者认为，即使是早期的马克思主义也没有完全摆脱男权制思维的羁绊，认为其只把生产有形的物质当作劳动，而没有将养育孩子视为拥有同等价值的劳动。在家庭中的自然劳动分工这一问题上，马克思主义没有给出令人满意的历史解释。直到法兰克福学派新马克思主义兴起，"工作"概念的性别盲点才在当代经济论中得以被发现和重新评价，但女性在劳动市场上被赋予较男性少的价值和报酬，依然普遍存在。

存在主义与现象学反对抽象、理性，强调具体的经验，包括身体和情感经验，是最多关注女性主义的哲学思潮。如梅洛·庞蒂认为，身体，特别是性，是经由历史和文化塑造而成的。性不是孤立的生命动力，不是自然的禀赋。但可惜的是，他依然将女性的身体放在受到男性凝视的客体的位置上，从而消弭了这种思想的深刻性。萨特的《存在与虚无》体现了一种男性逻各斯中心主义，是反母职、反婚姻的。虽然他的灵魂伴侣西蒙娜·德·波伏瓦是著名的女性主义者，但他依然认为，"为其自身的存在"是主动的、自由的、升华的、男性的存在，而非被动的、害怕自由的、内在的、女性的存在。

总而言之，历史上所有的男权制思想家、理论家都在为男性统治女性的历史、现实、制度和思想辩护，维护构建男尊女卑的性别秩序：是上帝或自然让女性服从男性，男性被天赋理性、逻辑、智力、灵魂，而女性则拥有次等的情感、欲望，处于人类高阶文化的边缘。

（三）女性主义运动对性别秩序提出挑战

19世纪以来，女性主义运动的兴起对性别秩序提出了挑战。首先是贵族和中产阶级妇女积极参与道德和家庭习俗的改革，向贵族男性的性特权进行了激烈抗争。接着，在工厂体系形成后，工人阶级妇女走出了家庭私领域，摆脱了对男性的经济依赖。到了19世纪晚期，中产阶级妇女通过节欲运动，再一次向男性的性特权发出了挑战。通过暴力与理性、科层制的组织方法，男权合理化的制度在二战终结时宣告破产，支配性男性气质的回潮得到了终止；而战后经济复苏、大规模初级学校的建立、高等教育体系的出

33

现、信息产业的迅猛发展等因素又造成了支配性男性气质的再一次分裂。

男权制丧失合法性的明显标志以及目前富国性别秩序的突出特征表现为女性主义对男人特权的挑战。由于这些国家较为富庶，大众媒体的传播能力较强，女性主义的挑战一经产生，便迅速波及全球。在逻辑上，同性恋运动对支配性异性恋的挑战和女性主义对男人权力的挑战一样深刻，但传播范围有限。当今性别实践的多种形态不仅营造了多种可能性，而且开启了对性别和性的理想主义思考，这在更长远的意义上为各种历史性的性别实践创造了条件。女性主义通过理想主义的思考，使得男性自身的性别成了无法回避的问题。男性气质的意义，性别的多样化和再生产，性别的本质和不平等等问题也将一直处于激烈争论之中。

女性主义者作为"女性气质"的携带者和传播者，如今更自由地进入公共领域，她们把一种更强调男女合作的世界观引入了社会的主流，以期迎来一个关怀的、平和的、男女合作的社会。正如理安·艾斯勒（Riane Eisler）所言："在男女合作的世界里，我们对正义、平等和自由的追求，我们对知识和精神启示的渴望，以及我们对爱和美的向往，最终都将获得满足。而且在走完男性统治的血腥的历史弯路之后，妇女和男人最终都将发现人类潜在的意义。"

五、性别平等与性别差距

（一）性别平等

"两性平等"通常指的是男性和女性在社会、政治、文化和经济等方面拥有平等的权利、机会和地位。这一概念强调性别不应该是确定个体在社会中地位和角色的决定性因素，倡导男女在各个领域都能够平等地参与和贡献。无论性别如何，每个人都有平等的机会和权利，不受性别的影响。

两性平等的核心理念包括如下几个方面：其一，权利平等。两性应该在法律、政治和社会制度中享有平等的权利和机会。这涵盖了许多方面，如投票权、受教育权、劳动就业权等。其二，机会平等。不论性别，每个人都应该有平等的机会去追求自己的兴趣、事业和梦想。这包括职业领域、教育领域等层面。其三，薪酬平等。薪酬平等指的是在工作场所薪酬平等。这意味着相同工作岗位上的男性和女性应该得到相同的薪酬，而不应受到性别歧视。其四，性别平等教育。教育是促使社会进步的关键，因此两性平等的教育十分重要。这包括消除性别刻板印象，推动女性进入科学、技术、工程和数学（STEM）领域等。其五，健康与生殖权利平等。确保男性和女性在这些方面能够享有平等的权利，享受平等的服务。

著名作家王小波曾说过："我承认男人和女人很不同，但这种差异并不意味着别的：既不意味着某种性别的人比另一种性别的人优越，也不意味着某种性别的人比另一种性别的人高明。一个女孩子来到人世间，应该像男孩一样，有权寻求她所要的一切。假如她所得到的正是她所要的，那就是最好的——假如我是她的父亲，我也别无所求了。"这可以说是一种关于性别平等的温情脉脉的表达。

（二）性别差距指数

自 2006 年以来，性别差距指数从四个维度衡量了世界在实现性别平等方面的进展：经济参与和机会、受教育程度、健康和生存、政治赋权。

世界经济论坛发布的《2023 年全球性别差距报告》[①] 指出，性别平等进程正在停滞，消除性别差距尚需 131 年。提高女性经济参与度，在政界和商界高层职位上实现性别平等，这是在家庭、经济和社会等广泛领域消除性别差距的两大动力。

一年后的《2024 年全球性别差距报告》则指出，实现性别平等还需要 134 年。在 2024 年评估的 146 个国家中，全球性别差距缩小了 68.5%。但在自 2006 年以来连续追踪的 101 个国家中，比对其 2023 年与 2024 年的数据，性别差距只缩小了 0.1%。按照这样的进展速度，要到 2158 年才有可能实现完全平等——大约是五代人的时间。

性别差距指数测量了四个维度的性别差距缩小程度：其中，健康和生存方面的性别差距缩小幅度最大，达到了 96%；其次是受教育程度差距（94.9%），以及经济参与和机会差距（60.5%）；政治赋权差距仅缩小了 22.5%。报告指出，实现受教育程度平等还需要 20 年，而实现政治赋权平等

---

① 全球性别差距报告是一份展示男女间在经济参与和机会、受教育程度、健康和生存、政治赋权四个范畴中的差距的报告，由世界经济论坛发布。首次报告于 2006 年在瑞士发布，其后每年发布一次。

需要 169 年，实现经济参与和机会平等需要 152 年，健康和生存平等的实现时间尚未确定。差距最大的两个维度，即政治赋权维度以及经济参与和机会维度也是进展最显著的。在政治赋权维度，2024 年报告中的国家正在推动提升女性在议会和部长级职位中的代表性。在过去 18 年的报告中，政治赋权差距的改善也最为显著。自 2006 年起，在持续追踪性别差距指数的 101 个国家中，这一差距缩小了 8.3 个百分点。在经济参与和机会维度，专业和技术工以及劳动力参与率的性别平等程度有所提高。

欧洲国家再次在评估中表现出色（见表 2）：冰岛第十五次蝉联榜首，也是唯一一个性别差距评分超过 0.900 分的国家，达到了 0.912 分；北欧国家在前五名中占据了 4 个席位，挪威排名第二（0.879 分），芬兰排名第三（0.863 分），瑞典排名第五（0.815 分）。

性别平等能为女性提供更好的生活机会，缩小性别差距可使全球 GDP 增长 20%。要实现性别平等，投资是必需的。根据目前的政府支出，要在 2030 年实现性别平等，每年需要集体投资约 3600 亿美元。企业也要通过有效的多元化、公平和包容的政策以及提升技能来发挥自己的作用。自新冠疫情期间许多女性退出劳动力市场以来，女性在劳动力市场的参与度有所回升。但是，根据领英经济图谱的数据，2024 年女性在全球劳动力中的占比仍然不足 42%，女性在高级领导职位中的占比不到 1/3（31.7%）。

表2　全球性别差距最小的10个国家

全球排名	国家	性别差距评分	与2021年相比
1	冰岛	0.912	0.004 ↑
2	挪威	0.879	0.004 ↑
3	芬兰	0.863	0.003 ↑
4	新西兰	0.856	0.014 ↑
5	瑞典	0.815	0.007 ↓
5	德国	0.815	0.014 ↑
7	尼加拉瓜	0.811	0.001 ↑
8	纳米比亚	0.802	0.005 ↓
9	立陶宛	0.800	0.001 ↑
10	比利时	0.796	0.003 ↓

六、从妇女研究到性别研究

中国的性别研究正在快速发展，呈现出如下特点。其一，中国的性别研究广泛和深刻地受到西方女性研究、性别社会学研究以及全球女性主义运动的影响；同时，中国社会特有的本土化特征，如社会主义条件下男女平等的社会实践也使中国成了世界女性研究、性别研究的实践场。其二，改革开放后，中国与世界的交往以及中国的社会转型深刻地影响了性别研究的内容和理论的发展。

中国的性别研究以 1995 年北京世界妇女大会（联合国第四次世界妇女大会）为分水岭，可被划分为两个阶段。20 世纪 80 年代的性别研究是在"男女平等""男女都一样"的背景下"寻找女性"，让女性发出自己的声音，是从民族和社会的宏大叙事中找到自我的女性意识的觉醒。通过解构"铁姑娘"的妇女解放运动来建构"有性人"，是文化领域的一场政治运动，非常鲜明地关注妇女群体利益。20 世纪 90 年代中叶的性别研究主要是对 Gender 概念的引进，"有性人"的说法因其具有"本质主义"之嫌而逐渐不被提起，性别的社会建构理论被国内学者广泛接受。

在 1995 年北京世界妇女大会以后，中国的性别研究经历了两个主流化进程：一是与从事西方女性研究的国际同行接轨；二是与国内主流学界接轨。与两个主流化进程相伴而来的是本土化问题：首先是批判地探讨主要基于白人中产阶级经验和立场的西方女性研究的概念和理论在中国是否适用；其次是理顺性别研究与主流社会研究之间的关系，让性别研究被社会科学这个大家族接纳和认可，同时又保持自身鲜明的独特性。

国内女性主义的大规模兴起借助了 1995 年北京世界妇女大会的政治东风。真正把西方女性研究范式推向学界是妇联和学界顺势应时共同运作的结果，也是国内性别研究向学院派转型的开端。事实证明，被包装成"非政治化"的性别研究尽管从未抵达主流学界的核心地带，但不可否认，其已逐步成为具有合法性和在学界拥有一席之地的"显学"；然而，这样学院派的性别研究也被指远离中国妇女运动实践，沦为在学院派内部循环的东西，成为"去历史、去政治、去革命地人为叠加到中国社会语境中的话语游戏"。2010

年后，青年行动者的崛起，以及中国国内整体社会运动环境的变革，使性别研究领域里学院派与行动派的分离成为趋势。

思考与讨论

1.什么是性别？东西方对性别的理解有什么异同？

2.试着从性别角度切入，向大家做一下自我介绍。

3.想一想自己人生中的性别体验，有没有遭遇过不公正或充满性别刻板印象？

4.自己具有哪些性别气质？如何理解"性别是流动的"？

5.什么是性别的要素化语境？试着举例说明。

6.如何理解中国性别文化中的"阴阳融通"与"阴阳殊性"？

7.什么是男权制度？"霸权的男性气质"是如何产生的？玛格丽特·米德根据三种性别气质角色模型说明了什么？

8.试着将性别认知与研究的几组关键词与相关案例相结合，进行拓展思考。

第二章　性别研究的理论视角

　　性别形成是自我人格与社会发展的重要内容，其不仅是一个词组，还由此派生出一套基于性别尤其是社会性别分析的范畴，包括社会性别意识、社会性别视角、社会性别分析、社会性别理论等。所谓社会性别意识，往往指人的性别认知是由社会建构的。社会性别虽然存在差异，但性别之间应该是平等的。社会性别视角是一种分析社会问题和现象的方法，强调性别是由社会和文化因素塑造的，社会和文化因素是通过社会化的过程和社会角色的分配来影响个体的行为、期望和地位的；其关注不同性别群体在社会结构、权力关系、资源分配等方面的不平等情况，并试图揭示和解决性别不平等问题。社会性别分析往往指拥有社会性别意识的研究者，通过社会性别视角的观察，运用社会性别的理论与观点，对人或事进行的分析。社会性别理论则是指，基于社会性别概念和意识所形成的关于人的社会性别的概念和原理的体系。在本章中，我们将围绕性别本质主义、性别建构主义、性别的人际理论、性别的文化传播理论，结合案例，展开深入探讨，以期为社会性别意识的普遍获得、社会性别分析的研究和实践运用，提供一套的理论框架和方法。

第一节　性别本质主义：生理决定论

　　性别问题上的生理决定论又被称为"性别本质主义"（Biological Essentialism），是传统本质主义的理论呈现，是一种可以被应用于群体间一切差别和不平等的理论——如认为人类的第一性征、第二性征和第三性征决定了两性的差异，进而决定了两性的社会地位。其在 20 世纪六七十年代是非常流行的一种学说，主要以男权制观点来遏制当时西方女性主义人类平等的观点，试图根据对灵长类的研究来证明男权制的不可避免性，男权社会秩序是一种自然合理的统治秩序。在这样的理论指导下，当时的一些学者专门致力于研究男女的大脑构造，以此奠定两性差异的科学基础。

一、生理决定论：生理即命运

生理决定论指出，影响生理性别的基本变量主要包括染色体、荷尔蒙、大脑结构，相应就会产生染色体性别、荷尔蒙性别以及脑性别。一度被男权制构建、利用的生理决定论倡导"生理即命运"，这使其在男女两性的同异争论中，成为"男性优于女性"观点的尖锐武器。它宣称：人类生来就有染色体、荷尔蒙、大脑上的男女不同，女性先天就要扮演更为麻烦的生殖角色；男性表现出男性气质的心理特征，女性表现出女性气质的心理特征；社会应当维护这一自然秩序，保证男性保有统治地位，而女性则维持其服从地位。

染色体性别只适用于部分灵长类动物。染色体除了女性XX、男性XY，还有XO、XXX、XXY、XYY。其他动物的性别并非全都由染色体决定，也受到其他因素的作用。比如，鳄鱼在高温时孵化为雄性，在低温时孵化为雌性。

在两性之间，荷尔蒙水平存在显著差异。男性主要产生雄激素，如睾酮；而女性主要产生雌激素，如雌二醇。这种差异不仅影响了生殖系统的发育，还对个体的性格、行为产生了深远的影响。生理决定论者相信，是激素造成了男女身体的不同。那些有犯罪、吸毒、暴力、虐待倾向的男性，雄性激素水平较高，攻击性程度较高，热衷于争夺领导权，企图影响或统治他人。

关于大脑对不同性别的影响有一段曲折的人类认知史。

（一）脑重与智力关系的性别差异学说

19 世纪，解剖学发现，女性脑子的体积普遍比男性小，于是这一点就被男权社会援引为女人智力低下的证据。他们的逻辑是："脑体积大则聪明，因为男性脑体积大于女性，因此男性的智力高于女性。"但事实上，后来的解剖学证明，脑体积与身高体重有关，与性别无关，即脑体积的大小仅仅是由身高体重不同所导致的。根据头高比，虽然男性的绝对脑重超过女性，但是女性的相对脑重却超过男性。科学研究的结论是："没有证据能证明才智与脑重之间有密切关系。"

（二）脑内专司智力部位男性优于女性说

在放弃了研究脑重与智力关系的性别差异学说后，科学家们转而研究脑内不同部位之间的差异。他们用相同的逻辑进行推断：额叶（frontal lobes）专司智力，女性的额叶较小、顶叶（parietal lobes）较大，而男性大脑的额叶大于女性，故男性智力优于女性。可后来的研究发现，顶叶专司智力，于是这些科学家又改称"男性的顶叶大于女性"，或者说女性的顶叶比以前所发现的要小。

如今，脑科学家们认为，两性大脑的区别很细微，脑体积和脑内各部分均无男女差别，这使男权制观念很难再将"社会偏见"当成"科学发现"的事实。正如19世纪著名女性主义者约翰·穆勒（John Mill）指出："所谓存在于男人和女人之间的智力差别，不过是他们在教育和环境差异下的自然结果，并不表明天性上的根本差别，更不必说极端高下优劣了。"任何基于性别分野的智力或能力质疑，都存在可疑的建构目的。

（三）性别观点中立的大脑构造差异说

在脑重、脑结构的性别差异论被彻底唾弃之后，现代科学家研究发现了一些并不对男女任何一方特别有利的大脑构造差异的研究结果。例如，男女的语言功能位于大脑的不同部位，这样的不同部位会影响男女的用语理性、联想的流利程度；男女的交流风格不同，解决问题的方式不同；男女的感觉不同，对触摸、味道、气味、声音的感觉不同，视觉也不同，比如男性对亮敏感、女性对暗敏感。而解剖学似乎再次为人们提供了一种约定俗成的"常识"：从大脑结构看，男性左脑更发达，因此他们更具控制线性、抽象性、分析性的逻辑思维，对连续且有顺序的信息更敏感；女性的右脑更发达，她们长于艺术、想象、审美活动，具有整体性、直觉性的思维，拥有更强的视觉与空间能力。此外，解剖学家还认为，也许是因为女性比男性更多地使用左右脑的连接神经组织，女性左右脑之间的连接神经比男性更发达，因此女性的认知功能分散在两个脑半球中，而男性的认知功能则集中在一个脑半球中。这一结论被视作诸如"女性的语言能力强于男性，男性的逻辑思维能力强于女性""女性更适合读文科，男性更适合念理科""女性更喜欢合作性游戏，而男性更喜欢竞争性游戏"等这些广为传播的认知的证据，是穿着"常识"外衣的更具隐蔽性的"生理决定论"论调。

拓展资料：突破脑性别认知的STEM运动

STEM是科学、技术、工程、数学四大领域连起来的缩写，俗称理工学科。联合国发现，虽然很多国家的女性和男性在小时候无差别入学，但在最终的职场分布里却出现大量性别失衡的问题。全世界大部分国家都存在文科领域女性从业者多，理工科领域男性从业者多的现象。

事实上，有研究表明，女性在低年龄段喜欢理工学科的人数并不少，但是随着年龄的增长，家庭及社会对其性别角色的期待并不鼓励她们坚持选择STEM领域。在一位女性的成长过程中，她会在各种渠道中接收到女性不适合从事理工科相关工作的信息暗示，或被不断地告诫选择理工科并不是一个适合女性的人生规划。在我们以往的媒介环境中充斥着诸如女科学家、理工科女博士、女工程师的例子，这些大多数外表平凡的女性往往需借由智性的提升在男性占主导的领域与男性竞争，以弥补自己在男权凝视下的审美劣势。与此同时，高学历、高智商的理工科女性常被暗示在婚恋市场中不受欢迎。

自1990年起，联合国明确提出在教育领域推广性别平等的概念，大力推动女性STEM教育的普及，为理工科领域不受性别偏见和限制的人才发展提供了助力。

二、生理决定论固化生理性别的三类性征

第一性征包括染色体、性腺、生殖器；第二性征包括肌肉组织、体毛等；第三性征指发式、服饰等一系列性别心理的表征。比如，下面一组图片

展示了不同的厕所标识。传统男女厕所的区分依据是第一性征，符号表达则体现为第三性征；而在基于生理决定论的媒介传播中的性别刻板审美，往往与第二性征、第三性征有关。

传统男女厕所　　　　香港大学性别友好厕所　　　北京三里屯性别友好厕所

在传统男性凝视下的东方审美中，肤若凝脂、美人如玉、酥软瓷腻，是对女性外表至高的评价。《红楼梦》第二十八回写贾宝玉看薛宝钗的美："傍边看着雪白的臂膊，不觉动了羡慕之心……再看看宝钗形容，只见脸若银盆，眼同水杏，唇不点而红，眉不画而翠，比林黛玉另具一种妩媚风流，不觉就呆了。"且薛宝钗服冷香丸，是连汗都不出的冷美人。不出汗，就暗示着汗毛和毛孔的隐匿，所以冰雪美人、软妹子，都是暗暗指向女性第二性征的审美标签。后来，在改编《红楼梦》的诸多版本的影视作品中，被框定在原著性别刻板审美标准中的薛宝钗形象最受大众欢迎。

如今，在现代科技和大众媒介的加持下，极化的女性第二性征如何实现？日本女人靠化妆，韩国女人靠整容，中国女人靠美图——当然，这种说法本来就体现了一种刻板印象——现代女性亦活在性别刻板审美标准中。以第二性征的体毛为例，很多女性在夏天到来之前最常做的一件事情就是去除"多余"的体毛，媒介宣传中的祛毛黑科技也随处可见。但值得我们深思的是，是谁界定了哪些体毛是多余的？又是谁在引导"女性生来就该是皮肤光洁的"？反之，一位男性若没有体毛，在传统的性别视角中，亦是缺乏男子气概的表现。

然而，这些外表特征并不是仅靠性别就可以被固定下来的，吃什么、在怎样的自然环境中生活、用什么护肤品、被怎样的性别文化制约，都有可能让外表特征发生改变。有趣的是，在性别意识崛起的当下，虽然大多数东方女性依然无法接受美黑、雀斑和自然的体毛，但却和男性相逢在以KEEP为代表的健身社交媒体上，展露人鱼线和马甲线，掀起对塑造肌肉线条的狂热风潮。

影视剧中的薛宝钗　　　　　　风靡大众的KEEP和运动中的女性

美妆、整容、美图

　　第三性征的发式、服饰等，是性别的表层饰面，可以随意界定与更改。我们应该拥有怎样的发式、穿什么样的衣服，其实都是社会性别文化范式的归类，为了从外部加深对生理性别的认知统一。男性可不可以长发飘飘、扎丸子头、编辫子、穿裙子、穿高跟鞋？中国古代的男儿、苏格兰的绅士、法国中世纪的贵族，不是给出了不同男性装扮的例子吗？

　　在传统男权社会"生理即命运"的口号中，无论是男性还是女性，其实都失去了更多的选择机会。我们最终会发现，性别革命的开始与呈现总是从第三性征、第二性征向第一性征蔓延。

三、基于生理决定论的繁殖策略与父姓制度

　　除了男女同异问题，男权社会在人类性行为与权利模式方面，也充分利用了进化论生理决定论来阐释男性繁殖策略以及父姓制度的合理性。

　　就繁殖策略而言，精子要寻求更多机会使女性受孕以传种；而女性则拒绝低质量的精子以保证后代质量。于是结论呼之欲出：这种生理学力量决定了男性的滥交和不专一性，同时决定了女性的专一性。以往的医学著作充斥

着这样的观点。在著名墨西哥女画家弗里达·卡罗的生命脚本中，她的丈夫，声名斐然的壁画家迭艾戈·里维拉（Diego Rivera），就为自己的多次不忠找过这样的医学理由。

另外，为什么在很长的历史时期里，东西方社会的主流做法都是让孩子随父姓？"姓"这个汉字，拆解开来是"女"和"生"。女性生了孩子，同时也承担了更多的抚养责任，但孩子却约定俗成地随父姓[①]，这看起来似乎很不公平。

强调Y染色体的遗传方式，是生理决定论者解答上述问题的钥匙。由于Y染色体的单性别遗传特性，对拥有XY染色体的男性来说，他们的Y染色体毫无疑问来自父亲，而父亲的Y染色体来自爷爷。一个家族的所有男性的Y染色体都有自己共同的祖先，有相同的来源。"500年前是一家"的说法也因此而来。相反，男性的X染色体一定来源于母亲，但由于母亲有两个X染色体，没法知道哪个遗传自外公，哪个遗传自外婆。也就是说，X染色体只要传两次就无法溯源了。如果孩子都跟妈妈姓，生物学角度的家族基因纯正性也就无从谈起。当一个婴儿的生理性别是女性时，她的基因型就注定无法考证，她没有遗传携带家族谱系的Y染色体，而她的X染色体来源会随着时空的流转变得无从知晓。

比如，古代公主也具有皇族血统，但是她的孩子只有50%的血统遗传概率。因为当时没有基因检测工具，所以直接将这50%的可能性一笔抹杀了。于是男权社会以此为依据，营造了"女性姓什么并不重要"的论调。哪怕是在性别平权水平领先的诸多欧美国家，多数女性在结婚之后也会改姓夫姓，可能与这种文化惯性密不可分。

拓展资料：美国女性的姓名

在20世纪70年代之前，美国的法律规定女性在婚后必须采用丈夫的姓氏。之后，陆续有几个州宣布不再要求女性在婚后采用丈夫的姓氏。直到1975年，夏威夷州出现了一条要求女性婚后放弃原有姓氏的法令被裁定违反宪法，才最终从法律上解决了女性必须使用丈夫姓氏的问题。

---

① 《中华人民共和国婚姻法》第二十二条规定："子女可以随父姓，可以随母姓。"

　　但仍有不少美国男性在很长时间内对妻子婚后保留原有姓氏感到不适。如果一个女性在婚后不改用配偶姓氏，会被怀疑忠诚度有限。即便在法令颁布后，美国女性依然在姓氏的选择上不得不考量传统观念、职场身份等诸多因素。

　　在受儒家思想、宗族观念深刻影响的中国社会中，处女情结直到当代都在一定程度上盛行，这本质上体现了父姓制男权社会将女性物化、生育工具化，为规避可能造成的遗传混乱而人为强加的文化规训，在这种基因红利最大化的幌子里藏纳着诸多性别悲剧。男权利用性别生理决定论，为女性套上性别伦理的枷锁，给诸多不被宗族系统承认的生命贴上"私生子"的污名标签。直到基因科学相对发达、宗族结构已然松动的今天，这些性霸权行为才逐步出现瓦解消融的迹象。无论是宗族制还是资本主义制度，本质上都是要将财富继承给确定拥有父系血统的人，从而维系、加强父系的地位和权利。

　　正如恩格斯所著的《家庭、私有制和国家的起源》一书所指出的那样，女性受压迫的情况是由阶级社会中特殊的家庭形式造成的。书中区分了五种家庭形式，即血亲家庭、普那路亚①家庭、对偶制家庭、父权制家庭和专偶制家庭。在后两种家庭形式中，父权具有绝对性。父权制的私有财产终结了以性别自然分工为特征的原始家户经济，当原来只拥有劳动工具的男性开始积累财富，丈夫在家庭中逐渐占据比妻子更重要的地位，母权制被推翻，女性主导的"对偶制家庭"也被男性主导的"专偶制家庭"所取代。专偶制家庭最核心的目的就是生育确定生父的子女，以赋予亲生子女继承父亲财产的资格。恩格斯革命性地把两性关系同阶级压迫联系起来，指出："历史上最初的阶级对立，是同个体婚制下夫妻间对抗的发展同时发生的，而最初的阶级压迫是同男性对女性的压迫同时发生的。个体婚制是一个伟大的历史的进步，但同时它同奴隶制和私有制一起，开辟了一个一直继续到今天的时代，在这个时代中，任何进步同时也是相对的退步，因为在这种进步中，一些人的幸福和发展是通过另一些人的痛苦和受压抑而实现的。"因此，个体婚制在历史上绝不是作为男女之间的和好而出现的，更不是作为这种和好的最高

---

① "普那路亚"是夏威夷语punalua的音译，意为"亲密的朋友或伙伴"。

形式而出现的；恰好相反，它是作为女性被男性奴役，作为整个史前时代前所未有的两性冲突的宣告而出现的。

日本社会学家上野千鹤子在《父权制与资本主义》一书中对女性在男权族系中的角色地位有着深刻而尖锐的洞见："作为二等公民的女性是辅助照料他们（男性、儿童和老人）的'非人'，只有健康的成年男性才被视为'人'"，"儿童就是'人之前'，老人就是'人之后'，而女性则是'人之外'的存在"。

拓展资料：五种家庭形式

血亲家庭亦称"血缘家庭"，是原始社会同一原始群体内同辈男女间的集团婚。血亲婚是同行辈（如兄弟姐妹）间互为夫妻，排除不同行辈（如父与女、母与子、祖父与孙女、祖母与孙子）间的性关系，是人类第一种婚姻形式（制度），血亲婚形成的群落是血亲家族。

普那路亚家庭由美国民族学家L. H. 摩尔根（L. H. Morgan）命名，被视为实行外婚制的群婚家庭[①]的典型。在这种婚姻形式下，氏族的兄弟姐妹之间不能通婚，亦禁止同胞和旁系的兄弟姐妹通婚。因此这种婚姻形式符合自然选择原则，避免近亲繁殖。

对偶制家庭是指一男一女在或长或短的时期内相对稳定地同居生活，但双方仍有与其他异性发生性关系自由的婚姻形式。它是在母系社会族外群婚的基础上发展起来的，是从群婚制到一夫一妻制的过渡形式，标志着人类婚姻关系开始走向相对稳定和明确，为后来的一夫一妻制家庭奠定了基础。同时，对偶制家庭也反映了在氏族社会中家庭越来越具有独立性，以及在人类社会中私有制度的出现。对偶制家庭仍然以女性为中心，实行族外婚的原则和女娶男嫁、夫从妇居的婚姻居住方式。

父权制家庭指家长在家庭中享有家庭财产的支配权、家务管理权、对子女的主婚权和对家属的惩戒权的家庭形式。这种家庭通常包括受父权支配的妻子和子女，以及一定数量的奴隶。在父权制家庭中，家长拥有绝对的权威，家庭成员之间的关系以家长为中心，形成了一种严格的等级制度。

---

① 群婚家庭是母系氏族公社时期的一种婚姻家庭形式。

专偶制家庭是不以自然条件为基础，而以经济条件为基础，即以私有制对原始的自然产生的公有制的胜利为基础的第一个家庭形式。其建立在丈夫的统治之上，最明显的目的是保证父系亲生子女继承财产——这是希腊人坦率宣布个体婚制的唯一目的。专偶制家庭的一个显著特点是，婚姻关系更加牢固，婚姻不能任意解除，尤其是针对女性而言，但丈夫仍可以解除婚姻关系。例如，《拿破仑法典》第二百三十条仅赋予丈夫对婚姻不忠的权利（但丈夫不能把出轨对象带到家中）。专偶制家庭对女性的地位产生了深远的影响。在专偶制家庭中，女性的地位显著下降，被降格为男性的附属品，这是女性被男性奴役的标志。例如，在古希腊，妻子被称为"他的婚生的嗣子的母亲""他的最高的管家婆和女奴隶的总管"，她们除了生育子女，还必须承担家务劳动。

四、生理决定论导致政治保守态度和种族主义

进化论的提出者查尔斯·达尔文在性别问题上是一位生理决定论者。他说过，男性相对女性来说，处于进化的较高阶段，富有更多的智力和理性能力，因此天生就该做领导。而马克思与恩格斯则是生理决定论的坚定反对者。

生理决定论也是导致政治保守态度和种族主义的重要因素。比如，认为男性天生的强悍和攻击性决定了男女收入的差异，性别的差异就是收入差异的全部原因。再比如，20世纪纳粹试图从生理上证明女性、有色人种和犹太人地位低下。阿道夫·希特勒曾这样说："这个世界上所有不好的种族都是笑话。"有的基因学者因此警告说："对人类行为做基因和生理解释具有一种危险性。虽然社会行为受到生理因素的影响，但是不宜特别强调生理因素的作用。"

所以，我们需要警惕性别本质主义的生理决定论可能演化出来的观念和研究成果所掩盖的社会中存在的性别不平等现实。当人们承认女性生来重情感、温柔、充满母性却缺乏抽象思维能力时，就注定了她们围桎于家庭、接受男性保护的命运，同时也决定了人们只强调"大地女神"的命题而否定了男性本色中的关爱和养育能力。同样，当人们认可黑种人为男性化的种族、黄种人为女性化的种族，而白种人是最完美的种族时，种族主义、纳粹主义

就大行其道，而这其实是男权制的谎言。

第二节　性别建构主义：社会建构论

性别建构主义与社会建构论（Constructionalism）同条共贯，强调性别不是一个人特有的本质，而是一种具有动力机制的建构，在建构过程中充满社会行动者的策略行动。其基本的理论假设是：第一，社会性别不平等是人类有意图的产物，男性利用财产、技术、地位和各种象征符号等，排斥和剥削女性；第二，性别不平等具有结构化特点，被人类创造出来的社会结构给了人们各种各样的机会和限制，个体在对这些机会和限制做出反应的同时也在重新创造着结构。

从 20 世纪 60 年代兴起的生理决定论与社会建构论的论争持续了多年。论争双方坚持自己的立场，与此相应的是自然与文化的两分法：前者强调天生的自然基础；后者强调养育的作用、社会条件、社会权力关系，或者个人选择。性别的社会建构论展现了社会性别理论的核心观点：社会性别源于社会建构，社会性别规范人的行为，决定人的社会角色和行为特征。

在过去的近半个世纪中，生理决定论渐渐失去了影响力，社会建构论占了上风。关于社会建构论的思想萌发，我们可以追溯到 19 世纪的女性主义作家弗吉尼亚·伍尔夫[①]的建构意识。她曾指出，在文学史上，男女作家的作品在质量和数量上的差异不是由生理原因造成的，而是由社会文化原因造成的：如在教育、职业和政治方面的机会不均等。她甚至悲哀地说："莎士比亚的妹妹就是再有才华也没有加以发挥的机会。"正如很多性别学者所指出的，我们须以社会性别制度和社会性别关系来分析现存的文化观念。

一、社会建构论的两个层面

"人不是生而为女人，而是变成女人的。"——女性主义者波伏瓦的名言

---

① 弗吉尼亚·伍尔夫是英国著名女作家，是意识流文学的代表人物，也是 20 世纪现代主义与女性主义的先锋。伍尔夫一生都具有十分鲜明的女性主义思想，从她的作品及其自身的婚姻中，我们都能够找到女性主义思想的影子。当代众多女性主义思想家都受到了伍尔夫的启迪和影响。

金句是社会建构论的精华表述。她认为,女性在社会中作为第二性别的地位与状况是由社会文化所造成的,人们的性别观念、性别角色、性别行为等并不是由先天自然因素决定的,而是通过教育、模仿、学习、强化等过程建构形成的。"在人类社会中,没有什么是自然的,和其他许多产品一样,女人也是文明所精心制作的产品。"

所以,将某些行为归属于男性或女性只是一种社会习惯。从第一层面来看,性别是以生理性别为基础的社会建构,一个人生而为男或者为女,但没有获得天生的性别认同;从第二层面来看,社会性别是以性别规范和社会角色为基础的文化建构,一个人在成长的过程中获得性别认同,在经过社会的构建之后才成长为男人或女人。虽然生理性别是天生的,但是社会性别既非内在的,也非固定的,而是与社会交互影响的产物,它会随时间和文化的不同而改变,是一个不断被建构的动态过程,是社会和符号的创造物。

事实上,波伏瓦并没有否认生物学是人类世界的基础,她只是深刻地指出了"身体是一个场所",是社会历史环境的一部分。区分男人和女人的,不仅是他们的身体,还有他们如何利用自己的自由来定义和实现自己的目标。

而性别建构的差异存在于文化与文化之间,以及某一文化之内。在不同的文化和社会中,性别的概念和行为规范会按照当时、当地的习俗被建构起来。比如,英语的marriage(婚姻)一词,在拉丁语中词根的意思是"母亲身份的条件"。时至今日,局限于很多国家的性别制度和文化意识,女性在未婚的情况下,依然没有获得自由的生育权,女性既无法获得社会提供的生育福利和医疗保障,也无法获得准生证,她的孩子一旦出生就将成为不受法律保护的"黑户"。

二、社会建构论与生理决定论的不同观点

社会建构论在许多问题上提出了与生理决定论针锋相对的观点。

(一)生育问题

在生育问题上,生理决定论认为:女性生育的孩子有限,而男性却可以与不同女性有很多孩子。反性别本质主义的社会建构论则认为:男女之间并

没有本质的差别，只有社会经历和源自社会经历的观念的不同，因此男女两性在生育观念上所表现出来的差异并不是由两性间的生理差异决定的，而是由男女所处的不同社会环境建构而成的。

（二）沟通问题

生理决定论认为：在沟通及其影响力上的性别差异是由男女两性的生理差异决定的。而社会建构论对沟通的认知和解释分为以下几种：地位特征理论认为，由于女性比男性地位低，所以男性对他人的影响比较大；社会角色理论认为，由于男女的社会角色不同，男主外，女主内，所以在外部社会中男性的影响力较大；既存性别模式理论强调，由于环境是分性别的，儿童就会学着用现存的性别分类来整理自己的知识，既而影响自身的行为；社会学习理论则认为，规范和强化训练最终造成了区分性别的行为模式。社会直接强化对正确性别行为的奖励，对错误性别行为的惩罚。又或者通过观察学习，人同时获得了关于性别角色的知识与性别认同。

（三）性别劳动分工问题

在性别劳动分工问题上，生理决定论认为，男女在社会中的角色分工完全来自生理差异，如女性能够生育和哺乳，而男性相对女性来说体格更加健硕。而社会建构论的解释是，在一个社会中，男女的工作类型不是由生理决定的，而是由社会安排的。工作的性别不平等首先是出于为男性利益服务的原因，然后被非正式的习俗和正式的法律体系加以强化。一旦这些社会结构障碍被去除，女性就完全可以像男性一样工作，男女两性的工作能力和工作效果完全可以达到相同的水平。

此外，究竟女性的美德是与生俱来的还是由社会建构而成的，也是这场论争的焦点。生理决定论认为，由于女性要生育、哺乳、照料婴儿，所以女性天生比男性拥有更多美德。而社会建构论讲的却是另一套道理。女性在历史上一直是关心照料他人的人，但是她们这样做并不是因为她们具有美德，相反，美德是女性处境的结果——因为女性总是在照料他人，致使女性对个人自由评价较低，对相互支持和安全感评价较高，这是不可以由两性的生理差异来加以解释的。

三、社会建构论理论家及主要观点

20 世纪最重要的思想家之一米歇尔·福柯是颠覆生理性别和社会性别关系的第一人。他的权力建构理论认为，性别的结构与权力的结构共存。无论是男性气质还是女性气质，都是随历史的演变而变化的，是话语的产物，是异性恋霸权主义的产物，是在性实践和性别实践中形成的。在福柯看来，权力是借着权力/知识共生的关系来行使的，因此他特别关注知识建构对性别关系的作用。

运用社会建构论来定义生理性别和社会性别之间关系的最有影响力的尝试是鲁宾在 1975 年发表的《女性交易：性"政治经济学"笔记》一文。她指出，所有的社会都存在生理性别和社会性别体系：它是"一套安排，在其中，人类的性和生殖这种生理的原始物质被人类的社会干预所塑造，以传统的方式加以满足，无论这些传统方式有多么糟糕"。她强调社会干预在塑造性别规范中的重要作用，摈弃了对性别结构现状的生理决定论的解释。

杰梅茵·格里尔（Germaine Greer）认为，社会性别只能被理解为一种可变的、不确定的文化建构。男女两性的思维、行为和互动主要是由他们生活于其中的文化决定的，而不是与生俱来的，在不同文化和不同历史时期有着显著的不同。不同的文化对所谓的"生理学事实"也有着不同的解释，比如，不同文化传统对母性的解释就大不相同。

法国作家威蒂格指出，既然女性在社会中被打上生理性别的烙印，在语言中则被打上社会性别的烙印，那么解决现存性别结构问题的唯一方法，就是对生理性别和社会性别进行全面解构。而这种解构伴随着性别身份政治的三种立场：第一种是本质主义立场，主张女性就是一种实实在在的生理和社会身份；第二种是反本质主义立场，主张解构女性这一身份，期待一个不再以"性别二元"作为文化核心认知的未来社会；第三种是策略本质主义的立场，主张将承认女性身份仅仅当作一种暂时的策略，从女性长远的利益出发，还是应当最终解构性别结构。

坚持女性身份的学者认为："女性"这个身份既然已经由社会建构出来，要想改变现状，也只能在社会和文化中对它加以改变。于是"女性"陷入了一个两难窘境：一方面，有建造"女性"身份并赋予它坚实的政治意义的需要；另一方面，要打破"女性"这一类别和粉碎它的过于坚实的历史。

而社会建构论最终深切地指向社会性别的持续自我解构。在解构过程中，把过去被认为是自然的、天赋的、不可改变的性别特征，重新定义为不固定的、可塑的、流动的。社会建构论下的性别认同，具有开放选择的解放意味——性别认同不再是传统社会中二元的"成为一个男性"或"成为一个女性"的过程，而是"关于我们选择什么样的社会性别以及政治身份的微妙的心理和社会权衡"。

第三节　性别的人际理论

性别的人际理论实际上是社会建构论的重要组成部分，在这一节内容中，我们将着重讲述性别形成的心理动力学和心理学理论。

一、母女/母子关系中的心理动力学

心理动力学由西格蒙德·弗洛伊德提出，侧重研究家庭和心理动力。弗洛伊德认为家庭和心理动力影响个人发展，包括个人性别身份的构建。心理动力学基于精神分析理论解析了儿童性别分化的心理机制，认为人际关系，尤其是早期建立的人际关系，在人格发展过程中，尤其是性别身份的形成过程中，起着最重要的作用。对大多数儿童来说，最重要的早期关系，通常是他们和母亲之间关系，这种关系从根本上影响了婴儿认识自我的方式，也影响了他们对人际交往的看法。

著名的心理动力学理论家南希·乔多罗[①]（Nancy Chodorow）提出：要理解家庭和心理动力如何塑造性别，关键在于要认识到，"我们都是女人生养出来的；是女人，而非男人，承担了主要的养育责任"。母亲本身具有的性别特质，使其分别与儿子、女儿形成了截然不同的关系。

（一）母女关系

母女之间存在着本质的相似性，母亲通常会与女儿有着更多的交互和关

---

① 南希·乔多罗，1944 年出生于美国，被认为是精神分析领域的女权主义带头人，也是国际精神分析学会的成员。其著作《母职的再生产：心理分析与性别社会学》被评选为当代社会学领域 25 年来十大最具影响力的著作之一。

系。这种极其亲密的关系使得女婴将母亲融入自身，使母亲成为女儿自我的一部分。这种内化发生在幼年时期，因此女孩在开始确立自我身份时所做的努力布满了母女关系的痕迹。

很多女儿与母亲的关系复杂，她们爱母亲，想得到母亲的认同，成为像母亲一样的人；但也可能是母亲最激烈的批判者，她们或是不想成为像传统母亲那样经历男权却没有自主性别意识，为家庭和孩子奉献牺牲、疲惫到一生没有自我的人，或是想活成不让母亲理解、不受母亲掌控的人。

【案例】母女关系案例

【案例一】《雪花和秘密的扇子》

小说《雪花和秘密的扇子》及其衍生电影《雪花秘扇》描写了一个封建男权制家庭中的女儿的内心独白，展现了她对母亲和家人的爱的渴求，而这种渴求却成为她被控制和摧残的原点。

这么多年后，我对自己的优缺点一清二楚，而事实上它们往往是同一个。我的整个一生都在渴望爱。我知道这样是不对的，不管是作为一个女孩还是后来作为人妻，但是我却依然执着地坚持着这份对于爱的不合情理的渴望，而它却成了我一生中种种遭遇的根源。我曾梦想得到母亲的关注，梦想着家人的爱。为了获得他们的这种情感，我学着去顺从，虽说这是理想中一个女人所应具备的，可是我似乎显得过分顺从了。我可以为了他们一丝一毫的亲切感，努力地去实现他们的所有期望。我的那双脚是全县最小的，为此我脚上的骨头被生生折断，只是为了裹成一个更姣好的样子。

【案例二】《喜福会》

被视为跨文化传播题材经典的电影《喜福会》，若从性别文化传播的视角去看，则凸显了华裔母族文化和异质文化的碰撞与兼容。移民美国的华裔母亲们背负着自己母亲（即女儿的外婆）的男权经历和中国男权社会为她们烙下的痛，漂洋过海，背井离乡，在异国他乡重构自我的文化身份。在美国长大的四位女儿，一边接受着华裔母亲中西合璧的文化灌输，一边在白人主流社会的夹缝中苦苦寻觅自我。女儿从小与母亲对抗、对话，从而呈现出东西文化，尤其是东西文化在人际关系、性别意识上的差异与冲突。最终，母亲将自己从上一代身上汲取的女性力量传递给了自己的女儿。四对母女的和解，彰显着三代女性同根但不共生的美好理想。

【案例三】《出走的决心》

在根据"自驾阿姨"苏敏的真实经历改编的电影《出走的决心》中，女儿虽然在一定程度上共情母亲、支持母亲，但这不足以让她支持母亲"出走的决心"。在导演的镜头下，母亲在那个家里是被割裂划分出去的，她那句撕心的怒吼"我跟你们是一样的"中的"你们"也包括了女儿。女儿爱母亲，但很多时候她对母亲的情感是俯视的——有怜悯，有愧疚——而不是对等的。她作为新一代的女性，当在现在的社会结构中无法平衡家庭和职场时，首先想到的是通过剥削自己的母亲去解决自己的母职困境，而缺乏对女性困境代际传递的思考和实践——她阻止母亲前两次出走的动机并不单纯。所以在中国母亲题材的叙事中，最常见的情节是，女儿突然发现，原来母亲也年轻过，也有过梦想，而不仅仅是自己看到的那个每天在鸡毛蒜皮中黯然失色、去超市抢便宜菜的面目模糊的中年妇女。李娟在《我的阿勒泰》中描写的母亲那么受人喜爱、令人感动，就是因为她活出了一个女性坚韧且质朴的辽阔感，她和女儿的关系是对等的，母亲和女儿像两棵猎猎作响的大树，根系深邃，枝梢却各自伸展去自由的方向。

【案例四】《始于极限：女性主义往复书简》

上野千鹤子与铃木凉美的书信对话集《始于极限：女性主义往复书简》则展现出亚洲文化背景下较为新型的母女关系——有智慧的母亲和有觉知的女儿的关系。在铃木凉美的描述中，她的母亲是一位"从不放弃在言语上与人达成理解，也从不顾及言语上的对抗，经常将餐桌演变成白热化辩论场"的优秀女性，这种性格促使她一直追着女儿并试图去理解女儿。而铃木凉美虽然在长大后意识到自己作为女性是多么有幸生活在这样的成长环境中，但年幼时"不允许沉默、时刻被迫解释自身想法的环境"反而让她感觉不到言语之外的自由。而且，从来不被强迫学习或工作，也不会被要求打扮成父母中意样子的自由让她毛骨悚然，"仿佛母亲在拿她做试验，并饶有兴致地观察试验结果"。她感到母亲热衷于育儿的原因之一就是为了验证自己的研究。

　　上野千鹤子共情了铃木凉美，她说"如果母亲聪慧，意味着她了解你的全部。于是女儿暴露在透明的视野中，失去了喘息的空间，无路可逃，无处可躲"；但她同时又说，"虽然你的妈妈不理解你，但相信你。耿直的爱是父母能够给予孩子最大的礼物。失去母亲是自由的，因为没有了对抗的坐标，但这样的自由带来的是一种令人眩目的失重状态"。

　　铃木凉美认为上野千鹤子切中了她的想法，她在母亲去世后对自己"想通过做父母最讨厌、最不可能理解的事情来摸清父母的爱和理解的极限"的行为失去了动力与兴趣。但她依然坦诚地描述了自己的观察：母亲虽然言论平等自由，将自己和家庭主妇同归入"女性"范畴，但实际上却有点瞧不起"太太们"，视她们的身份为反映传统男女性别分工刻板印象的代名词。同时，她还发现，比起家庭主妇，母亲更厌恶那些用女人味做生意的人——母亲自己受过很好的教育，但母亲的母亲、奶奶、外婆都是酒席上招待男性宾客的陪酒女郎。铃木凉美说自己之所以直接进入将身体商品化的产业，确实与她母亲持有的"意识到了男性的凝视，却从不实际交易；明明渴望成为价格昂贵的商品，却鄙视那些实际出卖自己的女人"的双重标准以及拒绝理解那个世界有关。或许其中也有铃木凉美共情母族女性命运的原因。

　　上野千鹤子指出，"女性从小暴露在男性的视线和评价中，但是男性评价的并非女性的智慧，而是更简单易懂的外表"。铃木凉美母亲全身心地拒绝娘家母亲和两位祖母做过的事情，这体现了她受制于自己成长经历的局限性。她可能是将女性魅力和女性学识作为在女性世界里展示优越感的工具，而不仅是用于吸引男性的元素。因此上野千鹤子指出，"我和寻常的家庭主妇不一样，我跟普通的女性学者不一样"，这样的意识都建立在厌女症之上——因为持有这种态度，意味着拒绝与那些只能成为家庭主妇的女性和刻苦成为学者的女性共情，也拒绝理解她们走过的人生路。而铃木凉美作为孙辈，想用双方都会流血的残忍方式，来挑战彼此的极限，让彼此在受伤时放弃说自己受伤的权利。

　　值得一提的是张爱玲"用美的身体和思想悦人并没有太大不同"[①]这一认

---

① 张爱玲在《谈女人》中的原话为："这也无庸讳言——有美的身体，以身体取悦人；有美的思想，以思想取悦人；其实也并没有多大分别。"

知的先锋性。她的犀利剑指雌竞和带有任何优越感的厌女本质。而她描述的母女关系不是五四话语中的母女纽带，也不是冰心母女同体的瞬间，她笔下的母女关系，更还原了一种女人与女人的关系——女人们在男权经历中彼此怀揣着不可名状的新仇旧恨，最好的情况也不过是相爱相杀。她将女儿的母亲描述为一个在无父世界里的权威统治者，既以此隐喻颠覆父权秩序，又表达了那种近于女巫与恶魔的与女权相背离的威慑。

（二）母子关系

　　母子的关系通常有别于母女的关系。因为母亲与儿子的性别不同，男婴在很早的时候就意识到自己和母亲有所不同。男孩很少利用自己和母亲的关系来确定个人性别身份，他们努力将自己和母亲区分开来，在青春期的仪式中宣告脱离母亲，以此获取男性身份和自主权。更重要的是，母亲也意识到了这种差异。传统的母亲会认为女儿出嫁前是属于自己的，而儿子从一开始就是属于家族的，因此她们会更加鼓励儿子独立与外出闯荡。

　　比较另类的是张爱玲笔下的母子关系。张爱玲笔下的很多男性都没有实质的年龄感，只是确凿的物质性存在。他们是母亲的儿子，儿子的父亲，但他们始终不是丈夫，不是男人。她赋予母亲以男权社会最为暴虐的权力——支配儿子们的权力，对他们"施行种种绝密的精神上的虐待"——这原本是女性在男权社会受到的隐秘而持久的虐待与压抑行为的产物。而母亲的疯狂亦是张爱玲对令自己在精神上"无父无母"的男权社会的报复。张爱玲将西方男权社会中权威的母亲，作为儿子内在的、心理的自我话语，展露为一个社会化的真实的性别存在，并将那些强势、残忍的母亲与孱弱、卑怯的儿子的关系通过中国式的家庭结构呈现出来。在张爱玲笔下的母子关系中，母亲是一个手握男权核心的永远在场的权力符号。

　　这是男权社会中的一个悖论。中国传统社会虽然重男轻女，但其文化根性却充斥着"寻母文化"。我们将任何依恋的关系都比拟为与母亲的关系，比如我们将祖国比喻为祖国母亲。我们不难发现，在传统的家庭结构里，父亲的缺席、缺位现象的确普遍存在。但我们的传播文本将好父亲也给"谋杀"了，这难道是对"男主外"，即不进入家庭领域的隐喻或过度表达？比如，提起家喻户晓的岳飞，大多数人的第一反应就是岳母在岳飞背上刺下了"精忠报国"四个字。但岳飞的父亲是谁？我们并不知晓。实际上，岳飞的父亲叫岳和，一直活到岳飞青年时期。岳和是汤阴县的一位财主乡绅，在汤阴县发大水时，他仗义疏财，救助乡亲。岳和是一位合格的父亲，不仅为岳飞请了私塾先生来教授文化知识，还请了当时赫赫有名的周侗过来教自己儿子武艺。在岳飞19岁时，宋国和辽国大战，岳和送儿子上了战场。到岳和夫妇去世时，22岁的岳飞已经在战场上闯下名头了。后世的传播文本把这个父亲抹杀了，而岳母刺字则成了图腾。

我们特别的"寻母文化"构成了巨大的矛盾：一方面极度重男轻女，让女儿、媳妇很痛苦；另一方面又严重美化母亲，将其与牺牲和美德绑定。一位女性一旦成为母亲，就成为原有性别秩序与宗族制度的维护者，就能得到男权社会最大的褒奖。但同时，到了现代，在性别意识和性别制度转型迭代的过程中，一边"寻母"、一边"厌母"的现象却时有发生：曾经全力相夫教子的女性却最容易成为丈夫、儿子甚至女儿嫌弃的对象，他们在得到了她大半生的照顾后又会讨厌她啰里啰唆，他们希望她是独立的。可是这样的母亲从父亲家到丈夫家，从来没进行过自我赋权，根本就缺少性别意识觉醒的契机。所以传统母亲面临的不是"娜拉可不可以出走"的问题，而是能不能出现"出走的时机"并生出"出走的决定"的问题。

我们越来越多地从媒介传播的文本故事中意识到一点，即人们在"关系"中成长，并不意味着要依赖"关系"去生存。中国社会历来是母女、母子共生关系广泛存在的社会，如果在彼此的成长过程与生命进程中，没有做出有效、健康的分离，就有可能出现"巨婴""妈宝男"，也可能出现被嫌弃的母亲。

【案例】母子关系案例

【案例一】《惊魂记》

悬疑大师阿尔弗雷德·希区柯克根据作家罗伯特·布洛克（Robert Bloch）同名小说改编的电影《惊魂记》就是一个极端的母子分离失败的案例。诺曼母亲在活着的时候干涉她儿子的所有事情，当她死后，诺曼接受不了这一切，所以产生了两种人格。观众会发现，最后诺曼的自我完全被母亲的自我吞噬，他的身体里面只剩下了母亲的人格。

【案例二】《与橱中人的对话》

另一个令人震惊的极端案例，是伊恩·麦克尤恩在《与橱中人的对话》中所塑造的一位起初努力阻止儿子长大、后来因为结交了新男友而希望"老婴儿"一夜长大的母亲。麦克尤恩用一种极为淡漠和荒诞的第一人称口吻描述了这个故事。

> 我没见过我父亲，他在我出生前就死了。我想问题就出在这儿——是妈妈一个人把我带大的，再没有别人……她想要孩子，可又不愿意考虑再婚，所以只有我一个；我必须充当她憧憬过的所有孩子。她努力阻止我长大，在很长一段时间里她做到了。你知道吗，我到 18 岁才学会正常说话。我没上过学，她让我待在家里，因为学校是个野地方。她白天晚上都抱着我。我长到睡不下小摇床时，她不爽了，跑去一个医院拍卖会上买了张护栏床。这样的事情就是她能做出来的。我刚离家的时候还睡在那玩意上面。我没法在一张普通的床上睡觉，总觉得自己会掉下去，总也睡不着。我长到比她高两英寸[①]时，她还想要在我脖子上系个围兜。她很神经。有次还找来锤子、钉子和几块木板，要做一把高凳让我坐在里面，那年我都 14 岁了。你能想象，我一坐进去，那玩意就散架了。可是老天！她那时喂我的那些玉米糊。我的胃病就是这么落下的。她不让我自己动手做任何事情，甚至不让我整得干净点。没她我简直动不了，她却以此为乐……

> 如果不是沉迷在我身上，她本该很容易就结婚了。但她太忙于把我推回她子宫里去，根本没时间考虑这码事。就如此一直到她遇上那个男人，然后一切都改变了，就那样。一夜之间，她就心思全变……她想带他回家，但又怕他万一看到我，这个 17 岁的老婴儿。因此我必须在两个月里完成一生的成长。

总之，"摇动摇篮的手，就是推动世界的手"被作为一种关于母职的重

---

① 1 英寸约合 2.54 厘米。——编注

要性的共识而得以广泛传播。正如有些学者所认为的：尽管人们的自我认同并非恒久不变，我们会在社会化的人际关系中不断修正自我的认知；但在人类发育的整个过程中，一直保留着在最初的母女或母子关系中形成的基本自我认同，这是建立后期自我认同的基础。

二、心理学理论

心理学理论同心理动力学一样，侧重性别的人际基础，但不强调内心过程，而强调传播对性别的影响。此处的心理学理论包括社会学习理论和认知发展理论。

（一）社会学习理论

社会学习理论并不否认遗传在两性角色定型中的作用，但它更强调两性角色的社会化学习，即通过观察、实验、强化和模仿，来给自己的性别标准提供依据，并在相似的情境中表现出类同行为。很多性别研究都强调了模仿在性别定型以及行为规范中的作用。一开始是模仿父母、抚养者、身边的同性，慢慢扩大到模仿大众媒介中的性别榜样。

社会学习理论强调，父母以及社会化媒介对儿童所施加的"直接强化作用"促成了两性性别角色行为的差异。为了实现性别的定型化，父母及社会化媒介会按照自己或主流文化倡导的性别角色认知，对儿童施加直接或间接的压力——当儿童做出与其性别相符的行为时，便给予表扬和奖励；当其做出与性别不相符的行为时，则给予批评和惩罚。比如，强调男孩和女孩玩具的差异；又比如，男孩和女孩被分配到的家务存在差异；再比如，强调男孩被期望掩饰自己的情感，女孩则被认为在推理、逻辑和体育方面的能力较弱。当一对父母奖励给男孩奥特曼，给女孩芭比娃娃，并不允许他们交换着玩时，这意味着限定儿童性别角色行为、构建性别刻板印象的魔咒已然产生。"男孩要有男孩的样子，女孩要有女孩的样子"，很多人在儿时或多或少地接受过这样的陈词滥调。

总之，通过对儿童进行社会化管理，儿童会在协商和抵抗中学习如何在性别结构中运作，学习如何进行构成性别的重复化表演，学习如何在互动中按照被赋予的性别行动，并且避免因性别行动不当而受到制裁。但社会学习理论将性别作为一种学到的角色，与其他理论相比，其不太强调性别如何与深层自我意识纠缠在一起。

（二）认知发展理论

和社会学习理论不同，认知发展理论奠基人劳伦斯·科尔伯格（Lawrence Kohlberg）认为："在性别角色发展中重要的并不是母亲和孩子的关系，而是儿童自身认知的发展。认知发展的关键阶段出现在三周岁甚至更早，儿童要历经数个阶段才能形成其性别身份。"这与心理动力学的论调很不一样。

第一个阶段为性别标记阶段。一个孩童从两岁开始认知自己的性别标记，他们会倾听他人的交谈，寻求适合自己的称呼，当他们听见别人喊他们男孩或女孩时，他们就学会了如何称呼自己。在三岁时，孩童会根据外观特征把性别标记类化到别人身上，但当人们将一个玩偶的服饰或发型改变后，他们就会认为它的性别改变了。

第二阶段为性别固定阶段。四到五岁的孩童明白性别基于身体构造，但依然认为性别可变。直到六到七岁，孩童才进入认知发展的第三阶段。

第三阶段为性别一致性阶段。在此阶段，他们知道了性别与解剖结构组织不可变，形成性别恒常性。一个儿童一旦把自我归类到"男性"或"女性"，就会想做与自己性别类别一致的事情。

认知发展理论注意到了儿童与性别意识有关的思维活动，强调儿童是主动的学习者：他们基于性别来组织环境，在自己的所见所闻中逐步形成性别刻板概念。为了胜任自己的性别身份，他们会一直寻找同性角色模型，主动学习——对于女孩来说，母亲是她儿时了解女性特征的主要信息来源；父亲则是男孩的研究对象。比如，很多小朋友都喜欢玩过家家的游戏，女孩演妈妈，男孩演爸爸，芭比演女儿，乔治演儿子；又比如，很多小女孩喜欢偷穿妈妈的高跟鞋、涂抹妈妈的口红和指甲油，而很多男孩则喜欢偷用爸爸的剃须刀，尽管他并没有长出胡子。儿童的行为在不断强化他们的性别认同；同时，他们也通过网络、电影、电视、杂志等媒介学习，获得性别知识，让自己理解性别规则。

总之，心理学理论强调传播在塑造性别、提供角色模型方面的影响力。人们的性别恒常性一旦形成，大多数人会从儿童期开始不断努力建立符合自己性别范式的态度、目标及做出对应表现。

拓展资料：性别中立育儿

性别中立育儿的理念是由女性主义运动第二次浪潮中的自由女性主义者提出的。当时的自由女性主义者概述了女孩面临的不平等，希望为女孩提供更多的可能性，消除她们在生活中面临的限制。ta 们鼓励女孩在家庭、学校、工作和媒体中拓展角色；也主张女孩参与曾经被视为"禁区"的体育、数学和科学领域的活动，鼓励女孩穿牛仔裤和留短发；此外，ta 们鼓励放弃或限制穿裙子、化妆、看童话故事、做家务等对女孩生活有约束的活动。自由女性主义者构建的性别中立育儿方法借鉴了社会学习理论和认知发展理论，这种观点强调了性别的社会构建方面，并批判了生物学和精神分析学的解释。

作为性别中立育儿的倡导者，自由女性主义者将这种育儿方式理解为实现社会变革的途径。当自由女性主义者开始推广性别中立育儿的理念时，他们向父母推销了这种育儿方式，作为培养成功、快乐孩子的策略。然而，当自由女性主义者反复强调性别中立育儿对孩子个人有益，是"培养自由孩子"的方法，ta 们也就淡化了自己最初所倡导的社会变革的初衷。

女性主义运动第二次浪潮中的自由女性主义者在呼吁重新审视儿童期的性别社会化的同时，也批判育儿专家以及女性自助书籍中明确的性别化建议。这些专家和书籍更倾向于给母亲而不是父亲提供育儿建议；告诉母亲，如果她们工作，孩子会受到伤害；认为母亲是孩子问题的根源。

第四节　性别的文化传播理论

文化由结构和行为（习俗）组成，通过证明某种价值观、期望、意义和行为模式的正当性，反映并维护某种社会秩序。性别是文化的核心，性别文化主要指的是反映男女两性特征、需求、行为、关系的价值观念、伦理道德、知识能力、风俗习惯、制度规范等方面的意识形态及表现。某一特定社会的性别文化在一系列社会结构和行为中得到体现，并且受到推动。

性别的意义在很大程度上取决于文化；文化用定义男性性别特征和女性性别特征的方式影响着男性和女性个人的传播方式；而个人的传播方式决定着性别的意义；反过来，性别的意义又影响着文化观念。

一、基于文化传播的符号互动论

传媒是现代话语表达的最基本的工具，报纸、杂志、电视、电影、网络等大众媒体的持续演进，使人越来越处在一个信息互联的时代。尤其是以互联网为基础的社交媒介的出现，让社会互动拥有了新的形式，传媒与性别文化的互相融合越来越紧密，互相影响越来越显著。

如果"人际互动"是作为行动者的个人之间有意识、有目的的相互作用的过程；那么"社会互动"则是人们在交往过程中，对周围的人采取行动和做出反应的过程——人具有群体性和意义性，总会在社会互动中注入意义。在符号互动论中，话语及其传播被赋予了重要意义。

传播是人类在互动活动中利用符号创建并反映两个层面意义的动态的、系统的过程：其一，传播是一个动态的过程，没有明确的开始与结束；其二，传播发生于特定的场合或系统，而该场合或系统会影响我们的传播内容、传播方式以及我们赋予信息的意义。影响传播的最庞大的系统是我们的文化，文化是一切传播的背景。

美国的巴罗阿多学派从传播学本体论出发，将传播分为两类：一类是信息内容的传播；另一类是倾向于关系表达的传播。故传播具有双层意义：其一为内容意义，即信息本义加上暗示是对信息恰当的反映；其二为关系意义，即体现、影响对方看法的主要因素，其为内容意义提供了背景，比如性别平等关系/打破权力平衡/接受不平等关系（赋予特权）等。这意味着，信息内容传播所发生的时间、地点及周围的物理环境等不同，即使传播内容一样，也有可能产生不同的意义。在不同的文化背景下，每个人理解、解释信息的方式不同。同时，在互动中，双方会将自己的性别信念系统带入传播过程。社会还会形成关于性别的社会信念系统，它是个体、人际、群际性别行为及性别关系的宏观社会心理背景。

【案例】传播具有双层意义的案例

【案例一】关于煮饭的对话（F作为女性的简称，M作为男性的简称）

F对M说："今天轮到你煮饭。"

M（笑着）说："我有点累，你来煮嘛。"

从F的字面意思和M的反应上看，他们双方的角色地位比较平等，煮饭是轮流的，但是M在这个回答中有打破权力平衡的倾向。如果F接受了M的要求，就有可能赋予M不煮饭的特权，并暗自体现了社会对家庭事务性别分工的潜在态度。尤其是当F是一位工作相对清闲的女性或全职主妇的时候，这场对话内容有可能演化出另一种关系意义。

F对M说："今天轮到你煮饭。"

M（挑衅）说："你不知道我很累吗？你来煮！"

这样的对话暗含着这样的意味：作为家庭的主要供养人，我"主外"付出了辛勤的劳动，那么你就该主动"主内"，承担家庭内部的事务，而煮饭就是女性分内的事。尤其当F是个全职主妇时，M这样的对话和反应，体现出他标榜自我的社会工作价值而贬损家庭工作价值的观念。

如果F也是职场女性，或是女性意识较强的主妇，她有可能会怼回去："我也累了一天，那叫外卖好了。"这意味着她不肯打破权力平衡，赋予M不煮饭的特权。

【案例二】男性向女性求婚的场景

男性问女性："你愿意嫁给我吗？"又或者女性问男性："你愿意娶我吗？"这两种对话包含的内容意义是：询问对方是否愿意同自己缔结男女婚姻关系。但就关系意义而言，"嫁"和"娶"包含了不同的主动与被动的意义："你嫁给我"是"你到我家来"，而"你娶我"是"我到你家去"。无论是娶（取女）还是嫁（女家），都意味着男性是主体性权利的拥有者。但同时，这样的对话结构也意味着男性要为婚姻做更多的物质准备，即需要给女性一个家。

但如果求婚语境改变为："你愿意和我结婚吗？"或者就像结婚誓词中所表述的那样："你愿意成为×××的妻子／丈夫吗？"则将男女双方放置到平等的位置上，双方拥有一致的话语权，也意味着彼此享有平衡的权利。

传播是构成社会性别的期望、意义与主要行为之一。我们通过社会公共机构传播(宣传/反映/维护)和强化性别文化观念。比如,学校经常强化已经建立的性别规范,司法制度维护已经形成社会共识的性别意识形态。我们用符号创建性别意义,用互动、解释加深性别的传播意义。

拓展资料:西方现代教育塑造两性气质

以普及性的学校教育为基础的西方现代教育对性别气质建构具有重要作用。比如,早期的德国和瑞典属于政治专政的国家,其学校教育与维护宗教正统、国家权威以及建立既有专业知识技能又能服从命令的现代军队的主要目的有关。因此,早期的学校教育服务于男性群体,直到19世纪女孩的教育才被纳入制度——原因在于女孩最终需要成为妻子和母亲,需要担负起国家未来战士和选民的早期培养的责任。学校教育一方面延续了传统性别角色和性别气质的塑造,尤其强调母亲的美德,主要教育内容充斥着大量的男权思想,通过传授知识的方式将男强女弱、男贵女贱的性别秩序维持下去;另一方面,主观上需要有知识、有担当的母亲在客观上提供了女性受教育的机会,是现代化和进步的标志,是女性意识觉醒、女性走上寻求性别平等道路的前提。

当欧洲国家的统治者意识到普及性的学校教育需要成本,他们一方面将孩子受学校教育的责任交给父母(尤其是母亲),另一方面将小学教育的责任完全交给了最为廉价的女性劳动力,如教会学校不要报酬的修女们。如果将目光投向高等教育,教育职位则出现了明显的性别分化,男性教授的数量远超女性。同时,那时候不管是初等教育还是高等教育都在传递性别刻板印象:女性被教育成感性的、依赖的、柔弱的;而男性则相反,被教育成理性的、勇猛的、独立的、客观的、擅长抽象思维的。

基于传播的符号互动论强调:性别由社会创造,并通过传播得以维持,传播鼓励我们定义自己的性别并采纳社会为我们规定的角色。角色是指一系列预期行为以及相关价值观。性别角色作为与女性或男性相关联的社会角色,一方面建立在血缘、遗传等先天或生理因素上,但另一方面,其内涵随着个人的理解、文化背景和时代的发展而变化，拥有一整套权利义务的规范与行为模式，以及特定的行为期望，这在我们的社会生活中留下了深刻的烙印。社会角色包含两大特点：其一，角色对于个体而言是外在的，因为社会以常规方式定义角色，角色被社会作为一个整体分配给个人，因此角色是超越个体的存在；其二，角色被内化，当我们接受性别文化符号并使其不断内化时，我们似乎天然知道男性和女性拥有不同的角色，并被赋予不同的价值。

二、性别文化视角下的立场论

立场论深入分析了个体在文化中的位置，以及文化对其生活的影响方式。立足于文化视角的立场论修正了符号互动论，强调社会由等级制度中的不同地位构成，不同地位的人持有不同立场。而各自的立场又形成了特定的技能、态度、思维方式以及对生活的认识。基于性别是一种角色与地位，也是一种处境，立场论由此隐含了一个重要的意义：尽管所有观察社会生活的视角都有其局限性，但其中一些视角的局限性大于另一些视角。比如，处于社会边缘的群体，包括长时间被称作"第二性"的女性、性少数人群等，对于社会的运行方式具有更加独到的见解。他们观察社会的视角比那些处于中心的人更真实、更公正、更富层次。立场论还认为，个体在社会中的位置会影响他们对社会生活的认识以及角色、活动、优先计划和情感。

而女性主义立场理论（Feminist Standpoint Theory）进一步认为：人类的信仰和知识都是情境化的（situated）。历史上种种对女性命运的解释和认知存在一个共同缺陷，就是这些理论建立在男性经验、男权结构和男性主流意识形态的分析框架上。一方面，我们一直能够使用这些学术话语来阐述问题；另一方面，在这些研究框架中，从没有女性的声音，女性主义将面临着"女性消失在这些概念和范畴之中"的困境及后果，因此女性是"被适应"这些理论模式中的。

多萝西·史密斯（Dorothy Smith）是女性主义立场理论的主要贡献者，她指出，认识者的立场受性别的影响，社会学家使用的数字或资料是被一些机构和专家（如法庭和医生、警察、社会工作者）包装过的，这些数字和资料表达和强化了统治关系。在这样的处境下，女性只能够根据男性的概念图式来描述自身体验，这使她们身心分离，产生了一种"分离意识"（bifurcated consciousness）。女性生活经验与其使用的概念和理论框架存在严重分离。

【案例】母亲研究中的立场逻辑

萨拉·拉迪克（Sara Ruddick）从理论和实践意义上界定了母亲，并在对母亲的研究中运用了女性主义立场理论。

她认为：做母亲的体验可能具有政治含义，是母亲角色的要求导致了女性形成了所谓的母性思考。"母亲的天性"实际上是一种源于女性担当家庭照顾角色的态度和行为。"好母亲"是社会构建出来的一种理想。许多母亲发现自己根本无法达到无私、永远充满爱心、全心全意照顾家人等具有浪漫主义色彩的母亲标准。

这组非常另类的母亲主题摄影，给予了大家重新审视母亲刻板形象的机会：一位将芭蕾梦投射给女儿，自己却完全身材失控的妈妈；拿着遥控器遥控小孩的控制欲爆棚的妈妈；给予孩子过度保护的妈妈；把孩子关进笼子、给孩子戴上枷锁的对抗性妈妈；有内在创伤，给孩子带去像豪猪一样的带刺亲子关系的妈妈。这些妈妈不完美，甚至是暗黑系的，但至少让我们得以从女性主义立场理论的视角去突破性别的社会期望和价值观。

另类的母亲主题摄影作品

67

拓展资料：网络上的奇葩妈妈集锦

这些母亲形象与女性主义立场理论形成参照，显得尤为有趣和真实。

@陈鹿　　听我奶奶说，当时我才三个月大，我妈边看小说边摇摇篮，把我摇翻了。

@橙子味的高高高冷欧尼　　我妈背着我爬山，在小溪边上走，然后我掉水里了，我妈还没发现，继续走……走着走着发现孩子没了，吓得各种捞，最后我满脸泥巴地被捞上来了。现在我妈还总是自责，我这么笨就是因为小时候脑子进水了。

@hello_keaiwen　　我妈说，为了有个纪念，在我小时候，她经常把我打哭给我照相，因为我哭起来特别萌。

@Melody子晴　　我妈睡过头没给我报名念小学算不算？她害得我多念了一年学前班。

同时拉迪克还指出：因为做母亲而接受的训练和做母亲的经历决定了女性倾向于使用和寻求用非武力的方式解决冲突和矛盾。抚养子女的生活经历给予了女性反对战争的独特动机，以及维护和平、以非暴力形式抵抗压迫的独特实践。

芭芭拉·瑞斯曼（Barbara Riesman）在针对男性照顾者角色的研究中进一步证实了立场对育儿的影响。比如，她在对单身父亲进行研究时发现，承担照顾儿女主要责任的父亲和大多数母亲一样，在传统社会认为的母职上表现出色，比一般男性更具有爱心，更关注他人的需求，也更善于情感表达。比如，北欧社会普遍认同家庭叙事中母性与父性具有平等一致性。与其他西方国家相比，北欧社会的立场根植于一个宽泛的政治目标，即鼓励父母双方均参与工作，并在照顾子女方面承担起相同的责任。国家为男性提供养育孩子的培训，给出诸如男女共休产假这样的举措。北欧男性为自己塑造出一个能够与妻子共同承担家务、养育子女的丈夫身份，部分出于道德上的要求，妻子们和他们一样受过教育、有工作，所以他们也得承担起做家务的责任。另一部分原因则在于，他们想要打破父辈那种养家型男性的气质，将去性别化的家庭事务视为"共做同一件事的合作经历"，从而构建出平等主义的革新的男性形象，并将其在媒介上反复呈现出来。

思考与讨论

1.什么是生理决定论？它的具体表现是什么？

2.什么是社会建构论？它与生理决定论针锋相对的观点有哪些？

3.为什么说文化是一切传播的背景？请结合案例分析传播的双层意义（内容意义/关系意义）。

4.试着用认知发展理论解析小孩子过家家时的性别结构与角色选择。

5.如何理解传统中国社会"一方面极度重男轻女，让女儿、媳妇很痛苦；另一方面又严重美化母亲，将其与牺牲和美德绑定"的历史？

6.试着用性别文化视角下的立场论，讨论"性别是一种角色与地位，也是一种处境"。

7.观察自己与母亲的关系，并思考家庭和心理动力如何塑造性别。

8.你如何理解北欧社会普遍认同的家庭叙事中"母性与父性具有平等一致性"的观点。

第二部分

性别运动、语艺传播与媒介批判理论

第三章　女性主义运动浪潮与语艺传播

　　我们需要通过回顾男权制的历史，去审视女性主义的动态价值和意义。女性主义（Feminism）又称女权主义、女性解放、男女平等主义，是指为结束性别主义（sexism）、性剥削（sexual exploitation）、性歧视和性压迫（sexual oppression），促进性别平等而创立和发起的社会理论与政治运动，在对社会关系进行批判之外，女性主义也聚焦对性别不平等的分析以及推动女性底层的权利与发展议题。

　　历史上出现过三次定义女性本质和权利的语艺传播①及运动，对现代社会的性别文化影响深远。第一次是发生于1840—1925年的第一次女性主义运动浪潮，它最核心的目标是：为女人争取到与男人平等的政治权利，因为只有有了选举权，女人才能参与到基于政治公正的其他生活中去。第二次发生于20世纪60年代到20世纪80年代，它的核心目标转变为：创造一种女性自己的生活方式，突出女性自我的主体意识和特有价值，不让表面的性别平等掩盖实际上的不平等，主张"个人的就是政治的"（The personal is political.）。第三次是发端于20世纪90年代并且延续至今的女性主义运动第三次浪潮，它的主要目标为：将结构性变化融入具体的物质生活，主张"政治的就是个人的"（The political is personal.）。

---

① 语艺即说服；语艺运动即采取说服手段，共同努力挑战并进一步改变现存的态度、政策和法令；而语艺传播则是为了促进人们了解语艺运动如何改变人们的性别文化认知、说服社会接受语艺运动所提倡的各种性别观念而进行的各种形式的传播，以帮助人们更加清楚自己在性别运动中所持有的立场。

历史上曾出现过三次定义女性本质和权利的语艺运动及传播，对现代社会的性别文化影响深远。

第一次浪潮
1840—1925年
目标：争取与男人平等的政治权利。

第二次浪潮
20世纪60年代—20世纪80年代
目标：创造一种女性自己的生活方式。

第三次浪潮
20世纪90年代至今
目标：将结构性变化融入到具体的物质生活中。

女性主义运动的三次浪潮

女性主义运动每一次浪潮都体现了多种女性主义流派的意识和策略。比如，以自由女性主义为代表的流派，认为女性和男性在大多数方面是一样的、平等的，因此女性和男性应该拥有同样的权利、地位和机会。而以文化女性主义为代表的流派，则认为女性和男性在本质上并不一样，既然两性在重要方面有所不同，那么女性和男性应该拥有不同的权利、地位和机会。又比如，激进女性主义者认为，男女之间的生理差异是导致女性被压迫的根源，女性在社会中所承担的社会角色和生育职能会导致她们痛苦一生。因此，激进女性主义者将男性视为敌人，认为国家是男权统治的工具，家庭是男权的作用中心，教育是男权的灌输方式。而社会主义女性主义者则认为，女性受压迫的根源是资本主义制度。在男权社会中，女性无偿进行家务劳动，而这一部分劳动从未进入过市场，这是女性备受压迫的原因。女性的不利地位是由历史和社会所导致的，社会主义女性主义者主张为女性进行特别的保护性立法，通过救助和扶持弱势群体来实现男女平等。其终极目标是通过推翻资本主义制度来解放女性。诸如此类。上野千鹤子在 2019 年东京大学入学典礼上的演讲中提到："女权主义绝不是让女性像男性一样行动，也不是让弱者变身为强者的思想。女权主义追求的是一种身为弱者也能受到应有尊重的思想。"

在女性主义运动和语艺传播越来越深入的今天，性别平等作为政治正确已经深入人心，信奉男权制的精英已经学会不再直接攻击女性为"第二性"。然而性别歧视的话语和观念还远远没有退出公共话语的舞台；与大众传媒合谋的商业资本对女性主义的利用和收编，让女性主义面临着新的挑战。要实现男女平等、性别多元，还将经历漫长的跋涉。

这一章将对女性主义运动三次浪潮的目标、特征、重要思想、经典流派、代表人物、语艺传播及策略进行一定程度的介绍，帮助读者探析性别不平等的本质，从理论的视角观察女性主义运动所挑战的性别议题。

第一节　女性主义运动第一次浪潮：争取三大权利

马克思说过："解放全人类才是解放自我。"格罗丽亚·斯泰纳姆（Gloria Steinem）也曾说过："事实上，只要还有其他群体没有得到解放，我们任何一个人就都不可能得到解放。"也许当我们把"并肩一起看世界"的理想植入心中，性别平等运动便开始了。

一、争取三大权利：选举权、受教育权、就业权

女性主义运动第一次浪潮产生的背景为：19 世纪末 20 世纪初，工业革命的推进让一部分女性得以真正走出家庭、踏进社会，但同时，全世界女性依然缺乏合法的社会发言权和投票权。故女性主义运动第一次浪潮从一开始就明确提出"争取与男人平等的政治权利"这一核心目标，将焦点放在女性选举权、女性受教育权和女性就业权上。

（一）焦点 1：为女性争取选举权

1848 年 7 月 19 日，美国第一届妇女权利大会提出：为女性争取美国宪法赋予白人男性的权利。大会的主要组织者是废奴运动的积极参加者、被后人称为"女权运动之母"的柳克丽霞·莫特（Lucretia Mott）、伊丽莎白·斯坦顿（Elizabeth Stanton）和苏珊·安东尼（Susan Anthony）。她们以美国独立宣言体发表了《权利和意见宣言》："我们认为这些真理不证自明：男人和女人生来平等；造物主赋予他们不可剥夺的权利，包括生命、自由和追求幸福的权利。"32 名男性与 68 名女性共同签署了一份请愿书，支持女性拥有以上三大权利。

在女权先驱们的不断努力下，女性选举权的争取获得了阶段性成功：美国最早争得女性选举权的是怀俄明州（1868 年），第二个是犹他州，1914 年增至 11 个州。但直到 1920 年 8 月，美国女性才获得完全的选举权，这一权利被载入美国宪法第十九条修正案。基于这个历程拍摄的电影《女权天使》于 2004 年上映后，成为激励女性意识觉醒和主体斗争的经典。

而在 2015 年上映的《妇女参政论者》则将故事背景设定在 1912—1913 年的英国伦敦，在当时的英国，女性尚未拥有选举权，社会地位低下，受到压迫和轻视。在影片中，艾米琳·潘克赫斯特与她的同盟者成立了"妇女议会"，以游行示威、绝食等方式，甚至不惜采用一些极端手段，如砸窗户、炸邮筒、袭击内阁大臣住宅等，争取选举权，再现了那个时代女性的觉醒与抗争。在影片中，她们采用了震耳欲聋的语艺策略，如"战争是男人唯一能听懂的语言"，如"你要我尊重法律，那就让法律值得尊重"。

电影《女权天使》海报　　　　电影《妇女参政论者》海报

印有"女权斗士"凯特·谢泼德头像的新西兰货币（上）
芬兰女性争取选举权（下）

在美国之外的西方世界国家，第一个为女性争得选举权的国家是新西兰（1894 年）；第二个是澳大利亚（1902 年）；然后是芬兰（1906 年）、挪威（1913 年）。

更多国家的女性则是在第二次世界大战以后才获得选举权，包括英国、意大利、罗马尼亚和中国等国的女性。现在世界上已经有一百多个国家的妇女获得了选举权。

女性主义运动第一次浪潮为女性获得了选举权，却未能激励人们继续努力以提升女性权利，扩大女性影响力，以及帮助女性获得更多的机会。可即便如此，作为女性主义运动第一次浪潮核心的选举权运动在其自身时代依然是非常重要的，其所带来的影响力与继续进行的女性主义叙事引起了广泛的共鸣。

（二）焦点 2：女性受教育权的问题

争取受教育权是女性的一项重要斗争，也是最早取得成果的斗争之一。事实上，自 17 世纪以来，女童的教育一直没有得到过重视。女孩们被教导要做好妻子、好妈妈，要学习如何持家，要学习如何做一个任劳任怨、值得人尊敬却难免要自我牺牲的家庭主妇，却从来不会受到像样的教育。18 世纪启蒙运动时代，卢梭在他思考教育的皇皇巨著《爱弥儿》中只想到了男性的教育。在他看来，作为爱弥儿未来伴侣的苏菲不需要接受教育，只要学习ABC 的字母书怎么绣就够了。幸而也有少部分人开始对女性缺乏教育的现象发声，第一个表示谴责的是马奎斯·孔多塞，接着是伏尔泰和德尼·狄德罗。

如今我们的争论集中在：女性该受怎样的教育？是否应当因性施教？是实行单一性别教育还是混合性别教育？是否能够超越社会既定文化模式下的性别角色安排、引导与复制？当代教育对性别的重视不应当偏离两大原则：其一，教育性别平等；其二，男女两性全面且自由地发展。但在很长的历史中，出于一种性别对另一种性别的控制和奴化，女性的受教育权一直受到遏制与阻挠。

女权先驱玛丽·沃斯通克拉夫特（Mary Wollstonecraft）书写的《女权辩护：关于政治和道德问题的批评》（*A Vindication of the Rights of Woman*）作为女性主义哲学最早的一批作品之一，对那些试图否认女性教育的政治理论家进行了回击。她指出，"独立乃是人生的最大幸福，是一切美德的基础"，女性的"无知"来源于男性灌输的女性应该温柔以及用服从来取得支配权的观念。女性并非天生地低贱于男性，只有当她们缺乏足够的教育时才会显露出这一点。而男性和女性都应被视为有理性的生命，她继而对建立基于理性的社会秩序进行了设想。因此，她认为女性应当享有与男性相同的基本权利，所受的教育也应当相称于她们的社会地位，她们不应被视作社会的装饰品或是婚姻交易中的财产。她大力主张：国家必须要让女性取得受教育的权利，改变现有的政治、经济、法律和教育体制。因为女性是孩子们的第一位老师，且这能使他们成为丈夫们的伴侣，而不仅仅是妻子。

女性主义运动第一次浪潮提出的女性受教育权的问题到 18 世纪末 19 世纪初获得了很大程度的解决，各国相继出现了一些女子学校，也有一些原本只招收男童的学校开始招收女童。到了 19 世纪 80 年代，通往高等学府和许多专业的大门逐渐向女性开放。

（三）焦点 3：就业权

女性就业权也是女性主义运动第一次浪潮所热切关注的问题，尤其是已婚妇女的就业权。夏洛特·帕金斯·吉尔曼（Charlotte Perkins Gilman）在其代表作《黄色墙纸》和《女人与经济》中指出，已婚妇女通过家务劳动、与丈夫的性关系，以及作为母亲和妻子的人的价值，而非参与社会生产来维系自身，乃是造成其被动性和在家庭与社会中价值缺失的重要根源。

女性逐渐进入社会就业后，家庭/婚姻和工作的矛盾日益凸显。女性主义运动第一次浪潮致力于争取女性的同工同酬，以此来保证女性的经济独立；为女性争取婚后保留财产、工资的权利以及争取儿童抚养费等福利。

1925 年，保护童工的宪法修正案未获通过，标志着女性主义运动第一次浪潮结束。女性主义运动第一次浪潮进入尾声时，在选举权、受教育权和就业权方面取得了极大的成就。在三大焦点外，女性主义运动第一次浪潮还产生了其他目标，如：为女性争取不受丈夫虐待的权利；提高女孩同意性行为的年龄线（the age of consent）；产假问题；堕胎问题。但同时，传统的性别角色规范并没有得到多大的改变，选举权的获得也并没有结束妇女社会地位低和受压迫的事实。

在这之后，女性主义运动的沉寂长达35年之久，但这段时间的努力亦为后来的女性主义运动打下了坚实的基础。

二、女性主义运动第一次浪潮中的代表人物及各国诉求

（一）玛丽·沃斯通克拉夫特

沃斯通克拉夫特是英国启蒙运动时代著名的女性政论家、哲学家、思想家与作家，西方女性主义思想史上的先驱。其最知名的著作《女权辩护：关于政治和道德问题的批评》被认为是英国历史上第一本呼吁女性行为改革、唤起女性意识的女性主义巨著，是英美女性主义历史上的奠基之作。这本书于1792年出版，强调女性应该有平等的接受教育的权利，并且对经济独立和政治参与也持支持态度。她认为男性和女性都应被视为有理性的生命，继而对建立基于理性的社会秩序进行了设想。性别歧视不仅是对女性的不公平，也对整个社会产生了负面影响。她主张通过赋予女性受教育和自由发展的权利，让整个社会都能够从中受益。沃斯通克拉夫特的思想在当时引起了广泛关注，但也遭到了激烈的反对。然而，她的勇气和坚定的信念使她成了早期女性主义运动的标志性人物。时至今日，沃斯通克拉夫特仍然被视作女性主义哲学家的鼻祖之一。

她的女性主义理论深深影响了包括埃玛·戈尔德曼（Enema Goldman）、伍尔夫、波伏瓦、凯特·米利特（Kale Millett）在内的后来的新女性主义思想家，奠定了女性主义的论辩传统与理论基础。伍尔夫这样评论道："革命不仅是发生在她身边的事件，更是活跃在她血液中的元素。她的整个生命都在抗争中度过——与专制抗争，与法律抗争，与成规抗争。"

（二）哈莉耶特·泰勒·穆勒

哈莉耶特·泰勒·穆勒（Harriet Taylor Mill）是英国哲学家与女权倡导者，代表作为《妇女的选举权》。出于对妇女选举权的主张，其从天然的政治权利和促进社会效益两个方面，为女性权利做出了辩护。一方面，从自由主义视角看，女性被排除在公共事务外是对女性自然权利的践踏，所谓"生理的差别"不过是传统社会中男性作为两性关系中的强者把政府作为统治女性的工具的结果。另一方面，从功利主义的视角看，许多人认为他们已经充分证

明了对女性活动领域限制的正当性，并固执地认为女性的适当领域不是政治和公共事务，而是私人领域和家庭生活。她还认为，将女性限于家庭的暴政严重阻碍了女性充分发挥自己的能力，彰显自己的美德，不利于社会的最大的善的发展，包括对于社会福利的追求。她写道："我们否认该物种的任何部分有权为另一部分做决定，或任何个人为另一个人决定什么是、什么不是他们的'合适领域'。全人类能够达到的最大和最高的领域就是他们的合适领域……"

（三）约翰·穆勒

约翰·穆勒是著名的女性主义男性学者，哈莉耶特·泰勒·穆勒的丈夫，代表作为《妇女的屈从地位》。穆勒质疑男性对女性权威的合理性，认为没有证据证明，男尊女卑的秩序和等级是人类在两性关系方面能够选择的最佳方案。他认为，在早期，男性的大多数以及女性的全体都是奴隶。许多时代逝去了，其中也有高度文明的时代，没有一个思想家有勇气对这一种或那一种奴役状态的合理性和绝对的社会需要进行怀疑。男性对女性的统治已经被当作一种自然的秩序而被人们普遍接受。男人从小就可以不凭任何本事就凌驾于女性之上。后来，人类终于废除了对男性的奴役，对女性的奴役也逐渐采取了一种温和的形式，但是它并未洗去其残酷无情的污点。他提出，现代世界理想的两性关系是：人不再是生而即有其生活地位，并不可改变地被钉在那个位置上，而是可以自由地运用其才能和有利的机会去获取他们最期望的命运。穆勒的女性主义思想代表着当时自由主义思想家能够达到的最高境界。

（四）芭芭拉·利·史密斯

芭芭拉·利·史密斯（Barbara Leigh Smith）推动了英国同步进行对女性三大权利的争取。芭芭拉参加完 1848 年美国的妇女权利大会回到英国后，便带领一批女性定期聚会，讨论女性的教育、工作和婚姻等问题。在这些女性主义者的努力下，1857 年，英国率先通过了《婚姻及离婚法》。虽然这个法案还有不少诸如"男性可以出于单一原因离婚，但女性不可以"等不平等的条款内容，但它是第一份明确"妇女可以提出离婚"的法案。在该法案出台后的 1857—1900 年，英国有超过 40% 的离婚申请是由妻子提出的。之后，芭芭拉带领这群英国的女权活动家成立了"已婚妇女财产委员会"，并经过多年的斗争于 1882 年通过了《已婚妇女财产法》。在同一时期，她还创办了英国女性主义运动的喉舌——《英国妇女杂志》（*British Woman's Journal* ），并在该刊的影响下，成立了"妇女工作促进协会"。1866 年，她又和朋友一起开始筹备让女性接受大学教育的计划，并于 1869 年 10 月成立了剑桥大学格顿学院，随后第一批（一共五名）女性进入该学院学习。同年，她再次带领女性主义者们成立"妇女选举权委员会"（次年更名为"伦敦妇女选举权协会"）。在这个时期，更多的妇女刊物出现了，如 1866 年的《英国妇女评论》（*English Woman's Review* ）、1870 年《妇女选举权杂志》（*Woman's Suffrage Journal* ）。1870 年，牛津大学也建立了女子学院。1889 年，"妇女选举权联盟"成立。经过长期不懈的斗争，英国妇女在 1918 年开始被允许参加议会竞选，并于 1928 年最终获得了选举权。

总体而言，女性主义运动第一次浪潮要求净化社会，口号是："女性投票，男性贞洁。"不同国家的运动也呈现出不同的诉求：美国女性主义运动的主要目标是争取平等权利立法；英国女性主义运动的主要目标是争取福利立法，如男女同工同酬、产假；澳大利亚女性主义运动则二者兼备；德国女工运动声势浩大，其主要目标是争取产妇和哺乳母亲的救济金；奥地利、捷克、匈牙利、荷兰、西班牙女工运动的主要目标是使女性积极参加选举、参与政治（荷兰女性在国际女性大会上抗议一战是"由男人发起的战争，而女性成了受害者"）；俄国开展女性教育、主张女性就业，要求在法律上和政治上实现男女平等。

三、女性主义运动第一次浪潮中的中国妇女解放运动

（一）基于女性主义运动第一次浪潮的中国妇女思想解放及女性主义运动的发轫

资本主义向全球扩张在一定程度上也影响了中国反封建的妇女解放运动和女性主义思想的发展。

1851—1864 年，太平天国将西方基督教救世理念与儒家大同思想相结合，提出了一系列解放妇女的主张和政策，建立女营、女军、女馆，开女

科，设女官，废除买卖婚姻、禁缠足、蓄妾等，具有强烈的反封建的意义，成为妇女解放运动的前奏。从晚清开始，中国西学东渐，上海等一些大城市出现了妇女解放运动和女性主义实践。这些实践活动表现在就业、参与天足运动和普及女学等方面。

女性就业。晚清时期，一些开埠城市出现了一些女性参与到纺织、火柴生产等现代工业活动中。在上海等一些开放地区，女性开始公开出入社交场所。

天足运动。1895 年，10 名外籍女性在上海发起成立了"天足会"，旨在打破中国民间妇女缠足的陋习。1897 年，谭嗣同、梁启超、康广仁等君子在上海发起成立"不缠足会"，其章程规定：凡入会者所生之女子不缠足，其所生男子不得娶缠足女子；如已缠足在 8 岁以下，须一律放解。江苏沭阳的胡仿兰女士在看到上海等地有关宣传女子放足的信息后，首先自己放足，然后四处宣传："欲兴女学，必除女害，除害必自放足始，放足必自躬行始。"其最终以死来反抗夫家的压迫，在当时引起了广泛的社会反响。

兴办女学，创立社团，发行妇女出版物。同一时期，外国传教士开始兴办女学。继 1844 年由英国东方女子教育协进会会员玛丽·爱尔德赛（Mary Aldersey）在宁波创办女塾，1850 年，美国传教士裨治文（Elijah Coleman Bridgman）的夫人爱丽莎·格兰德（Eliza Gillette）设立裨文女塾，招收中国女孩 20 人。到了 19 世纪 70 年代，知识分子发出"兴办女学"的呼声。1897 年，中国最早的女子社团——"中国女学会"成立。1898 年，中国第一份妇女报刊——《女学报》创办。同年，中国近代第一所自办的女校"经正女学"由经元善在上海创办。1902 年，蔡元培等在上海创办爱国女学。同年，中国近代翻译出版了第一部关于妇女问题的译作——斯宾塞的《女权篇》：作者运用"自然权利"学说论证"女人和男人一样应享有平等自由的权利"的论点深深影响了当时的中国人。1903 年，金天翮署名"爱自由者金一"发表了《女界钟》，批判了封建伦理道德和女性缠足等恶俗，提倡女子教育，呼吁"女权"，即女子"入学之权利；交友之权利；营业之权利；掌握财产之权利；出入自由之权利；婚姻自由之权利"。其还专门论述了女子参政问题，认为女子参政应承担"监督政府与组织政府两大职任"，号召女性以"爱国与救世"

为公德，"爱自由、尊平权，男女共和"，为造就新国民、组织新政府而奋斗。1902 年，中国最早的女性组织"共爱会"在日本东京成立。1906 年，全国有女学生 306 人；1907 年，全国有女学生 1853 人；1908 年，女学生人数达到了 2679 人；1909 年，全国已有女学生 12,164 人。1912 年，"中华民国女子参政同盟会"成立，设立九大政纲：其一，男女平权之实现；其二，女子教育之普及；其三，家庭女性地位的向上；其四，一夫一妇主义实行；其五，自由结婚之实行与无故离婚之禁止；其六，女性职业之励行；其七，蓄妾及女性买卖之禁止；其八，女性政治地位之确立；其九，公娼制度之改良。据不完全统计，在辛亥革命前，中国女性团体达四十余个，女性报刊达三十余份。

拓展资料：中国女性主义运动先驱秋瑾和《中国女报》

中国女性主义运动领袖秋瑾提出了当时最完备的女性解放思想：男女平等；婚姻自由；反对女子缠足；提倡女学；主张女性经济自主；主张女性走向社会、参与国事。

1907 年 1 月，为了有力地宣传妇女解放，发动妇女团结起来参加斗争，她与陈伯平、姚勇忱、张剑崖等人共同创办了《中国女报》，提出《中国女报》创办的宗旨是"开通风气，提倡女学，联感情，结团体，并为他日创设中国妇人协会之基础"。秋瑾亲自撰写了发刊词："吾今欲结二万万大团体于一致，通全国女界声息于朝夕，为女界之总机关，使我女子生机活泼，精神奋飞，绝尘而奔，以速进于大光明之世界；为醒狮之前驱，为文明之先导，为迷津筏，为暗室灯，使我中国女界中放一光明灿烂之异彩，使全球人种，惊心夺目，拍手而欢呼。无量愿力，请以此报创。吾愿与同胞共勉之！"秋瑾为此倾注了巨大的精力，连续在《中国女报》上发表了《中国女报发刊词》《敬告姊妹们》《看护学教程》《勉女权歌》等作品。她还把争取女权的解放与整个国家、民族的解放紧紧地联系起来，号召妇女们在推翻清朝的斗争中与男子一起承担责任。她在《勉女权歌》中写道："吾辈爱自由，勉励自由一杯酒。男女平权天赋就，岂甘居牛后？愿奋然自拔，一洗从前羞耻垢。若安作同俦，恢复江山劳素手。旧习最堪羞，女子竟同牛马偶。曙光新放文明候，独去占头等。愿奴隶根除，知识学问历练就。责任上肩头，国民女杰期无负。"

1907 年 3 月后，秋瑾忙于准备武装起义。同年 6 月，她在给朋友的信中说，编辑好的第三期杂志"约于此月，必行付印"。然而到了同年 7 月 13 日，她就因武装起义失败被捕，不久之后被清廷杀害于绍兴轩亭口，年仅 32 岁。

1912 年，袁世凯窃取辛亥革命的胜利果实，成立倒行逆施的袁政府，悬赏万元大洋通缉女性主义运动领袖人物唐群英、张汉英等人。该政府规定：选举权和被选举权为男子独享。时任教育司司长史宝安声称："女子参政不合适女子生理及本国国情，女子以生育为唯一天职。"

1913 年，宋庆龄发表《现代中国女性》一文，指出："中国必将成为世界上最大的教育发达的国家，而其妇女将与男人并驾齐驱。"之后，全国女学生呈几何式递增，到 1915 年时，全国女学生数已达 180,949 人。1924 年 11 月，宋庆龄在日本神户女子高等学校做了关于女性主义运动的讲演："女性地位是一个民族发展的尺度。我希望中国和日本的女性，争取实现那个人类不为动物本能所支配，而由理性所指导的日子。"

宁波1844艺术生活中心，甬江女中旧址，甬江女中前身为宁波女塾

（二）作为民主运动组成部分的中国妇女解放运动

资产阶级民主革命领袖孙中山倡导男女平等，他提出"凡为国民皆平等以有参政权"。争取女子参政、放足、剪发、入学、婚姻自由等女子社会权

利的活动进一步深入发展。

同时，在新文化运动时期，中国兴起了第一次大规模的女性主义思潮，一批关注女性主义的先进知识分子们以各种方式翻译或介绍了西方女性主义理论。这些知识分子以当时更广泛接受教育的男性为主，例如陈独秀、周作人、李达等一批人，他们以西方女性主义译作为中国了解西方女性主义开阔了视野。由于这一时期的男性与女性一样深受封建婚姻的压迫，因此，"主张婚姻自主权"成为当时中国女性主义的主要呼声。这些自由主张通过文学、戏剧等作品进行了广泛的宣传传播，出现了新青年男女以实际行动向封建婚姻制度挑战的行动。

拓展资料：青年毛泽东抨击封建包办婚姻

1919 年 11 月，长沙女青年赵五贞为反抗包办婚姻，自刎于花轿中，反对封建婚姻成为妇女解放的主要议题。青年毛泽东在《大公报》《女界钟》等报刊上连续发表了 10 篇文章，猛烈抨击吃人的封建礼教。在《对于赵女士自杀的批评》一文中，他说："这件事背后，是婚姻制度的腐败，社会制度的黑暗，意想不能独立，恋爱不能自由。"之后，他又在《"社会万恶"与赵女士》一文中针对殷柏指责"赵女士的行为是软弱的消极的行为"提出抗辩："殷柏先生以为赵女士何不逃亡，并说这事可以办到。我说是的，今且举出几个疑问，然后再申我的说话。（一）长沙城里有四十几副洋货担，我所住的韶山乡里不出三十里路，亦有七八副杂货担，这是什么原故？（二）长沙城里的大小便所，为何只有男的，没有女的？（三）理发店为何不见有女子进去？（四）旅馆里面为何不见有单独居住的女人？（五）茶馆里为何不见有女人进去喝茶？（六）太和丰一类的绸缎铺，余太华一类的洋货铺，客人跑进去，铺里讲生意的，为何不见有女子，只见有男子？（七）满城的车夫，为何没有一个女子，尽数是男子？（八）南门外第一师范，为何不见有女学生？古稻田第一师范，为何不见有男学生？有人答得出这些问题，便可晓得赵女士何以不能逃亡了。这些问题并不难答，只有一个总答，就是"男女极端的隔绝"，就是社会上不容有女子位置。在这'男女极端隔绝'，不容有女子位置的社会里面，赵女士纵要逃亡，他逃亡向何处去？"他尖锐地指出，这社会"可以使赵女士死，他又可以使钱女士、孙女士、李女士死，他可以使'女'死，又可以使'男'死。"

同时，中国的知识分子们认识到女性要解放的首要条件是获得与男性一样的受教育的机会，因此争取受教育权也成为这一时期中国女性主义运动的主流之一。1919 年 5 月，女青年邓春兰写信给北京大学校长蔡元培，要求大学开女禁。①此信被称为"女子要求入学的第一声"，引发了一场关于大学开女禁的讨论。当时的《少年中国》特设《妇女号》专刊，辟专栏讨论这一问题。《妇女号》刊登的第一篇文章是胡适的特约稿《大学开女禁的问题》，胡适在文中表达了主张大学开女禁的观点。"第一步，大学当延聘有学问的女教授；第二步，大学当先收女子旁听生；第三步，女学界的人应该研究现行的女子学制，改革课程，使女子中学的课程与大学预科的入学程度相衔接，使高等女子师范预科的课程与大学预科相等，最好添办女子的大学预科。"1919 年 7 月，北京女子师范大学从各省招生，邓春兰自费赴京求学，启程前她又拟定名为"告全国女子中小学毕业生同志书"的倡议，后附致蔡先生的信，由其丈夫转交报界，为争取大学开女禁再进行疾呼呐喊。1920年元旦，北京大学校长蔡元培正式宣布"开放女禁"的决定。同年春季，邓春兰、王兰、查晓园等九名女性成为北京大学首批女旁听生，后来北京大学正式招收女学生，中国大学男女共校迈出了第一步。与此同时，部分省市开始实行中学男女同校，关于女性受教育权的斗争取得了突破性的进展。

（三）马克思主义妇女观引领的中国妇女解放运动

五四运动后，马克思主义妇女观伴随着马克思主义进入中国。坚定的马克思主义者李大钊指出，女性主义运动仍带有阶级的性质。他运用阶级分析的方法，把"中产阶级的妇人"和"靡有资产、没受教育的劳动阶级的妇人"

---

① 邓春兰在信中写道："子民先生钧座：敬启者，春兰早岁读书，即慕男女平等之义，盖职业、政权，一切平等，不惟提高吾女界人格合乎人道主义，且国家社会多一半得力分子，岂非自强之道？……春兰拟代吾女界要求先生，于此中学添设女生班，俟升至大学预科，即实行男女同班。春兰并愿亲入此中学，以为全国女子开一先例。如蒙允准，春兰即负笈来京，联络同志，正式呈请。"此信寄到北京，正值蔡元培抗议北洋政府镇压学生运动愤然辞职之时，故未得到答复。1920 年，蔡元培恢复原职后才予以答复。

分开："那中产阶级的妇人们是想在绅士阀的社会内部有和男子同等的权力。无产阶级的妇人们天高地阔，只有一身，他们除要求改善生活以外，别无希望。一个是想管治他人，一个是想把自己的生活由穷苦中释放出来，两种阶级的利害，根本不同；两种阶级的要求，全然相异"。他认为："妇人问题彻底解决的办法，一方面是合妇人全体的力量，去打破那男子专断的社会制度；一方面还要合世界无产阶级妇人的力量，去打破那有产阶级（包括男女）专断的社会制度。"

马克思主义经典作家、革命家奥古斯特·倍倍尔（August Bebel）曾说："没有性别的社会独立与平等，就没有人类的解放。"1922 年，中共第二次代表大会制定了关于女性问题的第一个文件——《关于女性运动的决议》，表达了女性主义运动是革命的一部分的思想。1928 年，中共第六次代表大会提出了关于农妇本身利益的具体要求：继承权、土地权、反对多妻制、反对年龄过小出嫁（童养媳）、反对强迫出嫁、离婚权、反对买卖女性、保护女雇农的劳动等。

第二节　女性主义运动第二次浪潮：个人的就是政治的

女性主义运动第二次浪潮兴起于美国，主要目标为创造一种女性自己的生活方式，突出女性自己的主体意识和特有价值，不让表面的性别平等掩盖了实际上的不平等。这次运动还提出了"个人的就是政治的"。

在这一次浪潮中，女性主义流派层出不穷。包括：自由女性主义、文化女性主义、激进女性主义、社会主义女性主义、生态女性主义、多种族女性主义、权力女性主义、包容女性主义、心理分析女性主义、后现代女性主义等。纪录片《她在愤怒时最美》聚焦了 1966—1971 年女性主义运动第二次浪潮，纪实性地展现了各流派女性主义者为争取女性的权利而愤怒发声的过程。片中描述了有着不同种族、性取向背景的女性主义团体和运动的兴起。女性主义者们在改变社会传统观念的同时，也在反省和进步。

一、女性主义运动第二次浪潮的代表人物与语艺传播

（一）波伏瓦和"独立女性"语艺策略

在女性主义运动的第一次浪潮和第二次浪潮之间，最具代表性的女性主义发声是波伏瓦的《第二性》。她在写作过程中用大量的哲学、心理学、人类学、历史学、文学及轶事材料证明："一个人并非生下来就是女人，而是变成女人的"，"女性自由的障碍不是其生理条件，而是政治和法律"。她在书中犀利地指出：男人如何将自己定义为"自我"（self），而将女人定义为"他者"（other）；如何以男性为主体，以女性为非主体，让世上只有一种人性，那就是男性，而女性只不过是男性的偏离。波伏瓦把强调生育视为女性受奴役的直接原因，指出："母性毕竟是使女性变成奴隶的最技巧的方法。我不是说每一个做母亲的女性都自动变成了奴隶——可以有某些女性成为奴隶的最技巧的方法，但现代的母性仍然万变不离其宗……我们几乎不可能告诉女性洗碗盘是她们的神圣任务，于是告诉她们养育孩子是她们的神圣任务。"

波伏瓦所采取的语艺策略为：独立女性的形象是不婚无子女的职业女性。她针对性别压迫的结构性问题，提出了三种努力途径：其一，女性只有去社会上工作，才能掌握自己的命运；其二，成为知识分子；其三，争取对社会进行社会主义改造，以便最终解决主体与客体、自我与他者的冲突。

舒拉密斯·费尔斯通（Shulamith Firestone）在《性的辩证法》（*The Dialectic of Sex*）中表达的观点与波伏瓦的接近，其认为，男女两性的区别并不必然导致一群人对另一群人的统治，主要是女性的生育功能导致了两性权利的不平等。她们共同列举了不生育的诸多好处与实践的可能性：可以给女人更多的时间过自己的生活；生育不应当决定女性的生活，女性应当对自己的生活做出个人决定；不生育的女人可以同年轻人一起生活和交流，也可以去过集体生活或领养孩子。但费尔斯通更进一步，她提出用技术改造生育机制，使生育得以在女体外进行，女性可以由此从其生理角色当中解放出来。她认为，改造儿童抚育机制和有酬工作机制都不能最终解决男女不平等的问题，只有重建生育生理机制，女性才能最终获得解放。

但女性主义者中也有对此持保留意见的。沃斯通克拉夫特虽然赞同波伏

瓦"女性是后天变成的"的观点，但是不认为女性解放与做母亲不可并存。她指出女人的生育能力是女性生存的伟大之处。朱丽叶·米切尔（Juliet Mitchell）则认为，波伏瓦把母性当作一种可能的存在主义命题，她甚至批评波伏瓦说："严格来讲，《第二性》不应被算作女性主义运动第二次浪潮的一部分。"

拓展资料：被撬动的生育符号

2022 年，iOS15.4 测试版出现了怀孕的男人的表情包，苹果公司还为这款表情包贴心地设计了从白到黑渐变的六个色号皮肤。这为探讨"男性可否生孩子"提供了一个广阔的话题进入窗口。

iOS15.4测试版的表情包

事实上，东西方神话传说中都有男性生孩子的典故。如《山海经·海内经》这样写道："洪水滔天，鲧窃帝之息壤以堙洪水，不待帝命。帝令祝融杀鲧于羽郊。鲧复生禹，帝乃命禹卒布土以定九州。"这段记载反映了中国夏朝开国之君大禹是从父亲鲧体内降生的。在古希腊神话中也有相似的设定，宙斯吃掉了第一任妻子墨提斯，从头上生出了雅典娜；后来又从情妇塞墨勒腹中抢救出不足月的胎儿，割开自己的大腿，将胎儿缝合在里面继续孕育，直到足月才将婴儿取出。

在现实中，1997 年，美国一位 33 岁男子通过腹腔妊娠成功生下了一名3.6 公斤重的男婴，成为世界上第一个腹腔妊娠的男性。而事实上，早在 20世纪 70 年代，新西兰一位名叫玛格丽特的女性就在失去子宫后，靠腹腔妊娠生下了一个体重 2.5 公斤的健康女婴。虽然靠腹腔人造环境生孩子的产妇

（夫）死亡率高达 25%、胎儿死亡率大于 50%、畸形率大于 20%——腹腔妊娠显然不是一种理想的怀孕方式，但这些事件让人们意识到一种可能性：没有子宫也可以生儿育女。

（二）贝蒂·弗里丹戳破女性的神话

1957 年，贝蒂·弗里丹（Betty Friedan）开启了一项研究，这项研究起源于她个人的一种观察与直觉：全职主妇看起来过着女性的理想生活，却为什么很想逃离家庭回归职场？而当其回到职场后，即使并没有承担全职工作，也对家庭有一种愧疚感的原因是什么？

当她借着同学会发放的 200 份问卷，选择了一两位女同学的故事书写家庭主妇们的苦恼，并投稿给经常刊登她文章的女性杂志时，却不约而同地遭到了拒绝，原因是那些男编辑无法相信居然有女性不喜欢当家庭主妇。

弗里丹于是不再投稿，转而专心倾听女性的焦虑和困惑，书写并于 1963 年出版了《女性的奥秘》（*The Feminine Mystique*）。她在书中抛出了很多女性"无名的难题"，猛烈抨击婚姻、事业不可兼得的观点，这是在女性主义运动第二次浪潮中对女性心声的最杰出的表达之一，其戳破了一个由大众媒体与男权意识共同主导的关于女性的神话。

她这样告诉大家：20 世纪二三十年代的美国女性是生机勃勃的，如 1939 年的四大女性杂志——《妇女家庭杂志》《麦考尔》《巧妇》和《妇女居家指南》——刊登的故事中的女主角多为职业女性，工作赋予她们灵魂和魅力，让她们看起来勇敢、独立和果断；但是二战后的美国女性却沉湎于舒适的家庭生活，只想做幸福的家庭主妇。女性解放、事业之类的字眼听起来已使人感到陌生和不自在；女人的唯一梦想就是当个无可挑剔的贤妻良母，最大的奢望就是生五个孩子并拥有一座漂亮住宅；唯一的奋斗目标就是找到中意的丈夫并保持稳定的夫妻关系。

炮制这个神话的 20 世纪五六十年代，看起来真的像是美国主妇们的黄金时代：在大环境方面，经济腾飞；小家庭生活富足，买得起房子，开得起车子，供得起孩子上大学，在吃好、穿好之外每年还有余钱供全家出门度假；现代家电减轻了家庭主妇的家务负担，厨房里有烤箱、冰箱和料理机，洗衣房有洗衣机和烘干机，吸尘器是打扫卫生的好帮手。但女性在得到这一切以后却充满深深的失落感和自我实现的匮乏感，她们充满无名的烦躁感和无意义感。女性杂志和商品广告无不充斥着"快乐主妇"形象，女性主义者和事业型女性成了肮脏的字眼，女性们花了半个世纪为权利而战，却又在下半个世纪对自己是否真正需要这些权利产生了怀疑。

这个"无名的难题"却被笼统地称为"家庭主妇综合征"，男性医生将其归因于力比多失衡。20世纪60年代，大众媒体开始普遍接受并讨论家庭主妇综合征的存在，但在媒体上占主导的男性专家并不能对女性的境遇感同身受、切中要点，他们甚至不怀好意：一会儿说主妇们太闲了，被家电解放的她们终日无所事事，于是无事生非；一会儿又说主妇们太累了，因为从前她们只要忙家务，现在却因为有了选举权而不得不关心国家大事，这对她们来说实在是太大的负担；他们还说，女人学历太高就不知道怎么做女人了……更深层次的原因他们也许心知肚明，却不做言说。二战前后，美国社会出尔反尔，对女性违背了最初的许诺——二战时，为了填补父亲/兄弟/男友/丈夫开赴战场引发的工荒，政府宣传鼓励数千万名女性走入职场；二战后，当男人们从战场回来，社会又开始塑造"快乐主妇"形象，要让女性回归传统刻板印象中的"妻性"和"母性"。

弗里丹在《女性的奥秘》中定义了这种对女性价值的曲解与利用，戳破了"快乐主妇"这个粉色的肥皂泡，促成了美国妇女组织NOW（National Organization for Women）的成立。弗里丹认为，很多问题的根源不在于家庭生活，而在于女性渴望走出家庭生活，且当时的女性主义运动不愿意着手处理家庭问题。她在之后的著作《非常女人》中，提出了"第二阶段"的概念——如果说第一阶段是走出家庭，那么第二阶段就是在男女真正平等的基础上重塑我们的制度，以使我们能够生活在对生活和爱的新的肯定之中，选择婚姻和孩子。

当美国社会强调女人的最高价值和唯一使命是追求女性的完满时，弗里丹采用的传播语艺为：现代女性主义者的大众化形象——要么是一个以其人之道还治其人之身地攻击男人的事业型"女强人"；要么是一个年轻的"解放女士"，反对婚姻、反对生孩子做母亲、反对家庭、反对男女私谊，抨击过去女人取悦男人、吸引男人的所有特性。

（三）路丝·伊丽加莱与七项女性权利

路丝·伊丽加莱（Luce Irigaray）是波伏瓦之后最引人注目的法国女性主义理论家，她提出了七项女性权利。其一，人类尊严的权利，包括：制止将女性身体形象用于商业领域；女性拥有在行动、语言和公众形象方面的地位和代表；制止世俗和宗教对母性的剥削。其二，人类身份方面的权利，包括女性的贞洁（指肉体和精神的整合）不被金钱、家庭、国家和宗教实体所侵犯，以及母亲身为女性所应有的权利。其三，世俗法律应当有保护母婴的责任。其四，女性应当拥有保护自己及子女生命、生活空间、传统和宗教的权利，拥有反对充满男权特征的法律的权利。其五，女性应当拥有在不受税收制度惩罚的前提下选择独身生活方式的权利；享有国家发放的家庭福利；平等对待男孩女孩的权利；各类传媒应有一半时间以女人为对象。其六，交换体系和语言交换体系应该更有利于保障男女两性平等交流的权利。其七，女性在世俗与宗教的决策机构中应当与男性拥有同等数量的代表。

同时，她有针对性地提出了关于女性工作权利不公的七个问题：其一，招工方面的男女区别，失业方面的男女区别；其二，在对女性开放的职位中，女性为得提拔需出卖肉体或否定自己的女性气质；其三，女工比重较大的职业价值较低；其四，工作组织的法规都是由男人制定的；其五，产品的规范是基于男性设定的；其六，无论是显在还是潜在的流行话语的内容和风格都是以男性为中心的；其七，广告的基调也是以男性为中心的。

伊丽莎白·凯迪·斯坦顿（Elizabeth Cady Stanton）则创造了一种特殊的女性主义写作风格，其著作《假如弗洛伊德是费丽丝》使人充分意识到现存性别结构的荒谬之处。

女性主义运动第二次浪潮规模宏大，涉及各个主要发达国家。到20世纪70年代末期，仅英国就拥有了九千多个女性协会，美国和加拿大也涌现出了大量的女性组织。

在女性权益维护机构及法案方面，各国各有特点。苏联和东欧国家大都是由党政部门统筹管理女性事务。而西方和第三世界国家则在政府内外分别成立了相关机构：加拿大政府在1981年12月成立了女性地位部；奥地利于

1979 年在总理府设立了一个负责女性事务的国务秘书办公室；埃及政府在社会事务部内设立了女性事务总局，还成立了女性全国委员会。在法案方面，挪威于 1978 年通过并于 1979 年 1 月正式实施的《男女平等法》（Norwegian Gender Equality Act），被挪威人骄傲地称为"挪威模式"，是挪威男女平等保障机制的首要组成部分；1980 年 7 月，挪威《男女工作平等法案》生效，进一步保障女性在就业及职业发展上得到与男性同样的机会。墨西哥于 1979 年修改了数项法律条款，去掉了原条款中涉嫌歧视女性的内容。奥地利则修改了《家庭法》，规定夫妻双方在维持家庭方面具有同等的权利和义务。

二、个人的就是政治的

"个人的就是政治的"的口号，加上关于"女性是应当模仿男性的生活方式，还是应当创造一种女性自己的生活方式"的讨论，就是女性主义运动第二次浪潮的核心表述。该运动向公领域与私领域的分界提出了挑战；对性问题进行了全面审视，其主旨是反对男性器官中心主义的传统，关注女性性器官，关注女性的性欲望和性权利；同时更加关注社会和家庭针对女性的暴力和性骚扰问题。

（一）关注性别政治中身体的重要性

在女性的身体形象问题上，女性主义运动第二次浪潮的观点是，女性一直处在美貌竞赛的巨大压力之下，即以男性的观点判断、批评女性的身体，只注重"外在"的形象，否定女性身体"内在"的感觉。女性永远在男权凝视下以"模特"为标准进行着不公平的竞争——绝大多数女性以平凡的自我形象与模特做泯灭自信心的竞争。所以，女性主义运动第二次浪潮包含了对选美的抨击、焚烧胸罩的"自由垃圾桶"活动，以及生育、堕胎（或自愿终止妊娠）自由问题。法国的"博比尼案"和美国的"罗诉韦德案"[①]，堪称欧美国

---

① 1972 年，得克萨斯州两个年轻的女性主义律师莎拉·威丁顿和林达·考费试图挑战当时的堕胎政策。她们选中了一名希望堕胎的化名为简·罗（Jane Roe）的 21 岁女子，将达拉斯地方检察官亨利·韦德（Henry Wade）告上了法庭，要求得克萨斯州取消堕胎禁令，这就是"罗诉韦德案"名称的由来。几经周折，1973 年 1 月 22 日，美国联邦最高法院最后以 7 ∶ 2 的表决，确认妇女决定是否继续怀孕的权利受到宪法里个人自主权和隐私权规定的保护，这等于承认美国堕胎合法化，其影响在美国极为深远。2022 年 6 月 24 日，美国联邦最高法院裁定，取消宪法规定的堕胎权，推翻"罗诉韦德案"的裁决，并将堕胎的合法性问题留给各州自行应对。美国亚利桑那州和华盛顿特区由此出现了大量抗议者，部分抗议者以焚烧美国国旗来表达不满情绪。

家女性争取堕胎权的两个最经典案例。

拓展资料："博比尼案"与"韦伊法案"

1972 年，一位 16 岁的名叫玛丽-克莱尔.C的女孩在朋友家聚会时，被一名男高中生达尼埃尔.P胁迫强暴并怀孕。彼时尚处于"自 1920 年以来堕胎在法国是犯罪行为"的时期，勇敢的母亲找来一名地下堕胎师为女儿实施手术、终止妊娠。不幸的是，强暴玛丽-克莱尔的罪犯却告发了她，她和她的母亲、母亲的女同事、堕胎师都被提起公诉。在绝望之际，一位女性主义律师吉赛尔·哈利米来到了她们身边，成了她们的辩护律师。

吉赛尔在被告辩护律师席上严正陈词："我也堕过胎，但我不认为这是羞耻，这也根本不是犯罪。我希望通过辩护，为法国所有女性争取到自由避孕和自由堕胎的权利！"最重要的是，吉赛尔将案子发展成了政治案件。女性主义者们都被积极发动起来，媒体踊跃报道。343 位曾经堕过胎的女性联名撰写宣言（即"343 宣言"），要求政府将堕胎合法化，并第一次提出了"我的身体，我的选择"（My body,my choice.）的口号。宣言被刊登在杂志上，吉赛尔是唯一签署宣言的律师。她还与法国女性主义作家波伏瓦、生物学家让·罗斯坦德（Jean Rostand）一起创立了关注女性主义运动的"选择妇女事业协会"，致力于支持堕胎合法化。她在接受电视采访时说："我们不是为了堕胎的权利而战斗，而是为了女性能自由选择生育的权利而战斗。"

同年 10 月，位于博比尼的法庭认为玛丽-克莱尔的堕胎是迫于外部条件而做出的行为，宣布其无罪释放；次月，其他四位女性的案件开庭，两位女同事被当庭释放，母亲米歇尔.C和堕胎师被判最低限度的刑罚，缓期执行。但整场事件的罪魁祸首、施暴者，达尼埃尔却从头到尾都高枕无忧。

"博比尼案"及围绕它展开的运动，是 1975 年法国堕胎非罪化的决定性因素。当时法国的卫生部部长是西蒙娜·韦伊，使人工流产合法化的法案——"韦伊法案"便是以她的名字命名的。在吉赛尔参与的"343 宣言"以及"选择妇女事业协会"的活动中，都有韦伊的身影。最终，韦伊运用自己的政治能力将堕胎合法化变为现实。"韦伊法案"允许女性在怀孕 10 周内自愿终止妊娠，且手术费用由国家卫生系统承担。

（二）女性是否应当创造一种自己的生活方式

女性主义运动第二次浪潮流行一种叫"提高觉悟小组"的活动方式。在提高觉悟小组的活动中，女性用自己作为女儿、妻子、母亲、情人、学生和工人的个人经历来批判社会结构。这一社会结构使女性沉默、悲哀，使女性相信她们在日常生活中所感受到的不满足、不快乐是由个人的原因导致的。

提高觉悟小组的活动在 1970—1974 年达到了高峰，当时的情况是：由 5 个至 15 个女人组成的提高觉悟小组每周聚会一次，每次聚会两小时，如此持续几星期至一年，甚至更长时间。她们谈论一切，用个人的经历来检验那些在社会上占主流地位的文化观念。这种活动方式后来发展成为一种知识的生产形式，是一种女性主义的新型实践。

提高觉悟小组的活动进程有四条主线：其一，使女性认识到，个人问题就是政治问题，通过倾听每个人的个人经历，将其编织成一幅社会生活图景，进行以个人生活经历为核心的社会分析；其二，以家庭为重点，使女性认识到在社会化的过程中，家庭是如何对女性进行性别角色教育的，社会化的过程又是如何内化为个体的心理结构的；其三，鼓励每位参与者讲述个人的感情生活，使女性有机会抒发感情，减轻不安心理；其四，关注和讨论女性的性行为，使女性理解性欲的形成、性的意义，等等。

三、女性主义运动第二次浪潮中的文化女性主义

约翰·歌德曾说："永恒之女性，引导人类上升。"这句话非常贴合文化女性主义的宗旨与特质。

（一）文化女性主义：对女性价值的重估

文化女性主义于 20 世纪 70 年代出现在美国。它的主要目标是：弘扬那些被贬低的女性价值，重新开拓女性的价值空间；创造一种独立的女性文化，赞美女性气质，提高社会对女性的评价，提高社会对女性传统技能、活动及人生观的评价，限定男性统治文化的价值。

开启文化女性主义的著作有：玛格丽特·富勒（Margaret Fuller）的《19 世纪的妇女》，盖尔·金堡（Gayle Kimball）的《女性文化：70 年代的女性文艺复兴》，卡琳·坎贝尔（K. Campbell）的《男人不能代表她发言》等。海伦·凯勒

的著作使人们重估女性基因学专家芭芭拉·麦克林托克（Barbara McClintock）的工作，打造了一部更加完整、更加准确的科学史。

文化女性主义者意图展现更完整的人类历史以及构成这一历史的人物，其主张涉及视觉艺术、音乐、文学、戏剧、宗教和政治社会组织。其提出了四大主张。其一，重新评估与女性相关的价值，开创女性的精神空间，弘扬女性的精神。不强调推翻男权制，致力于认同、复兴、培育女性品质，建立以女性为中心的文化和亚文化环境。其二，重新评估女性的重要性，认定女性价值高于男性价值。如果将社会建立在女性价值之上，将使社会变得更加"富于生产力、和平和正义"。认为女子拥有母性本能，在生理上优越于男性。女性的性格特征是人类行为最可贵的形式。其三，重新评估传统女性的技术和观点，要超越男性的思维框架，重估女性对文化的贡献。批判以男性为中心的宗教，提出各种女神崇拜的宗教。其四，重估女性的活动和伦理特征。文化女性主义代表人物卡罗尔·吉利根（Carol Gilligan）提出：女性的关怀伦理、母性思维、和平和关爱是最有价值的伦理。在文化女性主义的推动下，西方出现了赞美母性独特价值的母性运动，该运动指出了母亲的经历具有双重意义：既有女性自身的经历，又有男权制的经历。

文化女性主义拒绝男性对政治权利、经济地位、医学专业的垄断；希望改变竞争的制度关系，建立基于个人利益进行合作的制度关系，以达到共同目标；针对女性生育，其为女性争取相关的特殊法律保护——这种新的法律实践将女性的价值观推广到整个社会。在文化女性主义者看来，女性需要的不是那种"统治欲望"或"权力欲望"，而是要展现女性"最本质的东西"，即女性可以按女性应有的自然本性成长，获取知识和自由的生活。

（二）文化女性主义的女性优越论

为了创造属于女性特有的生活方式，文化女性主义者明确提出了"女性是优越的"（Female as superior.）。文化女性主义主张的演变包括三个阶段：阶段一，主张消除和减少男女两性的生理差异，以便消除性别歧视；阶段二，谴责男性的生理特征，主张排斥和脱离；阶段三，赞美女性的生理特征，主张女性具有生理优越性和道德优越性。

文化女性主义者认为，即使男女两性的生理差别真的被消除了，也还是不能保证女性能获得解放。于是她们不再主张消除两性的生理差别，而是赞美女性的特征，赞美女性气质中的独到之处，呼吁整个社会重新评价和接受女性，其反对自由女性主义"男女平等是因为女性分享了男性能力"的观点。同时，文化女性主义也认为男性应当接受、培养这些优秀的女性特征，例如被动性、抚育性、重感情和重直觉、依赖性等。

文化女性主义者进一步提出，假如平等意味着与男性压迫者相同，其宁愿不要与男性平等。因此，其反对自由女性主义的一些抹杀男女差别的主张，诸如女性参军，而是主张男女都不要参军。其认为军队是男权制夸大男性价值、压迫女性、毁灭人类和地球上其他生命的机制。文化女性主义者认为："被动性可以避免人与人的暴力冲突；抚育性可以使人乐于去照料儿童、穷人和受伤害的人；对男性理性的崇拜会毁掉这个星球，反之，女性重情感和重直觉的一面则可以使她们避开对生命毫无感觉的理性；依赖性对于地球也是绝对必需的，男女两性之间、人与人之间、人与自然之间的相互依赖是绝对重要的。"所有这些女性特征都应当得到重新评价。

（三）著名文化女性主义理论家的言论

吉尔曼说："性别关系是一种最基本的力量，将女性特质与人类进步和社会主义联系在一起。"她指出，女人是人类历史上最早的狩猎者、思想者、教育者、行政人员、管理者和立法者，她们具有关怀、爱、保护这一类的特征。这些品质源于母性，是由母亲角色培养出来的。

而伊丽加莱则指出，作为一个女人，最要紧的是应当承认：我是这些女人中的一员；作为女人，我为子女赋予性别；作为女人，我们被限制在一些不适合我们的形式当中，我们应当打破这些形式，重新发现自己的性质；男性中心的文化剥夺了我们形象的表达，限制了女性和母性的天才……最重要的是去定义男女两性各自的价值，社会正义应当还给女性特征以文化价值。

要如何摆脱男权制的男性生殖崇拜秩序？以伊丽加莱为代表的文化女性主义者提出了一系列的举措：恢复对生命和抚育行为的尊重；在家庭和公共领域中树立母女形象关系；在母女关系中要建立可以互换的主体地位；母亲要为子女灌输有关性的不分等级的思想；强调女性在生育和满足男性欲望之外的生活空间的重要性。文化女性主义者认为，受到尊重的女性应当争取的权利还包括财产和姓氏的母女传递，以及姐妹的特权。

玛丽·戴利（Mary Daly）从修辞学层面对女性价值进行了重估，认为语言不是中性的。在现行世界中，处于前景当中的男权制文化是由显性的修辞学构建的。相对于前景中的显性的男权制文化，女性的价值在各个方面都处于背景中的隐性的位置。就此意义而言，戴利赞同"语言就是世界"的说法，她概括出男权制显性修辞学在贬低女性价值上所采取的六种手法：对女性的仪式性暴力、女性之声消音化、固化妇女形象、拒绝正视问题、颠倒以及钝化想象力和批判思维的基本术语。通过这些修辞学手法，女性既无法承认自己的受压迫地位，也无法向男权制发起挑战，更无法为自己打开通向新生命的道路。戴利探讨了重塑女性价值的隐性修辞学策略，提出释放女性潜能的修辞学手法，包括隐喻法（Metaphor）、重新定义法（Redefinition）、大声宣布法（Pronouncing）、3S法（Spooking 惊吓，Sparking 火花，Spinning 旋转）等。

拓展资料：玛丽·戴利的修辞学手法

隐喻法。隐喻可以引起语言转义，进而与现行逻辑发生冲突，就此引入新的逻辑。使用隐喻可以使女性在男权制的体系之外找到自己的位置，去发现语词和符号的意思，并且在这个过程中开启背景中的女性生命自我实现的航程。

重新定义法。重新定义并不是创造一套新的词汇，而是用女性经验创造一个新的语境，在新的语境中让男权制显性语言中的旧词具有新意。比如男权社会将自由的、未婚的女性讽刺为 spinster（老处女），而戴利则将 spinster 定义为"在不停纺线中进行着自我创造的'纺线女'"——睡美人会因被纺锤刺扎而沉睡百年，而老练的 spinster 则永远不会睡过去，她很清醒所以不需要别人去唤醒。因此，对 spinster 的重新定义正是女性的在场和对女性的呈现。

大声宣布法。不仅是语言的形象，语言的声音也要成为重塑女性价值的途径。让前景当中男性的声音得到压抑，让女性的声音得到表达，并且让女性的存在得到公开大声的宣告，是这一方法的目标。

3S法。男权制给女性造成的压迫有些是可见可闻的，而有些则既听不到也看不见。前景当中的男权制文化要使女人受到惊吓（spooking），而后景中的女性则要创造不同的认识空间，关注不同的意义模式，打破前景神话，从而开展对男权进行驱魔(spooking back)。而Sparking则是觉醒的女性用"火一样的舌头说话"，这是驱魔需要的能量。Spinning则是用火驱魔后女性真正的存在。

在戴利重估女性价值的修辞学中，我们看到了女性价值得到肯定的三个重要观念：其一，联系的观念，是指女性对于自我存在与周围其他存在之间相互关联的认可；其二，过程的观念，是指女性对于自我存在的未来开放性的承认；其三，生命的观念，是指女性对自我存在的内在活力的承认。女性的价值就是戴利笔下的那个隐喻：一个向着各个方向不停旋动的女巫。"旋动"之"动"是对女性自我存在的生命隐喻；"向着各个方向"是对未来开放的可能性的隐喻；而旋动的过程则连接了背景中的一切存在，形成一幅区别于前景男权制的别样的存在论图景。

针对弗洛伊德精神分析理论中的"阳具羡慕"（Penis Envy），文化女性主义者抨击、反驳道，如果按照弗洛伊德的逻辑，完全可以把母亲的乳房视为儿童心理发展过程中的重要因素：女孩因即将拥有这样的乳房而自豪，男孩因为无法拥有乳房而感到缺憾和羡慕。著名的文化女性主义者、心理学家卡伦·霍妮（Karen Horney）还讨论过男性的"子宫忌妒"①（Womb Envy），指出：事实上，男性十分羡慕女性，因为他们没有子宫，无法孕育生命；为了弥补这种遗憾，男性开始疯狂创业，以表示自己同样能够创造某样事物。

总而言之，文化女性主义者大力颂扬女性气质，赞美女人是天生的和平主义者，是看重人与人的关系的；女性的全身感官更加敏感，更能够从各类行为、从整个过程中直接得到快乐；等等。她们主张以感性代替知性，以天生爱好和平的气质代替好斗气质，把母性神化为一种创造性行为。

---

① "子宫嫉妒"有时被用来描述一种假设的心理状态，即一些男性可能对女性拥有生育能力感到嫉妒。然而，这一概念并不像"阴茎嫉妒"那样在主流心理学或精神分析理论中有明确的地位或被广泛应用。

（四）文化女性主义发展出的分支

1.分离主义女性主义

17世纪末的玛丽·艾斯泰尔（Mary Astell）认为，男女均有理性，因此她有建立女子学院的壮举，鼓励女性追求知识和精神需求。这就是分离主义女性主义的前身。分离主义女性主义的基本观点是：女性的特质体现了人类行为的最佳价值和正面价值；强调独立自主存在的女性文化，主张完全脱离男权文化，建造以女性为中心的文化；发展以女性为中心的经济等。

2.文化女性主义法学

在女性主义法学理论体系中，文化女性主义法学是其中非常重要的一个流派。该流派认为，女性重视"关系网络结构中的人"，而男性重视"孤立的个人"。其肯定了女性特征对改造现代法律制度的积极作用。

3.女性主义批评

女性主义批评的发展大致经历了三个阶段，即女性形象批评、女性中心批评、身份批评。在保持多元模式的前提下不断吸收借鉴其他流派的理论，女性主义逐渐建立起自己的批评和理论体系。

4.结合技术

在文化女性主义者看来，技术是社会建构的，即性别、文化、技术之间相互建构。把技术建构成男性气质，或者说按照技术能力来建构男性的气质，是男权社会的现实。在这样的现实中，女性往往被赋予生育、养育的角色，在技术发明、创新和社会发展领域鲜有她们活动的空间和席位，而且女性作为技术使用者的身份也没有得到充分的观照。因而文化女性主义者认为，要力图使性别和技术的争论超越技术的使用范式，把技术本身的政治性质作为分析的焦点，对作为一种文化现象的技术进行批判。其反对单一男性的理性思维规则，认为"男性气质的技术"看起来是自由和客观的，实际上却带有征服与侵略、自我与功利、霸权与反人性等文化品质；而"女性气质的技术"则是女性思维方式与文化气质的呈现，其文化表征是合作、关心、责任、和谐与善。基于此，文化女性主义者认为，人类未来的出路同时也是技术的出路在于：将女性文化与气质延伸到技术领域，拓展包含女性价值的新技术体系。

（五）文化女性主义的语艺传播及影响

经过几十年的发展，文化女性主义并没有淡出人们的视野。在与文化相关的各个领域，特别是影视、文学作品中，我们都能捕捉到"女性优越论"的影子。瑞秋·布朗斯坦（Rachel Brownstein）说："'女性成为英雄'的戏剧故事在不同范围的文本和媒体里得到表现，其中很多在文化中占据了中心位置，而过去的传统是对女性性别的虚构。"

另外，文化女性主义也影响了翻译的流派。由于翻译涉及语言、审美、文化、思维等各个方面，人们对翻译的研究有着不同的切入点，因此形成了不同的翻译流派。在 20 世纪 80 年代后，受后殖民主义理论的影响，西方女性主义运动开始反对一切文化霸权（culture hegemony）。在翻译理论方面，女性主义者也持相同的观点，并将反对一切文化霸权带进了对翻译的探索和思索中，最终形成了颇具个性的女性主义翻译观。

第三节　女性主义运动第三次浪潮：话语即权力

虽然后现代女性主义在女性主义运动第二次浪潮后期就已经出现，但因其鼎盛于 20 世纪 90 年代，故许多理论家将其兴起视为女性主义运动第三次浪潮的标志。后现代女性主义不仅要颠覆父权秩序，而且要颠覆女性主义三大流派（自由女性主义、社会主义女性主义、激进女性主义）据以存在的基础。从这个角度看，女性主义运动第三次浪潮并不仅仅是第二次浪潮的目标、原则和价值观的延伸，而是夹杂着诸如后现代主义、后马克思主义、新自由主义、新保守主义、现状肯定论、多元文化论以及生态主义等学界新思潮的观点，还发起了诸如"Slut Walk"（"荡妇游行"）、"MeToo"（"反性骚扰运动"）等女性主义运动，旨在反对性别歧视和性别暴力，呼吁揭示性骚扰和性侵犯的问题。

一、后现代女性主义的挑战与超越

如果要追溯后现代女性主义的思想渊源，当然要从后现代主义大思想家福柯谈起。福柯是怀疑主义哲学传统在 20 世纪的重要继承人。他质疑现存一切确定和稳固的秩序体制，主张进行检验知识变化的实践，而不是用标准的认识论方法去证明独一无二的理性或科学。他的思想得到了后现代女性主义者的高度重视和大量引证。基于此，后现代女性主义者对以往的思想理论和目标发起了挑战。

（一）向一切宏大的理论体系发起挑战

后现代女性主义对有关解放和理性的宏大叙事进行了挑战，否定了所有宏大的理论体系，质疑那些概括人类社会发展规律的总体性话语，批判那些博大、宏伟和试图涵盖一切的现代理论，主张只有分散的、局部的小型理论才是有效的。其观点超越了意识，关注无意识和下意识的自我；关注矛盾、过程和变化；关注个人的肉体性质；试图建立社区理论，即将道德和政治观念建立在小范围的特殊社区的经验之上，否定因果关系与宏观社会概念。否定一般理论并非只能选择在政治上无能为力的相对主义，后现代女性主义者提供了一种局部的、区域性的、有着历史特殊性和特殊利益性质的理论和实践选择。基于此，后现代女性主义者还对"女人缺乏把握规模宏大的法则和原理的能力"的论调进行了针锋相对的回应。

（二）向启蒙思想发起挑战

后现代女性主义向从启蒙运动时代就开始形成的一整套涉及知识、理性和科学范畴的现代思想提出了挑战。认为不存在普适性的人权，所有的人权都有文化和历史的特殊意义和特殊的视角与立场。比如，从启蒙运动开始，所有的大型理论都标榜其性别中立的一面，可实际上，这些理论都是以男性为标准提出的，是忽视了女性的存在的。女性从未从资产阶级自由主义的思想解放中得到过什么益处——自由主义和启蒙主义的话语，从约翰·洛克到康德，从来都没有把女性包括在内。又比如，启蒙思想家认为，在获得更多知识积累（获得真理）的同时，是更强的客观性与进步；其同时认为，权力可以是清白的、纯粹的、有助于解放的，理性的权力有利于人类发展。但后现代女性主义者质疑启蒙理性，要求重新评价"通过理性获得进步与解放"的观点，尤其在出现极权主义、种族灭绝、殖民主义之后，所谓"通过理性获得进步与解放"的神话变得非常可疑。后现代女性主义者不相信有普遍的解放和自由，其提出了这样的疑问："这是谁的解放？从什么中解放？"后现代女性主义者认为根本不存在普遍的解放和自由，因为女性属于不同的阶级、民族、种族，有着不同的能力、性取向、年龄，并没有一类女性可以代表所有的女性。

（三）向西方知识结构最根深蒂固的二元论发起挑战

后现代女性主义者不仅反对性别的两分，而且反对性别概念本身，反对那种认为性别天生并且不可改变的思想。一如威蒂格所认为的那样：真正的解放要消灭作为阶级的男人和女人，她理想的新社会将只有"人"，而没有"男人"和"女人"。因此，后现代女性主义者十分反对人们总是强调女性的生育能力及其对女性特质形成的影响，不认为女性必须具有抚育性并因此受到保护。后现代女性主义者还十分重视性别之外的阶级、国家、民族、种族的区别，认为这些区别是从社会和心理上对生理区别做出的解释，是为了把人划分为不同的等级，其敦促人们彻底摒弃男性/女性、黑人/白人这些词，不要把这些词当作人类跨越时空和文化的、不可改变的、唯一的、本质上的二元类别。

（四）向弗洛伊德的力比多理论发起挑战

反对本质主义的后现代女性主义者主张，应以话语为中心，而不应以生理学因素为中心来建构性别差异的意义。其既不赞同力比多理论，也不赞同所有人最初都是双性恋的理论，认为这些理论都假定"性"是生活的中心，而且假定"性"的动力是超越时间和空间的普遍存在。

二、话语即权力

后现代女性主义最重要的观点是"话语即权力"。后现代主义大师雅克·德里达曾断言："在文本之外，一切均不存在。"他试图用话语理论去否定物质现实。后现代主义将理论概念的重心从"结构"改变为"话语"，这就使福柯、德里达等后现代主义思想家的重要性超过了以往所有的思想家。他们创造了一个新的视角，那就是：话语就是一切，文本就是一切，主体已经死去。

福柯在《话语的秩序》①中第一次提到了话语与权力的结合："话语是权力，人通过话语赋予自己权力。"福柯的"权力－知识"形成学说旨在说明：权力的实施创造了知识，知识本身又产出了权力；权力是由话语组成的。福柯一开始曾关注过经济和物质的权力，但是随即转向否认权力是一种压抑性力量。他认为，所有的权力都是生产性的——它产出知识——而不是压抑性的。因此知识和权力是一回事，没有什么区别。他认为，那些被压抑的知识之所以总是被排除在正式的权力历史之外，是因为它们打断了绝对真理的形成史。

福柯在对西方话语进行分析时，主要攻击了西方关于社会、历史与政治的两大宏观理论传统：自由主义与马克思主义(包括其弗洛伊德派变种)传统的革命理论。他认为这两大传统都是建立在本质主义之上的，建立在有关人性、人类历史、经济和力比多的总体理论之上的，建立在传统的话语权力模式之上的。这一权力模式有三个基本假设：第一，权力是被占有的(被个人、被阶级或被人民占有)；第二，权力从一个集中的源头(如法律、经济和国家)自上而下流动；第三，权力是以镇压的(压抑的)方式加以实施的(如以制裁相威胁的禁制)。而福柯的权力模式与传统的权力模式有着三个基本区别：其一，权力是在运作的(exercised)而不是被占有的(possessed)；其二，权力的运作方式主要是生产的(productive)而不是压抑的(repressive)；其三，权力是自下而上的而不是自上而下的，是分散的(decentralized)而不是集中的(centralized)。

后现代女性主义从福柯那里获得的启示是：福柯的权力模式并不是权力理论或任何传统意义上的历史，而是反理论的(anti-theory)。其点醒人们：人们的思维方法和行为方式是如何为统治他们自己服务的，人们又是如何通过制造真理的过程来管制他们自己的。

在有关权力的问题上，和自由女性主义者所认为的"权力就是权威"，马克思主义女性主义者所认为的"权力就是统治阶级统治被统治阶级的权力"不同，后现代女性主义把权力定义为分散的、弥漫的，而不是集中于某

---

① 福柯的《话语的秩序》是他在法兰西学院的就职演说，首次发表在 1970 年 12 月。这是他从"考古学"(他对思想系统史进行共时分析和再现的方法)转向"制图学"(对在话语实践和非话语实践中被行使的权力形式进行更直接的政治绘图)的转折点。

个机构或某个群体的。

过去，女性一般被认为"更看重事物，而不看重话语"。例如，她们更加关注低工资问题、强暴问题和溺杀女婴问题，而不太关注自己在历史文献中被置于边缘地位的问题。后现代女性主义主张在女性主义运动内部实行一个"模式转换"，即从只关注事物到更关注话语。比如，后现代女性主义批判了激进女性主义和自由女性主义在性问题上的观点，认为这两派的观点都没有能够摆脱压抑的传统权力模式，即把权力视为一种由某种机制和群体所占有的东西。这种传统的权力模式是本质主义的，就如福柯所指出的，所有的权力都制造反抗：以反面话语的形式产生出新的知识，制造出新的真理，并产生新的权力。

后现代女性主义者的抱负之一就是要发明女性的话语，其指出：这个世界用的是男人的话语，迄今为止所有的女性主义者一直在用男人的语言对女人耳语……我们所要求的一切可以一言以蔽之，那就是发出我们自己的声音，让男人以男人的名义讲话，女人以女人的名义讲话。

三、惩戒凝视与规训

福柯在他的权力分析中提出了关于"惩戒凝视"（Disciplinary Gaze）的观点。他曾反复论述关于"标准化"或"正常化"（Normalisation）的思想，他指出：标准化或正常化是控制和自我规范的深化，社会通过纪律管束着人的身体，通过话语来定义何为正常，何为反常；通过标准化或正常化的过程来要求人对规范的遵从。他采用环形监狱作为"凝视"意象，意指人人都处于社会的凝视之下，不可越轨。

后现代女性主义借用福柯关于标准化或正常化的思想，说明女性正生活在这样一种社会压力之下，不仅要服从纪律，而且要遵从规范，自己制造和驯服自己的身体。举一个例子。如果一位女性去做整容手术，用旧式女性主义观点来解读这件事就是：男人命令他的奴隶为满足主人的欲望、为娱悦主人去做这个手术，这个女人完全是男人权力的受害者。可如果从福柯的理论模式来看，就会有不同的解释：这个女人去做整容手术不仅是男人压迫她的结果，也是她进行自我管制、自我统治、自我遵从规范的结果。正如福柯所说："用不着武器，用不着肉体的暴力和物质上的禁制，只需要一个凝视，一个监督的凝视，每个人就会在这一凝视的重压之下变得卑微，就会使他成为自身的监视者，于是看似自上而下的针对每个人的监视，其实是由每个人自己加以实施的。"

按照福柯的逻辑，当我们用对立的话语反击压迫时——如用女性主义话语挑战男尊女卑、异性恋霸权时——我们就进入了统治话语的领域。我们发明了新的标签和身份，这些标签和身份在向压迫发出挑战的同时，又用新的方式压迫我们，使我们陷入一种身份，强迫我们遵循我们所从属的群体或社区的规范，建构我们的思维模式。

就如性专家垄断了媒介上的知识，借由媒介向大众销售一套适应他们性别身份的商品。当人们想改变一个体系，就立即成了这个体系的一部分。只要权力关系和话语在不断改变，抵制权力便成为一项谁也无法逃避的、持续的事业。

四、女性主义运动第三次浪潮中的语艺传播

后现代女性主义认识论的观点和研究取向是多元的，主题是多方面的。第一，关注研究意义的建构者、叙述者和权威者对意义的控制。所谓新的科学范式亦容易落入男性中心主义的圈套，故而有必要重新解读各种有关性别的科学知识，从中发现隐含的男性偏见。第二，关注身体。身体具有独特的意义，能够形成特定的身体政治。第三，反省白人中心的价值观和立场，关注第三世界国家、殖民地国家的女性所具有的生存状态及其努力。

同时，由于后现代女性主义并不是一个统一的女性主义流派，各种理论侧重点不同，政治主张有同有异、缺乏一致性，甚至充满矛盾，因而以后现代女性主义为代表的女性主义运动第三次浪潮使用的语艺策略模糊矛盾、运动形态不明。其认为社会变化不仅仅是群体行为带来的政治行动，也是人与人之间的相互交谈方式和相互联系所带来的不同意识形态和目标的松散构成，呈现出一些有别于女性主义运动第一次、第二次浪潮的特征。

1.特征1：团结男性，包容差异

不认为女性是一个具有相同特征的群体，女性在许多方面，包括种族、阶级、性取向、身材、体型以及能力方面都存在差别。在充满差别意识的年代，女性主义运动第三次浪潮中的女性主义者声称自己"对世界的看法和女

前辈们大不相同……我们发现自己正在努力创造能包容模糊和多元地位的身份"。希望克服早期女性主义运动的排他性，努力理解并吸收差别，令人深刻领会不同形式的特权和压迫的交会，即"统治的母体"。其致力于和男性以及其他反抗各种压迫的群体结成同盟，视男性为自己的爱侣、朋友、兄弟、合作伙伴、父老，希望破解性别二元对立的魔咒，和男人相遇于中间点，而不是由女性完成所有的变革工作。女性主义运动第三次浪潮中的女性主义者还认识到：要与艾滋病做斗争，我们必须与对同性恋者的憎恨做斗争；要与对同性恋者的憎恨做斗争，我们必须与种族歧视做斗争……压迫是相互关联的。

2.特征 2：理论与实践相结合，形成"政治的就是个人的"理念

女性主义运动第三次浪潮高度评价了第一次浪潮和第二次浪潮，但认为第二次浪潮赢得的改革成果并没有真正融进人们的日常生活。故强调法律制度与实施现实、理论与实践、结构性变化与日常生活之间的罅隙，提出将第二次浪潮的结构性变化融入具体物质生活的目标。因此，女性主义运动第三次浪潮的政治主张所体现的理念是，行使权力和权利的途径不再以法律等制度为核心，即将第二次浪潮的"个人的就是政治的"颠倒过来，形成"政治的就是个人的"理念，并认为：我们的政治主张必须根植于对压迫性意识形态的、个人的、实体的反抗，个人行动是促进个人和集体生活变化的重要途径。

【案例】政治的就是个人的："沙漠之花"华莉丝·迪里

华莉丝·迪里（Waris Dirie）出生于非洲索马里，和家人过着游牧民族的生活。她在 4 岁时被侵犯，在 5 岁时被迫按照索马里习俗行割礼，在 12 岁时被父亲以 5 头骆驼为聘嫁给 60 岁的老头。在出嫁前夜，华莉丝在母亲的默许下独自出逃，在沙漠中徒步以至于双足血肉模糊。她投奔了在摩加迪沙的外祖母，并因此获得了给索马里驻英国大使馆做女佣的机会。之后，索马里爆发战争，索马里驻英国大使馆全员撤回了索马里。华莉丝不肯回索马里，于是偷偷拿走护照，再一次出逃了。之后她流浪英国街头并邂逅了收留自己的玛丽莲，机缘巧合又在打工的餐厅里遇到伯乐，被发掘成为世界

超模。

之后，华莉丝在事业巅峰期公开了自己的经历。她站在联合国的演讲台上，将割礼的残酷现实公之于世，并成为"联合国废除女性割礼的亲善大使"。她的行动不仅引发了公众的关注和讨论，更激发了国际社会对非洲女性权益的关注和保护。她的演说推动了国际社会对女性割礼问题的认识，促使更多国家和组织采取措施来禁止这一陋习。例如，联合国通过了消灭女性生殖器切割习俗的决议，并设定了在 2030 年之前消除女性割礼的目标。她书写的自传《沙漠之花》被改编成同名电影，借由媒介传播的力量，带动了国际舆论对该陋习的声讨，促进当地政府的反思与改革。她成立了多个慈善团体，唤起世界关注索马里女性，尤其是女童的苦难，并为同胞筹款建设学校、医院。

由此我们可以看到：华莉丝遭受的割礼是一种极端的身体政治迫害，是一种通过社会制度和习俗共谋实现的男权统治。这种男权统治将女性的身体视为不洁、不祥之物，需要通过割礼来"净化"，对索马里女性造成了巨大的身心伤害和禁锢。华莉丝的经历表明，政治议题，如女性权益、身体自主权等，实际上深深植根于个人的生活，影响着每一个人的生命和尊严。而她不屈服于命运，选择反抗、逃离、独立，克服重重困难，实现身体解放、个体成长和变革。在赢得尊重和认可的同时，她还成为许多人的榜样和力量源泉，激发了诸多集体行动与变革——她的经历证明了个人行动的力量是巨大的，它可以激发集体行动和变革，推动社会的进步和发展。此即"政治的就是个人的"，以及"个人行动是促进个人和集体生活变化的重要途径"。

3. 特征 3：与大众流行文化融合，颂扬女孩文化

与女性主义运动第二次浪潮诋毁大众流行文化不同，女性主义运动第三次浪潮试图参与大众流行文化，并将大众流行文化作为主要的抗争阵地之一。新技术为女性主义运动第三次浪潮创造了传播思想和参与在线组织的新方式，第三次浪潮中的女性主义者通过对大众流行文化加以改造，使它们能够适应新时代女性的需求。比如，颂扬女性特征和能力，发表主动的性别宣言；比如，在以女性为主要受众的时尚杂志里，在描绘流行时尚的文章旁，

发布关于性别歧视、种族歧视等的严肃的观点和建议。这种将重大事务与"女孩文化"相结合的特征，在使一些年轻的女性主义者成为精力充沛、有幽默感、富有思想、充满希望、富有激情、活泼、愤怒、致力于行动的新女性主义者的同时，也获得了走在大众流行文化潮流前端的可能性。

思考与讨论

1.你是否赞同"只有重建生育生理机制，女性才能最终获得解放"这样的观点？为什么？

2.论述女性主义运动第一次、第二次、第三次浪潮的基本目标，以及其相对应的语艺策略。

3.波伏瓦所采取的语艺策略是什么？站在今人的角度，你认同她的语艺策略吗？

4.约翰·穆勒的核心思想是什么？

5.试着论述选举权、受教育权、就业权之间的关系。

6.中国女性主义运动先驱秋瑾的性别革命思想包括哪些？如何理解"欲兴女学，必除女害，除害必自放足始，放足必自躬行始"？

7.讨论贝蒂·弗里丹破除女性神话的相关观点，并思考媒介是如何作用于这个神话的产生的。

8.结合华莉丝在联合国的发表的反对女性割礼的演说，思考"政治的就是个人的"，即"个人行动是促进个人和集体生活变化的重要途径"的内涵。

9.如何理解后现代女性主义"话语就是一切，文本就是一切，主体已经死去"的含义。

第四章　进步男性运动与保守男权运动

与女性主义运动并行的是男性运动，或是支持女性主义运动的进步男性运动，或是反对女性主义运动的保守男权运动。

就如弗里丹说过的：男女似乎在背道而驰。女人似乎要走出家庭，在男人工作的世界中实现她们的自我；而男人似乎是要解放自己，不再用工作领域的成功来定义自己，并趋向于在家庭和其他自我实现的新领域给自己一个新的定义。每一次的性别对话与语艺传播都是珍贵的，我们在愤怒，在看到彼此，或许还有在中点相遇的可能。

第一节　进步男性运动

一、支持女性主义的男性运动

出现于女性主义运动第二次浪潮的男性运动，只有一个分支赞同女性主义的平等主义思想，这个分支的组成人员被称为"男性女性主义者"。这些男性意识到性别歧视控诉的真实性，并对自己在政治上寻求消除歧视但在实际生活中却歧视女性的虚伪感到羞耻。他们努力使自己的态度和行为符合自己所信奉的平等主义思想。之后数代男性女性主义者，包括今天许多二十来岁的年轻人，都认可平等主义和无性别歧视思想，认为女性和男性应该享有同等的权利、机会、价值和地位。

我们会发现进步男性运动与女性主义运动二者其实有着一种通往未来的坚实基础：他们形成了相同的认知，都认知到不是男性压迫女性，而是男权制度鼓励强者压迫弱者，因而都反对性别歧视；他们有相同的目标，都要打破赋权传统，都在追求性别角色的自由解放和重构；他们相辅相成，进步男性运动和女性主义运动在打破性别角色制约的方式上吻合并且互相促进；他们在形成良性循环——在女性主义运动中诞生的独立女性和进步的新型男性在需求上相互满足，在精神上相互契合，一进一退，能良性发展，扩大影响。

男性女性主义者在女性主义运动第二次浪潮中致力于维护女性的权利。如在美国1972年的《平等权利修正案》斗争中，许多男性为了从法律上确认女性的公平权利而付出了时间、精力和金钱。他们参加女性公开论坛，宣扬女性拥有平等的地位和权利，支持男女同工同酬，要求社会停止歧视具有学术背景和专业背景的女性、延长产假、扩大儿童保育措施的实施范围。他们所采取的语艺策略包括：其一，扮演"背叛者"，即某个团体的成员批评该团体中某种普遍存在、公认正确的态度和行为；其二，个人说服，即劝说亲朋、同事改变歧视性态度和行为；其三，挣脱社会对男性特征的约束，追求个人成长。他们认为传统的性别定义剥夺了男性理解、获取多种情感的能力。男性支持女性主义运动的形式既包括有组织的政治行动，也包括非正式的个人传播。

二、支持女性主义的男性组织

（一）NOMAS

NOMAS（National Organization for Men Against Sexism，国际男性反性别歧视组织）认同一些受到女性好评的传统男性特征，如勇气和雄心，但谴责攻击、暴力、情感迟钝等男性特征。其主要成就包括：成立"父亲任务团"，出版了一本名为"父爱"的刊物，提倡在养育儿女的过程中父亲的参与。该组织每年都要举行一次"男性与男性特征"主题会议，会议讨论三件事：其一，通过分析具有男性特征的文化规范与男性对女性施加的暴力之间的关系，消除对女性的暴力；其二，消除男性对同性恋者的憎恨以及出于这种憎恨心理对男同性恋者进行的残酷的、有时甚至致命的打击；其三，继续发展并丰富大学内部针对男性问题的研究。

NOMAS成员采取的语艺策略是：通过非正式集体讨论，探讨男性的快乐、失意、特权和问题。与第二次浪潮中的女性主义者同步，NOMAS成员进行了提高觉悟小组学习，公开支持女性权利落地，提升男性对自身情感发展阻碍的意识，讨论并积极实践男性个人的发展。

（二）反暴力男性团体

一般在每年11月25日之后的一到两周内（各国略有差异），世界各地的很多男性会自发佩戴白色丝带，呼吁男性停止对女性施暴，此即"白丝带运动"（White Ribbon Campaign，WRC）。

1989年年底，加拿大的一名男子认为他的发展机会都被女性夺走了，于是在蒙特利尔的一所大学内枪杀了14名年轻女子后自杀。两年后，以社会学博士迈克·考夫曼（Mike Coffman）为首的加拿大男性期望社会大众从这个悲剧中反省，将消除对妇女的暴力视为社会的共同责任，认为男性不该再对男人加诸女人的暴力保持沉默，所以发起了"白丝带运动"，号召佩戴白丝带者承诺本人绝不参与对妇女的暴行，并且面对对妇女的暴力决不保持沉默。当年，加拿大有10万名男性佩戴了白丝带。

"白丝带运动"在中国也开展得如火如荼。中国的第一次"白丝带运动"于2001年妇女节前举办。2013年，"中国白丝带志愿者网络项目"由北京某高校教师方刚发起，是致力于推动更多男性参与终止针对妇女的暴力的项目。该项目在中国各地拥有四百多名志愿者，其中一半以上的人为执业的心理咨询师、家庭教育指导师、社会工作师。中国白丝带志愿者网络项目利用自己的人才优势，致力于针对施暴者、暴力目击者的行为矫正与心理辅导工作，同时致力于针对终止性别暴力的宣传倡导工作。

"预防暴力导师计划"（Mentors in Violence Prevention，MVP）的目的很明确：让男性明了社会化的过程将男性特征与暴力和攻击联系在一起，激励男性摒弃自身及其他男性的暴力行为。该计划的两大宗旨是：其一，教育男性，让他们明白，攻击和暴力与男性特征的文化观念，构成了男性社会化的一部分；其二，让人们留意旁观者在预防暴力的过程中所扮演的角色。"预防暴力导师计划"认为，并不是亲手施暴的人才有过错。在很多情况下，每一个即将发生的暴行，都必定有旁观者的容忍、默许、赞同和鼓励。

进步男性运动也关注男性受到的暴力行为，尤其是性暴力。在当前，很多国家尚未对男性被强奸的情形立法，男性被强奸不构成强奸罪。如《辞海》定义强奸为："违背妇女意志强行性交。"明确指明受害人须为女性。中国虽有提案，但在实际的司法实践中并没有案例。而进步男性运动呼吁大家重视男性性侵案例，预防暴力发生。

　　总之，进步男性运动的参与者认为，目前的性别体系既有男性特权，同时又是压迫男性的。他们主张男性运动不是反女性主义的，而是真正反对性别歧视的运动。男性应该通过对女性主义的了解，来确认自己的身份，包括正面的身份和反面的身份。

三、进步男性运动重建父性主张

　　进步男性运动提出重建父性主张，鼓励男性公开宣称他们拒绝关于男性气质的传统规则，转而分享温柔的感觉，彰显更慈爱、更关怀、较少竞争性和攻击性的男性气质。

　　进步男性运动所倡导的新型男人、新型父亲要做传统男性不屑于做的事情，他们帮助女性购物、做饭、带孩子，在晚上孩子睡觉之前不出门娱乐，以此改变传统男权社会中男性对照顾孩子的态度，分担家长责任。

　　我们通过观察可以发现，人们对于进步男性运动的支持程度有阶层的差异，越是处于社会上层的人越倾向于接受进步男性运动，而越是处于社会底层的人的观念就越传统。有一项调查表明，大多数来自最受压迫的底层的男人，更容易把注意力放在获得传统意义上的成功、挣更多的钱上。而那些对个人的成长、自我实现、爱和家庭生活的重视高于对获得成功的重视的男性则和女性一样，用一种在工作成功和个人生活满足之间获得平衡的方式，建立自己的生活。即使在两性关系方面，进步男性运动的参与者也可以有一种全新的观念，即和全无独立性的女人在一起更费力，而和独立的女人在一起则更有乐趣。

第二节　反女性主义的保守男权运动

保守男权运动是 20 世纪 70 年代早期男性解放运动的分支。保守男权运动者普遍认为：与女性相比，男人更强大，具备更多优势，应拥有更多权利。他们关注男性在社会中的劣势、困境以及受到的歧视和压迫等问题。因此，保守男权运动被视为女性主义的反向运动和对女性主义的冲击，是男性群体觉察到传统性别角色危机的结果。该运动涉及法律（包括父母对孩子的抚养权、生育权及家庭暴力）、政府职能（包括教育、义务兵役制和社会安全网络）等议题。

一、保守男权运动兴起和主要表现

保守男权运动，指强烈反对、抵制女性主义的传统男性运动，是针对女性主义运动的反向运动。早在 1856 年，美国的《普特南》（Putnam）的杂志就出现了与当时推进的妇女权利针锋相对的 Men's Rights（男人的权利）的概念。20 世纪 20 年代，以"打击过度的女性解放"为目标的男性权利联盟在欧洲成立，他们有感于女性主义运动对社会意识和法律制度的渗透，在期刊、报纸上连续发表文章进行舆论斗争，抨击婚姻法，反对妇女进入劳动力市场。现代保守男权运动始于 20 世纪六七十年代，其与女性主义运动第二次浪潮的立场、宗旨、目标相左，拒绝女性主义原则和关注重点，认为男性才是处于不利地位的受压迫者。到了 20 世纪 80 年代，由于美国由持保守主义态度的罗纳德·里根政府执政，英国也迎来了保守党成员玛格丽特·撒切尔上台，所以这一时期的保守男权运动呈现出更大的声势。保守男权主义团体认为，男性已经失去了原有的地位，受到了巨大的压迫，必须致力于开展反对女性主义的保守男权运动。他们反对女性主义者所寻求的社会变革，试图捍卫家庭、学校、工作场所等公私领域的传统性别秩序，提出了一系列与女性主义运动针锋相对的立场和主张，具体包括：赞赏家庭价值，反对堕胎，反对女性主义运动，反对非传统家庭，反对青少年性活动，反对福利政策，反对社会主义。除了反对女性主义，他们最主要的目标还包括反对同性恋。

保守男权主义者认为，男性应该拥有其独享的空间，例如男童子军、兄弟会、男性俱乐部等，且不受女性及女性文化的影响。他们认为支持女性主义的男性是怯懦的，指责其背叛男性、打击男性、刻画了男性的负面形象。他们还忽视、指责、厌恶非异性恋者。

保守男权运动主要表现在以下几个方面。

其一，缔造仇视女性主义的政治文化氛围，将女性主义思想变成嘲笑的对象，说它是过时的、反家庭的、无幽默感的、愤怒的、无趣的、憎恨男人的，所有的女性主义者全都是女同性恋，等等。

其二，对女性进行了一定程度的迫害。力争在现实生活中消除女性已经争得的权利，如合法堕胎的权利；限制女性升迁，如制造"玻璃天花板"①；推动以压制女性为目标的运动，如原教旨主义运动；对女性施暴；等等。

其三，大搞男性权利游说活动。保守男权运动的一个代表人物罗杰·惠特科姆（Roger Whitcomb）提出，要反击女性主义运动的浪潮，维护男权制家庭，反对单身母亲家庭，并且将社会的弊病全部归咎于单身母亲。英国保守男权主义者抗议《1991 年儿童抚养法》（Child Support Act 1991），认为父亲成了没有权利的签署支票的机器。他们认为，离婚时母亲得到抚养权，男性支付抚养费，这是对男性的歧视。他们还反对英国上议院在 1994 年通过的有关去除丈夫的"婚内强奸豁免权"的法令。他们还提出了男性气质和男性权利的问题，争取由男性辅导员来辅导少年罪犯，特别是针对女性和儿童的犯罪当事人。

其四，强调家庭价值，倡导回归家庭。"女人回家"思潮甚嚣尘上，保守男权主义者希望女人能够回归传统女性角色，指责女人进入社会生产劳动"会使男人失业，给女人增加负担"。最具代表性的是由比尔·麦卡尼（Bill McCartney）发起的"守诺运动"（Promise Keepers）。麦卡尼作为基督教保守派人士，在运动中号召那些主张回归家庭的男人们承诺做个好丈夫、好父亲、好社区成员，以此作为女性回归传统家庭的交换条件。

其五，提倡男性价值，开展神话时代运动。保守男权运动主张去重新发现男性思维和感觉的深刻的神秘根源，认为这样会重塑男性在精神、情感和智力上的健康肌体，使男性变得自信、强大，在情感方面既活跃又敏感。这

---

① "玻璃天花板"是一个心理学概念，指基于观念上或组织上的偏见而形成的人为障碍，使得本来够资格晋升的人在组织里晋升困难。

些男性举办大规模的读书活动，恢复他们的兄弟情谊，寻找男性的独特感觉，倡导男性与自然在一起，摆脱女性与文明，摆脱工业化和女性主义的压迫。在回归自然的活动中，男人们集体到森林里去击鼓、放歌，聆听诗歌和神话故事，接近狩猎祖先，宣泄一名男性想同另一名男性建立深刻精神联系的渴望。

总体而言，保守男权运动的信念和活动被社会学者批判描述成集体的厌女行为。

二、反女性主义运动：媒介的"反挫行动"

保守男权运动是伴随着反女性主义运动开展起来的，这意味着它反对一切促进男女平等、提高女性地位、保障女性权利、增加女性机会的措施。很多反女性主义运动并非存在于正规团体中，而是出现在那些试图贬损女性主义、妨碍男女平等的行动中。

保守男权运动反女性主义价值观的具体体现在于：借用媒体的力量，对女性取得的成功和所面临的问题进行歪曲报道，畅销书作者污名化女性主义观点、运动及女性主义者；进行限制女性自由的法庭判决；支持限制女性机会的商业惯例，支持令女性难以在不放弃母亲职责的情况下取得经济保障的政府行为。标志性的媒介事件包括：20 世纪 60 年代，保守男权运动不遗余力地抹黑女性主义运动第二次浪潮的目的、行动和成员，把女性主义者描绘为痛恨男人、焚烧胸罩的极端主义者；20 世纪 70 年代，《新闻周刊》的编辑指使记者进行女性主义运动"缺乏合法性"的报道；20 世纪 80 年代中期，《新闻周刊》封面故事大肆报道男性人口资源短缺，以图表形式夸张地展示了女性随年龄增长而结婚率直线下降的不实情况，宣告在女性 40 岁以后结婚的概率比被恐怖分子杀掉更低；1989 年，著名的《哈佛商业评论》刊登了一篇文章，指出"准备生孩子的女性浪费了企业太多的钱财，因而该被放在一条不同的轨道上，为其他男性和事业型女性让路"[其他报纸和杂志引用了"妈咪轨道"①（Mommy Track）这个说法，让质疑声盖过女性梦想的表达]；1994 年，美国《反挫》杂志问世，宣称其宗旨在于令女性和男性回归传统角

---

① "妈咪轨道"是一个社会学术语，被用来描述职业女性在成为母亲后可能面临的职场发展路径变化。这个术语特别关注那些因为生育和抚养孩子而选择调整职业生涯的女性。

色；1996 年，在主流期刊上出现了《母亲们为什么应该待在家里》一文，称"走出家门工作的母亲们既自私又不负责任"，"许多家庭问题都是女性就业造成的直接后果"，"女性主义"怂恿她们放弃操持家务、照顾儿女的责任。

三、女性参与的保守男权运动

保守男权运动已然形成了一个囊括所有保守人士的阵营，其中涉及三场正式的反女性主义运动，而这些运动亦不乏女性参与。第一场是女性主义运动第一次浪潮期间的反选举运动。第二场发生在女性主义运动第二次浪潮期间，标志是"完整女人运动""迷人女性气质运动""让步女性运动"。这些运动都宣扬女性传统态度、价值观和角色的回归。其中，"完整女人运动"强调女性作为性对象的传统社会观念，鼓励女性将自己打扮成魅力无边的性感女性。"迷人女性气质运动"则以宗教的传统诠释为基础，强调品行端正、顺从丈夫等女性职责。虽然许多人认为"迷人女性气质运动"和"完整女人运动"是种可笑的倒退，但它们在某些女性（和男性）的眼里却颇有吸引力。有超过 40 万名女性花钱去上那些教她们如何更有性魅力、如何顺从丈夫的课程。在同一时期，鼓励女性回到传统角色、建议女性为了婚姻幸福放弃两性平等神话的书在市场上涌现。第三场为全世界所熟知的反女性主义运动是美国的"阻止平等权利修正案运动"。该运动通过公开演讲、游说议员、争取媒体支持等手段阻止《平等权利修正案》通过。

1991 年，普利策奖获得者苏珊·法鲁迪（Susan Faludi）出版了《反挫：谁与女人为敌》一书。在这本书中，法鲁迪指出了反女性主义运动的两种观点，并强调这两种观点在本质上相互矛盾。一方面，许多反女性主义者认定女性主义是女性问题的根源，是造成家庭破碎、夫妻关系紧张和儿童犯罪的罪魁祸首。根据这种观点，女性主义虽鼓励女性独立，让女性扶摇直上，但是事业成功的女性回到家却只会用微波炉为家人准备晚餐。因此，反女性主义者认为女性主义并没有帮助女性，相反，它为女性制造了更多的问题，使她们的生活一团糟。最后他们得出结论，即这些问题的解决之道就是放弃女性主义。而另一方面，许多女性主义者又认为女性获得了前所未有的利益，媒体声称女性已经赢得了平等权利，赢得了战争的胜利，所有的大门都向她们敞开，她们可以得到梦想得到的一切。由于女性的地位已经提高，获得的机会已经增加，反女性主义者断言，女性主义没有存在的必要。

总而言之，男性运动和女性主义运动一样，观点多样甚至相互矛盾。一些男性视自己为女性主义者，和女性并肩为两性平等而奋斗；而另一些男性则视女性主义为男性问题的主要根源，感到自己受到了女性主义的威胁。这些观点反映在男性运动上，有的人致力于保障女性权利和提高女性地位，有的人猛烈抨击女性对传统、顺服角色的抵制。不过，男性运动所进行的公开的和不公开的传播都推动了性别文化的对话，或者关乎性别的意义，或者关乎运动对男性和女性个体的影响。

思考与讨论

1.请谈一谈进步男性运动与女性主义运动二者的关系。

2.保守男权运动反女性主义价值观的具体体现是什么？

3.什么是"妈咪轨道"？请结合该绰号产生的背景，聊一聊"母职惩罚"①问题。

4.反女性主义运动的两种观点分别是什么？

5.进步男性运动提出的重建父性主张包括哪些内容？

6.讨论一下"白丝带运动"发起的背景和意义。

7.法律有性别吗？你从法律中看到了哪些性别偏见？

---

① "母职惩罚"由米歇尔·布迪格（Michelle Budig）和保拉·英格兰（Paula England）提出，指女性结婚、生育和照料等与母职身份相关的活动会导致女性职业发展受阻，从而形成"母职惩罚"。这种惩罚不仅体现在工资收入上，还可能影响到女性的职业晋升和其他职业发展机会。

第五章　女性主义的传媒批判理论

媒介与性别文化传播研究，属于传播学研究与性别文化研究的交叉学科。它以传播学和性别文化研究为理论基础，既用社会性别的视角研究媒介、传播和大众文化，也通过传播理论和文化研究解读社会性别的发展。由此，媒介与性别文化传播研究便衍生出两条研究路径。

其一，接受基于社会性别视角的冲击、考量、变革，发展出以某一性别为主要受众的研究（如男性/女性媒介研究），并在传者、传播过程、传播效果以及传播影响中，加入以女性为主体的要素。在这条路径下，媒介文本中的性别刻板形象研究、社会性别歧视制度批判，以及受众分析研究取得了长足的进展。

其二，媒介与性别文化传播研究实现了跨学科、多学科的发展，主要借鉴并改造性别研究在心理学、政治学、经济学、人类学、社会学等领域的成果，并逐步摸索传播与性别的认识论与方法论。

20世纪90年代至21世纪初，女性主义传播范式的专门研究开始得到重视，最有名的是凯瑟琳·瑟克斯纳（Kathryn Cirksena）和丽莎·库克兰兹（Lisa Cuklanz）的论文《传播研究的五个女性主义框架指南》。而利斯贝特·范·祖伦（Liesbet van Zoonen）的《女性主义媒介研究》亦成为媒介与性别文化传播史上最重要的著作之一。接着，媒介与性别文化传播研究开始迈进学理化探讨与跨越式发展阶段。媒介与性别文化传播研究在该阶段最大的特色，就在于对女性（权）主义、媒介、女性三者关系的研究，女性主义开始关注大众传媒批判领域，并逐渐形成了一种新兴的传媒批判类别——女性主义传媒批判。女性传媒批判从性别权力结构观点出发，对大众传媒所表现出的与女性有特殊关系的文本加以分析：一方面将文本与历史文化语境相关联，以抗拒的姿态，甄别并剔除媒介文本中隐含的霸权意识；另一方面从中观照女性在社会中所处的独特位置，并探寻构成这种文本的内在机制，以期打破媒介传播制度的不公和性别惯例，改造文化，矫正价值理想。

在这个章节，我们将从基本概念辨析、女性主义与传媒批判的融合、女性主义受众批判、女性主义传者批判等方面，全面剖析女性主义传媒批判理论。

第一节　女性主义传媒批判理论的基本概念

概念界定是科学研究的首要环节，也是展开论述的前提条件。在此，本书将带领大家对"女性主义"和"女权主义"，"受众"和"传者"，"女性主义的传媒批判"和"女性主义的媒介批评"，"社会性别意识"和"性别敏感"这四组概念展开辨析。

一、"女性主义"和"女权主义"

今天，在互联网上凡是涉及两性问题的社会事件，都会引来大量围绕女权的争吵。比如，在收视率一度飙升的情况下，电视剧《我是余欢水》中的一段剧情被观众指出有"污蔑女性、取悦男性"之嫌，其在豆瓣上的评分出现断崖式下降。在相关剧情中，梁安妮说："肯定放我呀，哥哥，我是女的，我是弱势群体啊！"绑匪徐二炮直接回怼："别来这套，男女平等，你们天天哭着喊着要女权，我给你啊！"

这两句台词看似平常，却让人不禁开始思考：女权到底是什么？剧中梁安妮这种既要享受女权红利又要以柔弱换特权的行为，显然是对女权的误读和歪曲。

"女性主义"又称"女权主义"，但"女权主义"这一概念早于"女性主义"出现，其起源于19世纪由欧洲国家女性发起的提高女性社会地位的运动，即从19世纪后半叶到20世纪初，女性争取选举权、受教育权、就业权等权利的运动。受益于女权先驱们的努力，现如今女性有选举权、受教育权和就业权已成为全人类的共识。至此，Feminism一词开始由主要涉及政治运动范畴的女权运动转向侧重女性视角、女性体验、女性话语权的女性主义命题及实践。总而言之，"女权主义"一词带有强烈的政治性、战斗性和深远的历史性、忧患性；而"女性主义"则有着较强的学术色彩，且更为平和，更加贴近时代。女性主义在发展到精神平等和话语权平等之后，还在随着时代的发展不断演进。根据时间接近性原则，在本书中我们普遍采纳"女性主义"来表述"Feminism"的内涵。

拓展资料：中国的"女权主义"或者说"女性主义"研究

英文单词Feminism在汉语中有"女权主义"和"女性主义"两种译法，国内学者曾为如何翻译Feminism一词产生过不少学术争论。20世纪初，Feminism概念进入中国伊始的译法为"女权主义"，这种译法反映了Feminism是争取和保护妇女权益的社会运动的历史背景，展现了西方妇女为争取同男子的平等权利而进行的斗争。之后，中国的妇女解放运动逐渐融入民族解放运动中。1949年新中国成立，社会主义妇女解放理论与资产主义女权主义彻底决裂，西方女权主义的理论和话语在中国退场。

20世纪80年代，随着改革开放的深入，Feminism一词再次出现在中国的性别研究话语中。到了20世纪90年代，在香港地区和台湾地区出现了强调性别差异的新译法"女性主义"，之后这种译法又传播到了内地（大陆）。由此可见，"女权主义"与"女性主义"两种译法，在时间上存在先后顺序，也反映了对于Feminism这个由西方发端的概念在理解上的变化过程。著名学者李小江在《女性？主义：文化冲突与身份认同》一书中指出："Feminism出现于19世纪90年代，被用于概括性别平等理论和妇女平等权利运动，取代了Womanism一词。"在《中国妇女大百科全书》中，女权主义被称作"男女平权主义"，而女性主义则被认为是"西方19世纪到20世纪60年代之前流行的妇女运动理论和基本妇女观"。

女性主义学者张京媛、戴锦华等人对如何翻译Feminism一词的看法是："我们更倾向于用'女性主义'这个词，原因是人们对'女权主义'这一概念存在着太多的偏见和误解……在当时，男人和女人，无论是支持还是反对女权主义的，都把视线集中在'权'字上，认为Feminism就是争取和保护妇女权益的社会运动。毫无疑问，这是Feminism的重要组成部分，但仅仅是一部分。我们更关注的是女性自身，是性别的遭遇、经历和在文化方面的处境，是关于性别的人类文明史上的种种规定和种种压抑。"女性主义学者采用"女性主义"这一译法，是想在翻译介绍国外女性主义理论的同时，借用这一重要理论资源来建立中国新的妇女理论，其中中国妇女的主体性是他们重要的关注点。在他们看来，女性主义是从女性的视角来解释问题，表达自身的意愿，将改变产生性别不平等的文化结构作为新的奋斗方向，而不是激进的政治运动。

进入 21 世纪后，关于Feminism两种译法的讨论仍在继续。如女性国际关系学者胡传荣认为，Feminism已经超越了先前争取两性平等的政治斗争的范围，而演变为一种社会文化思潮。它总的说来不是关于妇女的，而是关于文化结构的。所以"女性主义"的译法更符合Feminism一词目前所具有的文化内涵。

大部分学者之所以做出这种共同的选择[①]，是因为 1949 年以来中国发生了太多的政治运动，国内大多数学者都希望与带有明显政治倾向的言论保持距离。但也有一些学者认为，"女性主义"这一译法不符合中国的实际情况，展现的是发达国家妇女运动和妇女研究的发展趋势。

二、"受众"和"传者"

"受众"是一个传播学概念，指的是在传播过程中接受、解读传播内容的各类传媒所作用的若干个体，是传播的客体，在数量上具有"不确定大众"的性质。受众主要涵盖报纸、杂志、书的读者，电视观众，广播听众，网民等。

"传者"则是指各种在传播机构中从事专业化、职业化的信息采集、加工、策划、管理、发送等工作的若干个体，包括报纸、杂志的记者、编辑，

---

① 1993 年，天津师范大学主办了"中国妇女与发展：地位，健康，就业研讨班"，专门就 Feminism的翻译问题展开了一场重要讨论。大多数与会者更喜欢用"女性主义"的翻译，认为这种译法更符合中国的现实国情。

广播电视节目的制作人、策划人，书的作者等。

女性主义的媒介批评强调女性传媒工作者的职业精神、专业水平及其职业地位。如：女性在传媒领域的职业精神与专业水平得到重视程度的高低；女性在决策层中所占的比例、实际掌握的决策权和话语权的大小；等等。《爆炸新闻》这部电影展示了女主播们在光鲜亮丽的外表背后不为人知的辛酸，也直接解释了女性传媒从业者如何成为被传媒物化、商品化的对象，以及女性传媒从业者在潜规则制约下的职业地位。

三、"女性主义的传媒批判"和"女性主义的媒介批评"

女性主义的传媒批判始于 20 世纪 70 年代女性主义运动第二次浪潮。它运用社会性别的视角审视、批评、解构、反省媒介人、媒介受众、媒介机构、媒介机制、媒介作品、媒介现象等层面对女性抱有的性别成见、性别歧视。这不是要抹杀性别差异，而是要在社会性别分析的基础上，解构性别等级制，以期减少大众传媒对传统性别成见的建构与影响，提高公众的性别敏感，从而促进社会的性别平等。

"女性主义的媒介批评"在实质上与"女性主义的传媒批判"无异，但亦存在一些微妙差别：后者聚焦"传媒"，更侧重研究广播、报纸、电视、网络（包括社交媒体）等静态的事物；而前者则聚焦"媒介"，更多指向"传播"这一动态的过程。

四、"社会性别意识"和"性别敏感"

"社会性别意识"是指，对人的性别认识是由社会建构的，社会性别虽然存在差异，但男女性别之间应是平等的。在当下媒介市场充分竞争的大环境下，无论是发达国家还是发展中国家，包括传媒产业发展迅速的中国，都在不同程度上存在一个通病，就是性别集体无意识，即针对女性的无意识、不作为、推波助澜的性别歧视。这种性别集体无意识主要表现在三个方面：其一，传播内容含有针对女性的性别成见或贬抑；其二，用以奴化女性受众的策略五花八门；其三，女性传者的非主流化与边缘化，女性传者难以进入媒介决策层，"玻璃天花板"现象显著。

其一，传播内容含有针对女性的性别成见或贬抑。这种现象是最为常见的。我们经常在各类广告、新闻报道中看到对传统女性角色的强化，比如唯贤妻良母论、唯审美对象论，而无视新时代女性的多元化追求。也就是说，媒体内容有意无意地彰显女性作为贤妻良母的吸引力，以及彰显女性作为男性审美对象的性吸引力。这些内容在一些情况下无可厚非，但如果媒体传播内容的审美趋向单一，排斥女性作为独立主体的生命价值、社会价值以及女性自主追求、自愿选择的权利，那么就会招致女性主义者的批评。

其中较为典型的包括如下内容。其一，各类节目内容体现的性别集体无意识。这些节目或将女性作为男性审美凝视的对象，明目张胆地将女性视觉化，有违女性作为社会劳动者和精神财富创造者的客观事实；或漠视女性权利，强调女性作为母亲的天责，成为母亲本来是神圣的人权，但是不接受母职也是今天女性的可选项。如 2015 年央视春晚瞿颖和贾玲演出的小品《女神与女汉子》。又如部分电视剧将女性形象模式化，将女性塑造为贤妻良母。就连不少女导演的作品也没有摆脱对"男性中心"价值观的再现与妥协。其二，各种美容、美胸广告明目张胆地传播含有年龄歧视、相貌歧视与性吸引力歧视的内容。其三，社会新闻对女性受害者缺少人性化关怀，热衷于绘声绘色地再现受害细节。最为典型的就是在强奸类案件中，大众媒体没有强力谴责施害者，反而有意无意地迎合"受害者有罪论"的社会偏见，或者建立"女性自己不小心、夜晚出门、穿着太性感、行为不检点、反抗不强烈"与"男性把持不住"的道德双重标准，或者宣扬"宁为玉碎，不为瓦全，要用生命和鲜血捍卫贞操和清白"的"现代烈女论"。

其二，用以奴化女性受众的策略五花八门。"有女人味＝魅力女性。"在大众媒体的呈现里，作为魅力女性，A4 腰、大长腿、蜜桃臀的好身材是标配，还要有志玲姐姐的娃娃音。除此之外，魅力女性的思想也被置于"男性中心"价值观的控制之下，即女性要能够照顾他人，特别是男性，要温柔体贴，时时刻刻给予男性母亲般的关爱和呵护。

"女强人＝孤独、不幸。"对于女强人，媒体内容所呈现出的基本逻辑是，女性要成功就必须要牺牲家庭、牺牲婚姻和爱情，因此，女强人必然是孤独和不幸的。有的媒体甚至会暗示女性的成功可能来自性别优势或是对某些潜规则的迎合。

"美女=妖魔。"在各类新闻报道或影视作品中，美女总是更容易堕落。这样的议程设置存在以偏概全的问题，媒体一方面消费着女性的身体，一方面又在贬低和妖魔化女性。

其三，女性传者的非主流化与边缘化。近年来最为典型的案例就是"两会中的美女记者""疫情报道中的美女记者"，女记者似乎成为不必具有专业技能和职业精神，只需要向观众提供美貌和性别诱惑的角色。从 2018 年两会时"女记者翻白眼"视频引起舆论关注，到 2020 年北京电视台女记者采访钟南山院士的视频引发观众热议，类似事件不断伤害女性传媒工作者的公众形象。女性传媒工作者主要被界定在"软新闻"领域，少数敢于涉足"硬新闻"领域的女性传媒工作者则被视为"异质符号"，并为此付出婚姻、情感、健康等方面的多倍代价。媒体中女性从业者比例虽然不低，但在决策层中，男性却占绝对优势。即便少数女性进入决策层，也未必能够或是愿意张扬社会性别意识。

媒介中的"性别敏感"是指，对包括传媒领域在内的全社会对女性的性别成见、性别贬抑、性别歧视等诸多不平等现象保持高度清醒与理性解构的态度。它要求我们在日常生活中能够敏锐地察觉性别因素对个人、组织和社会的影响，并采取积极的行动来消除性别歧视和偏见。

性别敏感的重要性体现在多个方面。其一，性别敏感性的提高有助于促进性别平等。通过提高个体对性别问题的敏感性，我们能够更加公正地看待不同性别群体的权益和需求，从而推动性别平等的实现。例如，在教育领域，性别敏感性的提高使得教师能够关注到男女学生在学习过程中的不同需求和挑战，从而采取更加公平和包容的教学策略。其二，性别敏感性的提高有助于减少性别歧视和偏见。性别歧视和偏见往往源于对性别问题的无知或误解，而性别敏感性的提高则能够让我们更加客观地认识性别差异，避免将性别作为评价个体能力的唯一标准，为不同的性别群体创造更加平等的社会环境。其三，性别敏感性的提高有助于增强个体的性别认同和自尊。当个体能够感受到来自社会和组织的包容时，他们会更加自信地表达自己的性别认同和需求，从而增强自尊和自我价值感。其四，通过运用性别敏感的社会工作方法，社会工作者可以帮助家庭成员认识到性别平等的重要性，推动家庭成员之间的平等和尊重。例如，在处理家庭暴力问题时，社会工作者可以关注受害者的性别身份和需求，提供个性化的支持和干预措施等。

第二节　女性主义与传媒批判的融合

始于 19 世纪末期的女性主义运动，先后在法国、英国、美国等资本主义国家爆发，进而波及全世界，呈现出"兴起—衰落—再度兴起"的阶段性特征。在这一节，我们将从自由女性主义、马克思主义女性主义①、激进女性主义、后结构主义女性主义、后现代女性主义、后殖民主义女性主义等流派来探讨传媒批判的不同思路。

女性主义"兴起—衰落—再度兴起"的曲折历程，体现了女性主义演进的时代背景。女性主义运动的曲折性与复杂性，是视角各异、表述各成一家的多种女性主义流派形成的内因，也是各种流派彼此衬托、对照又相互碰撞、冲突的外化形式之一。不同流派对女性受压迫的根源和女性解放的途径虽然存在不同的观点和看法，但这些流派呼吁改变男权社会、反对对女性的压迫、争取女性解放的一面是相似的，其女性意识是殊途同归的。

各女性主义流派重点涉猎文学批评及传媒批评，研究对象是文学、电影、电视及女性杂志等。

自由女性主义的历史最为悠久，其延伸到传播学领域，产生了一种以内容分析为主要方法的电视批评，即根据电视节目包含的女性角色种类、出现场合、出现频率等，分析女性社会地位的最新变化。女性在家庭之外的活动内容及范围、职业女性的特征及其家庭生活的质量、男性介入或不介入家庭的具体情形成为其分析重点。譬如，在热播剧《都挺好》中，陈瑾所扮演的苏母集家庭暴力和重男轻女于一身，还缺乏对爱情的忠贞，成了女主角苏明玉原生家庭中所有问题的根源。而苏明玉作为事业成功的独立女性，会表现出一贯的孤独、冷漠、缺乏安全感，表面看似成功，其实并不幸福。苏明玉

---

① 社会主义女性主义与马克思主义女性主义有相似之处，它们的理论基础都是马克思的社会制度理论和阶级压迫理论，但它反对马克思主义女性主义的"性别盲"的一面。所谓"性别盲"，就是指马克思主义女性主义没有性别视点和性别立场，主张用阶级解放的方案去取代性别平等的方案。

最终辞去工作，走进男友的餐馆端盘子才得以圆满。苏明哲的妻子吴非作为老公背后的贤内助、贤妻良母，则成为该剧最为推崇的女性角色。这就是一段女性主义电视批评。

马克思主义女性主义在与媒介的结合中认为，媒介是资本主义制度所建构的经济及工业力量的重要环节，是资本主义的商业营利机构。因此，那些影视作品塑造的女性形象满足了资本主义制度的需要，经济需要是主观目的，男权中心秩序得到了巩固是客观结果。女性观众只不过是电视利用娱乐贩卖货物所产生的消费者。许多女性主义传媒批评家坚持认为，女性的自我意识是通过她们与媒体之间复杂的互动而形成的。譬如，在电视剧《三十而已》中，王漫妮对节俭了一辈子的陈阿姨讲，"拥有一套昂贵的钻石，那是所有女人的梦想"。就在陈女士和丈夫一起奋斗了半生，期待和丈夫能够好好休息一下的时候，实现了财富自由的丈夫却把第三者直接带到她面前，向她摊牌。而陈女士最后通过消费最昂贵的钻石，在表面上完成了"所有女性的梦想"。这恰恰是马克思主义女性主义所批判的，即女性主义本身也受到了资本主义的驱使。

激进女性主义强调女性的一切压迫都源于男权制度。男权制度赋予男性统治女性的绝对权力，女性成为男性作品中的审美客体，反映着男性的审美品位，成为丈夫的私人财产，标志着男性的贫乏与富有。因此，激进女性主义者主张打破男性占统治地位的机构或使女性完全脱离这些机构，丝毫不妥协，重新整顿社会，调整男女关系。很多影视剧都有激进女性主义的影子，譬如《致命女人》①中的贝斯·安·斯坦顿和《大小谎言》②中的塞莱斯特·赖特。在剧中，"让男性消失"成为女性冲破男权束缚、进行自我赋权的重要途径，曾经被男权制度驱逐到边缘的女性价值在积极的主体性行动中得到了张扬。

后结构主义女性主义的基础是德里达的后结构主义、弗洛伊德的精神分析学以及拉康的后结构主义精神分析学。后结构主义女性主义对颠覆男权制持有怀疑态度，但仍然坚持女性主义的立场。其主要议题是，女性在大众文

---

① 该剧讲述了 20 世纪 60 年代的家庭主妇贝斯如何应对出轨的丈夫；20 世纪 80 年代的社交名媛西蒙·格罗夫在发现丈夫竟然是一名同性恋者后的做法；以及 2018 年的律师泰勒·哈丁在一场开放式婚姻中遭遇背叛的故事。
② 该剧根据同名畅销书改编，主要讲述了三个年轻母亲因卷入一宗谋杀案而使看似完美的生活被搅得天翻地覆的故事。

化中进行自我确认的心理过程，以及颠覆传统女性特质有多大的可能性。因此，后结构主义女性主义更关注在男权文化中建构女性主体地位的过程，而不是女性特质本身。后结构主义女性主义的学者对电影机制、电视机制的符号系统进行了分析，试图解剖包括大众传媒在内的文化载体以怎样的方式向我们解释男性与女性之间的对峙。近年来"大女主"类型影视作品的火爆，在一定程度上呈现了后结构主义女性主义的诉求，如《傲骨贤妻》①中的阿丽西娅·弗洛里克、《鲁斯·巴德·斯伯格》②中的金斯伯格、《斯隆女士》③中的伊丽莎白·斯隆。这类置身于作为男权核心的政商界中的女性角色，以及不以男性为主导的剧情走向，无疑给予了女性不同的立场与地位。

后现代女性主义主张解构由男性统治和主导的意义系统，建构一种凸显女性主体性视角的语言秩序，使女性的娱乐免受男权模式的滋扰。后现代女性主义提倡价值观的多元化，不认可男女的二元对立论和女性一元论；强调男人与女人的互补关系，而不是使女性将男性视为对立的"性别死敌"，甚至对男性搞逆向歧视；主张性别的多元化，但不认同女性的解放得益于自身的男性化，主张在充满男性阳刚的社会中渗入女性阴柔，主张模糊女性主义与非女性主义之间的界限。在影视剧《欢乐颂》里，女性角色是多元的，她们的视角是多样的，价值观是不同的甚至是有矛盾冲突的，该剧以此来消除通俗审美与高雅审美、真实与虚拟之间的两极化标准，最终呈现出一个交织混合的女性群体。

后殖民主义女性主义也被称为"第三世界女性主义"，因为它反对霸权关系，从不同的维度剖析西方对东方的知识生活的贬抑和霸权关系的生产和再生产过程，使人们看到东方是如何在西方的想象中变形和扭曲的。这里的"东方"不仅包括传统欧洲国家殖民过的地缘政治上的东方，而且包括在发达国家中受压迫、受剥削的各类人群。这一派别的代表人物有印度裔美国

---

① 《傲骨贤妻》是一部美国电视剧。剧集以美国一些政客（如纽约州前州长艾略特·斯皮策、美国前总统比尔·克林顿）的丑闻为蓝本，描绘了一名政客的妻子在丈夫被揭发召妓及贪污丑闻而被收监后，如何重拾人生的故事。

② 《鲁斯·巴德·金斯伯格》讲述了美国联邦最高法院有史以来第二位女性大法官金斯伯格的生平事迹。

③ 《斯隆女士》是由美国电影国度娱乐公司出品的悬疑片。该片讲述了华盛顿政治说客斯隆女士，在美国枪击事件接连发生的情况下，不惜牺牲自己的职业生涯，督促政府实施更严格的联邦法律以规范枪支的使用的故事。

学者加亚特里·查克拉沃蒂·斯皮瓦克（Gayatri C. Spivak）、美国黑人学者贝尔·胡克斯（Bell Hooks）等。在他们看来，在西方人的视野中，东方的文化象征被建构为"专制的""落后的"，东方的知识被贬为"幼稚的""处于低层的"。同样，西方女性主义虽是在边缘反对西方的知识体系，但依然存有帝国主义霸权的痕迹，西方女性主义按照自身的知识生产谱系来建构第三世界妇女的形象，并把其编辑为对第三世界妇女的系统知识，进而通过文化优势造成对第三世界妇女的规制和知识内化，抹杀第三世界妇女认识自身、表达自身的能力。后殖民主义女性主义者认为，西方女性主义在建构对第三世界妇女的知识和话语时，也在复制帝国主义霸权，从而塑造出了新的文化霸权。其一，西方女性主义将第三世界的妇女均质化，设想第三世界妇女的普遍形象是"愚昧无知的、贫穷的、没有受过教育、受到传统束缚的、被禁锢在家庭的、能干的母亲、贞洁的处女、温顺的妻子"，这与西方妇女"受过教育、足够现代、对自己的身体和性欲有控制权和能自由做出决定"的女性形象形成了鲜明对比。这种叙述维护着第一世界和第三世界之间的联系。其二，妇女受压迫的根源是多方面的，应当看到男权主义与帝国主义、殖民主义、资本主义等权力关系勾结在一起，共同起作用。在性别压迫之中也包含着阶级压迫，因此女性反对性别压迫的斗争，必须和反对其他形式压迫的斗争结合起来。其三，需要将历史和文化纳入分析，不能简单地使用一些基本概念。如生育、性别分工、家庭、婚姻、家务、家长制等概念有其特殊的历史背景和文化背景，西方女性主义预设了这些概念的普遍适用性，并简单地对第三世界女性进行了归纳和类推。也有学者指出，在第三世界内部同样存在着"东方主义"，即将少数民族的女性想象为一种统一的模式。

女性主义理论丰富多元，虽然观点不同，但几乎所有的女性主义理论都认同女性受压迫的原因是多方面的，要解决这些问题需要对社会的诸多方面进行改革。女性主义以其大胆的批评精神引人注意，但较少与主流学术领域进行心平气和的对话，其面临的挑战是多方面的。其中，女性主义理论与女性主义运动的关系就是女性主义面临的一个比较大的挑战。21世纪的女性主义运动不再具有20世纪60年代的生命力，出现了女性主义运动与女性主义理论分离的现象，更加学科化和制度化。女性学研究中心或系所在世界范围内获得了学院体制的认可的同时，女性主义运动却黯然失色。

最后，上述几个女性主义流派的立论视角虽然彼此相异，但都站在女性主义立场；虽然依托的理论基础不同，且都带有立论者自己的倾向，但彼此之间呈现出四个层次的逻辑对照关系。其一，自由女性主义、马克思主义女性主义、激进女性主义与后来产生的、在一定程度上重新定义甚至颠覆了传统女性主义流派的后结构主义女性主义、后现代女性主义之间，以"是否遵循一个'解放全人类才是解放自我'的理想"为区分标准。其二，马克思主义女性主义与激进女性主义以"女性受压迫的根源是资本主义制度还是男权制度"为区分依据。其三，自由女性主义与马克思主义女性主义、激进女性主义对照的基点是，女性受压迫的根源是男人对女性的偏见还是制度。其四，后结构主义女性主义与后现代女性主义的区别则是二者解放女性的途径不同：后结构主义女性主义遵循心理分析，解剖女性受压迫的根源，悲观地看待女性解放的途径；而后现代女性主义则强调颠覆界限，主张多元化地、积极地探讨女性解放的可能性。

第三节　女性主义的受众与传者批判理论

把女性主义整合到传播学领域的受众研究当中，其成果星星点点地分布在来自北欧、英、美、日本及中国的海内外学者的各类论著中。同时，在当今的传媒领域中，女性传者广泛参与了广播、电视、图书等内容的创作工作，对于女性传者的批判，不仅关注女性传者的工作环境、生存状态，还关注她们作品中的性别意识和职业地位等。

一、什么是受众研究

受众研究（Audience Studies）分析大众传媒的接受者对传媒的需求和对传媒的使用。传统受众研究主要分析受众的结构性特征，如性别、年龄、阶层和种族。进入 20 世纪 90 年代，受众研究从对结构性特征的分析转向对文化意识形态的分析。意识形态让人们在现实经验与他们对经验的解释之间建立关联，由此作为社会的减压阀，强化人们的命运感，弱化人们的反抗。

媒体与受众之间的关系是不均衡的关系，媒体掌握着支配文化象征符号的权力，在培育、创造新的意识和行为规范的同时，又强力构建着看似迎合大众偏好，实则会形成夸大某种传统意识和行为规范的信息茧房——传媒的全息性介入，中断了人的内省和人与他者之间的交谈。总体而言，社会性别的受众研究主要关注大众传媒中的性别关系模式和性别气质模式如何影响人们在现实生活中的性别意识与性别关系。

二、性别文化霸权与女性形象理论

在现代社会，人们已经习惯了接收传媒发送的信息。传媒宣传的主流意识形态已经成为构建人们日常生活方式的重要力量。

在性别领域，传媒的性别主体分析主要是讨论性别文化霸权问题。文化霸权是指，通过文化的软性力量实现对某一群体的统治。这些软性力量以话语为主要形态，还包括媒体、教育和意识形态等。性别的文化霸权主要指的是传媒的主体和叙述的知识是以男人为中心和标准的，由男性主流社会叙述，代表男性利益。这意味着占主导的文化力量是家长制的，且男性在这种文化霸权中获得利益，而女性认同并接纳了媒体对相关知识的叙述。联合国对 70 个国家的调查显示，在 2/3 国家的传播学专业学生中，女性占 50% 以上，但没有一个国家的女性占高级决策层职位的 50% 以上，而是都在 30% 以下。在中国从事传媒工作的女性比例约为 33%，但进入高级决策层的女性仅有 4.4%。女性成为传媒工作者，并不意味着她们能够代表女性的利益和声音。在男权社会中，传媒的主要内容依然体现了男权社会的主流价值观。在男性文化霸权的社会里，传媒话语是男性中心话语，女性注定要遭到象征符号上的消解。

女性形象理论认为，传媒能够也应当影响现实，而不是强化有害的性别刻板印象。要对大众传媒中的女性负面形象进行反思，改进和加强大众传媒中女性的正面形象。

三、女性主义受众批判

女性主义受众批判主要关注男女受众对大众传媒的内容选择、心理解读、主体意识的有无或强弱，以及其中存在多大的差异，此外还关注与传统性别气质不符的男性和女性的解读权及主观能动性等。比如，在中国，男性更关注社会新闻与相关信息的实用价值，而女性则注重大众传媒的娱乐功能，在观看娱乐节目时更关注情感交流而非信息获取，会运用更多感性思维，而非理性思维。女性在观看节目时，会更注重外表形象，追逐时尚，关心消费和享受，而不是质疑节目的功利和浅薄。在中国的新闻类节目中，女性总是缺席，大多数女性受众接触新闻的主动性远不及男性，尤其是文化层次低、不在岗的城镇女性和身处偏远农村的女性。

近年来，越来越多的女性在解读新闻类内容时，呈现出与男性受众相似的解读习惯、审美心理和主观目的。反之，部分男性，由于在经济、政治、文化和社会地位上处于弱势，他们愿意接触新闻类内容，却缺乏现实条件——或是不具备接触和享有大众传媒的经济基础，或是缺乏解读新闻内容的时间和机会。

1.自由女性主义

自由女性主义代表人物戴安娜·梅韩（Diana Meehan）以"电视节目丑化—奴化女观众"的电视批判为理论依据。梅韩以美国电视节目的内容分析为基础，通过定量和定性研究，精确描述了电视节目中女性角色的行为及其变迁，并提出了如下观点。

其一，电视节目中的女性角色出现的情况较为复杂。一方面：女性角色充作笑料的次数较多；女性角色成为暴力牺牲品的频率较高；女性角色往往无权、天性软弱无能、易受攻击；只有具备温柔、奉献、安分等优点的女性才能获得幸福生活，女强人会失掉幸福家庭或难以拥有家庭，单身是她们的最终宿命及生存模式。而另一方面，电视节目中的一系列女性角色往往被刻画成小淘气、悍妇、牺牲品、诱骗物、妓女、妖妇、女巫，电视节目以此来劝服女性观众：女性天生是劣等性别；女性应当无私忘我；女性在太平盛世扰乱世界秩序，而在动荡年代，女人是威胁世界秩序的解构性力量。

其二，电视节目在警告女性观众的同时，也在暗示男性观众：男性是优等性别，天生应该主宰世界。电视节目中的职业女性依旧是以男性为中心的，职业女性就像家庭主妇一样，依赖男性的监督和指挥；女性大都从事服务行业，男性则从事控制他人的行业；男性不仅是整个世界的物质主宰，而且是女性的精神领袖。电视节目由此传递出的信息是：女性应该服务男性；

女性应该受男性的控制和指导；女性天性不如男性。

美国观众长期观看男性英雄的冒险故事，在青少年时期就对女性有了模糊的想象，进而形成了性别偏见。梅韩强调，女性应该而且能够在资本主义系统内与男性平起平坐，电视节目应该展现正面的女性形象，提升女性观众的主体观念与自豪意识，促使女性观众积极涉猎社会的各个领域。

其三，观众将电视节目中的女性角色与现实社会中的女性画等号。观众解读电视节目文本时缺乏主动性，导致对电视节目中的女性形象照单全收、确信无疑。女性观众会把电视节目中的"成功"女性形象当作典范，而男性观众则会以电视节目所刻画的女性形象来审视、苛求女性。

电视节目没有反映真实社会的全貌，还在很大程度上扭曲了观众的经验。电视节目中呈现的女巫、妓女、母亲、好太太、小淘气等女性角色与观众在现实社会中的感知有所抵触，电视节目所呈现的幻想虽然对女性观众也有吸引力，但大部分幻想属于男性观众。

2.马克思主义女性主义

马克思主义女性主义的代表人物里丽安·罗宾逊（Lillian Robinson）也以电视剧为研究对象，将涉及女性观众的零星观点剥离出来，结合当下世界各国传媒利用、奴化女性受众的种种策略，从传播学和经济学的视角解剖了女性受压迫的意识形态根源，以唤起人们探讨女性解放的适当途径。罗宾逊认为电视剧对女性的利用和奴化可以被归结为三个层面。

第一层面，制造女性工作的虚假神话，包括：在电视剧中降低职业女性的比例；塑造结婚为人母之后就不再工作的女性宿命；强化女性只能从事交际性、附属性工作的印象；暗示和误导女性观众，女性工作的理由和性质以及女性在工作中扮演的角色都是匪夷所思的。

第二层面，通过扭曲真实世界，警告女性观众目标不要太高，否则就没有好下场。在现实世界中女性的职位都相对较低，而在电视剧中职业女性的职位明显比现实中的要高，但命运往往悲惨。通过这样的策略，媒体旨在说服女性观众："女性的社会地位比女性主义者宣称的要高，社会无须变迁；女性拥有事业，对于女性特质、个人安定、家庭幸福来说，都是非常现实的威胁。"

第三层面，电视剧将女性的职业认同高低和工作表现优劣的原因归结为性别，刻意扭曲女性形象，以获取利润最大化。真实的职场女性视自身为拥有独立人格的人，而扭曲的女性形象或许能吸引更多观众。这是在希望女性受众能够涵化①在电视剧中被扭曲的形象，接受自身在男权中心秩序中的附庸地位。

总之，罗宾逊以电视剧为切入点，揭露了电视机构以及传者要么贬低女性的工作，要么促使现实生活中的女性观众安于现状、安于被剥削的现实；同时，展示出资本主义制度下男权中心具有的巨大的威力，女性遭受剥削的命运一时间难以改变。她的研究同样以电视剧为切入点，剖析了电视机构的传者将女性传者物化、视觉化、商品化的过程：他们以贬抑、警告女性的霸权手段吸引男性受众的眼球，以媚俗手法激发男性受众对女性身体的欲望或注意力，以此为资本主义企业带来丰厚利润；又以"公平、有效、平等、合力"等多种招牌与商业形成合谋，彰显资本主义社会结构所宣称的合理性；同时以对女性观众的奴化、同化为营销策略，强化性别秩序的合理性。

3.激进女性主义

不同于马克思主义女性主义的观点，激进女性主义的矛头直指男权制度，认为这种制度赋予了男性统治女性的权力，女人首先在家庭中屈从于父权与夫权，继而在整个社会秩序中屈从于男性霸权。卡诺尔·艾雪（Carol Ashur）运用激进女性主义的理论分析了美国电视节目和肥皂剧，批判了电视对女性的种种歧视，探讨了女性解放途径。她的受众批判观点可以被归结为以下四个层面。其一，电视节目美化男性主持人，丑化和贬低女性。男性主持人魅力无比，像个富有的叔叔；而女性则像个含苞待放的少女，幼稚庸俗。其二，肥皂剧制造了种种美好家庭的神话。肥皂剧中的家庭，男性主宰经济大权，女性充当家庭主妇，肥皂剧极力吹捧这样的美好家庭。其三，肥皂剧美化了现实生活中的男性形象。艾雪发现，美国肥皂剧中的父亲角色没有一个是严厉的，没有一个丈夫是打老婆的，即使针对品行恶劣的男性，也采用浪子回头金不换的叙事模式。其四，肥皂剧掩盖了男性强加给女性的义

---

① "涵化"是人类学术语，一般指因具有不同文化传统的社会相互接触而导致习俗、信仰等发生改变的过程。

务及由此产生的种种负面效应。家庭主妇的地位导致一些女性失去了经济自主权，更谈不上女性话语权，她们逐渐将男权秩序内化为自己的意识，进而丧失了自身全面的人权和个性。

4.后结构主义女性主义

在后结构主义女性主义的受众研究中，具有代表性的学者是劳拉·玛尔菲（Laura Mulvey）、特尼亚·玛德烈斯基（Tenva Madeleski）、珍妮丝·拉德威（Janice Radway）。她们分别以通俗电影、肥皂剧和浪漫小说作为研究对象，通过心理分析的方法，探讨了男性和女性受众不同的解读体验，以及背后的经济、社会、政治根源。

其中，玛尔菲批判了好莱坞的商业电影，认为它们将女性当作男性的"窥探物"。她希望通俗电影能够摒弃这种一味迎合男性的审美需求，让女性摆脱"男性凝视的客体对象"的地位。

玛德烈斯基则通过对肥皂剧的研究提出，肥皂剧不仅让女性观众不知不觉地认同剧中的虚拟角色，而且肥皂剧这种段落结构的安排和与广告之间的交替是在配合女性家务劳动的角色需要。因此，她认为，肥皂剧不仅完成了对女性观众的精神引导，而且通过娱乐将女性观众定位在永无休止的家务劳动上。

20世纪80年代，拉德威通过对浪漫小说的研究提出，这些小说不断重复着男性呵护、关爱女性，女性摆脱从属地位获得权利和安全感的两性神话，以此来满足女性读者的情感需要。同时，对这些小说的阅读还让女性受众沉浸在一种虚幻的胜利之中，使其无法真正理解受压迫的状况，也根本不可能采取集体行动。她们甚至感觉自己已经获得了解放，进而放弃了对男权社会体系的反抗。这些小说无疑维护了男权社会体系，遏制了女性受众的主体意识和争取权利的愿望。在拉德威看来，爱情读物也具有政治意义。

5.后现代女性主义

后现代女性主义的受众理论以洪美恩（Ien Ang）的"四类女受众-两种意识形态论"和珍妮斯·温史普（Janice Winship）的"女受众的乐趣-利润动机-化害为利论"为代表。两位学者将肥皂剧、女性杂志等通俗文本的受众作为研究对象，运用定量研究和定性分析，发现许多女性受众虽然热衷于那些宣扬"性别歧视""性别奴化"的通俗文本，但能够"见招拆招"，富有主观能动性地去解读这类通俗文本，从而形成新的反抗性别歧视的积极意识。

洪美恩主要研究美国的肥皂剧《达拉斯》的女性观众，考察女性观众与肥皂剧之间的关系。她将《达拉斯》的女性观众分成了四类。第一类是自诩为"精英族"的观众。她们以精英主义的意识形态为审美标准，认为缺乏高雅艺术品位的肥皂剧就是"一文不值的垃圾"。这种评价更多的是道德定位和情感指控，是非理性的。第二类是自欺欺人的观众。这类观众坚持精英主义的意识形态，但却会情不自禁地观看肥皂剧。她们拒不承认这种带有负罪意识的快感，而是通过"嘲弄和讽刺"的评论化解心理矛盾。嘲讽成了这类女性观众掩盖自己喜欢肥皂剧的烟雾弹。第三类是喜欢但对抗和妥协的观众。这类观众承认自己喜欢肥皂剧，同时她们也承认肥皂剧会带来种种危害，但她们宣称自己具有应对这些危害的能力。她们认为自己不是消极地观看，而是可以在肥皂剧"性别歧视和性别奴化"的灌输下，培养出"反性别歧视和反性别奴化"的主体意识。也就是说，这类观众所面对的是身体和观念之间的冲突，一种负罪感和快感之间的矛盾。她们一方面坚定地站在精英主义意识形态一边，一方面又无法控制自己对通俗影视文化的喜爱。第四类则是被贬为"下里巴人"的观众，也就是狂热痴迷肥皂剧的女性观众。她们的文化审美属于平民主义意识形态，认为对他人的喜好做出美学判断是武断的、不人道的和侵犯他人精神审美权的行为。

与精英主义意识形态相比，平民主义意识形态较为边缘，其强调的"人们趣味各异"之类的辩解没有取得文化合法性地位。洪美恩认为，没有必要把女性观众的乐趣当作女性解放的障碍而加以谴责，而应该以乐趣启发女性观众的想象力和醒悟力，为其收视权、审美权和更深层次的权利争取一席之地。

珍妮斯·温史普研究女性杂志的读者，发现女性杂志和广告商、广告主一起将女性读者塑造成为最大的消费者，以实现其自身的利润目标。为了促使女性读者成为消费者，女性杂志采取了广告、小说等一系列的策略。同时，女性杂志的创办者还创造出了一整套关于女性气质的"女人味"神话。此外，女性杂志构造出了一种女性"虚构的集体性"，将杂志营造成为女性的私有空间，而实际上杂志所宣扬的内容却是让女性安于现状，阻止她们形成合力，反抗压迫。

四、女性主义的传者批判

在当今的传媒领域中，女性传者广泛地参与广播、电视、电影、图书等内容的创作工作。而对于女性传者的批判并不仅仅关注女性传者的工作环境、生存状态，还关注她们作品中的性别意识和她们的职业地位等。

关于女性传者的研究，关注的第一个重点是，女性受众能否通过关注女性传者来摆脱大众传媒的性别歧视与性别利用。首先，女性传者对性别群体利益受损的敏感性显然会高于男性传者，从事女性报道、从事女性主义传媒研究的女性比例显然较高。其次，女性传者本身也是以男性为中心的性别秩序的被强化者和受贬抑者。她们虽然比普通女性拥有更高的性别敏感性或性别文化评判力，但她们至今也没有办法摆脱男性中心的性别秩序和大众传媒领域的男性霸权。男性霸权让这些女性传者不知不觉地陷入"沉默的螺旋"①的困境。

在女性主义的传者批判中，女性作家一直是热门话题，尤其是总被媒体和舆论大肆渲染和讨论的"美女作家"。那么，女性作家的作品是否能够表现出性别平等的女性意识呢？研究者发现，女性作家的作品虽然创作路数各异，但共同点是写出了女人的情感世界，使用女性叙事角度、女性话语建构了一个完全女性化的文本，建立了一个属于女性的文学世界。这就如同我们之前所讲的女性杂志一样，把女性限制在一个只属于女性的天地之中，而把原本共同的世界拱手相让。而且女性作家还陷入了作为女性传者不得不写女人的绝对化困境。

同时，媒体对"美女作家"的炒作似乎也偏离了性别平等，媒体并不是强调女作者的才华横溢和卓尔不群，而是常常消费女作家的长相外貌，还强调女作家的欲望化写作。在某种程度上，强调外貌和欲望，显然是为了使女作家符合男性中心话语的需要。其中最典型的例子就是在 2003 年曾经引发

---

① 沉默的螺旋是指，人们在表达自己的想法和观点时：如果看到自己赞同的观点受到广泛欢迎，就会积极参与进来，这类观点就会得到进一步的扩散；而当发觉某一观点无人或很少有人理会（有时甚至会遭到攻击）时，即使自己赞同它，也会保持沉默。

舆论热议的木子美。木子美在博客上发表了名为"遗情书"的一系列文章，以一种类似私人日记的口吻详细记述了她与不同男性之间的关系。这种以"美女作家"和"性"为标签进行炒作、吸引受众眼球的现象，显然与摆脱男权秩序扯不上关系，甚至成为贬损女性作家、掩盖两性不平等的现实、麻痹和弱化女性性别意识的素材。

需要指出的是，女性作家作品中的性别意识并非必然是正确的，也有可能被打上男性中心和奴化女性的精神烙印。甚至有些女性作家也会不自觉地成为男权文化的辩护者。

在影视剧导演群体中，男性占据了绝对的主流，这显然对性别平等和两性和谐造成了消极影响。譬如，这些男性导演的作品多半带有典型的男性特质，男性主角冒险、拯救世界、力挽狂澜，而女性角色则成为电影中的配角、作料或花瓶。女性角色有时可有可无；有时被塑造成男性视角下的完美女性，如果女性角色违背了男性视角的完美标准，那么女性便会失落、郁郁寡欢，不得善终。影视作品为了达到商业上的成功，一方面消费女性的身体，提高电影的可观赏性；另一方面则贬抑女性，展现男权制度下女性之间的内部争宠使诈。

一方面，影视作品应该体现女性的自立、自强、自主、自重的精神气质和主体意识，以及性别平等，展现两性之间的和谐与相互帮扶；应该尽力再现和彰显女性群体对于命运遭遇的自我反思和质疑，呼吁女性争取人权。另一方面，不应以女性身体作为男性观赏和消费的客体。

关于女性传媒工作者我们此前讲过，女性传媒工作者在数量上虽然已经能够"顶起半边天"，尤其是在广播电视领域，但是在中高层管理岗位上，女性依然较少，职业"玻璃天花板"现象明显。另外，女性传媒工作者涉足"硬新闻"的较少，更多侧重于"软新闻"。同时，女性传媒工作者从事硬新闻也会面临各种压力和偏见。如果女性要在事业上有所成就，就往往会被动贴上臆想出的"没有私人生活和情感需求"的标签。

五、女性主义传媒批判的研究意义

女性主义是传媒批判融入现实社会最独特、最直接，也最有力的话语干预方式之一。其研究直接指向媒介机构、受众、传者、媒介内容、媒介现象、政策、机制的问题，并致力于提出有建设性的解决方案。同时，传媒批判又是女性主义整合进入社会科学领域的重要途径。两者之间的共性在于，它们指向的都是权力本身和话语背后所隐藏的权力关系。

女性主义传媒批判无疑将直接推动女性主义议题进入传媒领域，进而改变经济、政治制度和文化秩序，最终构建一个两性之间平等和谐的美好世界。

思考与讨论

1.媒介中的男性英雄及其冒险故事，对受众形成性别偏见起到了什么作用？

2.女性受众能否通过关注女性传者来摆脱大众传媒的性别歧视与性别利用？

3.请观察一下，在媒体议程的设置中，媒体如何一边消费女性身体，一边贬低和妖魔化女性？

4.自由女性主义延伸到传播学领域，产生了以内容分析为主要方法的电视批评，其分析重点有哪些？

5.如何理解"在男性文化霸权的社会里，传媒话语是男性中心话语，女性注定要遭到象征符号上的消解"？

6.你是否赞同，"'媒介是资本主义制度所建构的经济及工业力量的重要环节，是资本主义的商业营利机构。'因此，媒介塑造的女性形象满足了资本主义制度的需要"？请说明理由。

7.试着阐述卡诺尔·艾雪如何运用激进女性主义理论分析电视节目和肥皂剧。

8.女性主义的传媒批评从哪几个方面来审视、批评、解构、反省性别偏见？讨论女性主义传媒批判的研究意义。

第三部分

媒介与社会传播中的性别化议题及性别叙事

第六章　城市与家庭结构中的性别政治

女性主义地理学家①简·达克（Jane Darke）说："任何定居点都是建造它的那个社会中的社会关系在空间里的铭文……我们的城市是用石头、砖块、玻璃和混凝土书写的父权制。"她认为，人类社会用镌刻了父权制的建筑材料建成了现实环境。女性的次等地位不仅是通过"领域划分"的隐喻概念加强的，而且是通过被实际排除在某些物理空间之外来实现的（性别区域空间分离）。男性的权力和特权通过限制女性的行动、约束她们进入不同空间得以维持，在漫长的各个历史阶段里，男权制通过空间限制女性的活动自由：女性不可以自己去买花、不可以外出去喝酒喝咖啡、不可以独自上街，女性不可以进入建筑学院、法学院、医学院、艺术学院，女性不可以进国会、议会，不可以进国家安全局、博物馆、图书馆，女性不可以航天航海，女性不可以……

曾经的政治理论家们在"私人的"内在生活和"公共的"的政治、市场生活之间所做出的区分，明确主张两个领域要按照不同的原则来运行，由此以本质主义的名义，将女性排除在公民和政治生活之外。此外，在私领域中，爱的贡献的价值遭到了忽视，家庭中流行的性别分工使女性困于厨房，而家庭中的性别结构又涉及权力、责任和特权的分配。事实上，无论是作为理论还是实践的主体，男性都可以轻松地从私领域转向公共生活，这是以将女性固定在私领域作为代价的。这个人们习以为常却很少被公开谈及的命题，如

---

① 女性主义地理学探究如何通过建成环境——包括我们的城市、社区、住宅等——表达性别和性别角色观念。女性主义地理学家关注的是：在空间的组织和使用方式中，权利不平等现象如何体现，在这当中谁被纳入或者被排除。

今开始频繁地、光明地在大众媒体上被讨论，并在"女性主义城市"理念与"女性友好城市"的构建策略中得到最大限度的实践。

第一节　性别化的空间限定与结构

一个长时间被以政治的、经济的、文化的形式钉在家庭私领域范畴的女性，在家庭中是否拥有自己的"房间"？《82年生的金智英》① 以及《坡道上的家》② 这样的媒介文本是不是亚洲都市女性家庭生活的写照？相比较七八十岁还在谈恋爱的法国女性，中国女性在公共领域构建的自信新形象，为什么没能在私人领域有所彰显，更不用说诸如性张力等自我魅力的持久实现与对立的社会认同？城市空间之外数以亿计的农村女性是如何被空间归置的？在性别政治正确被广泛提及的今天，性别矛盾斗争为何不止不休？

《82年生的金智英》和《坡道上的家》剧照

人们开始意识到：性别政治正确表面上的传播语艺似乎都包含了男人与女人，实际上却延续了同样的"领域划分"传统，对性别政治结构下很多女性严重的经济依赖性及有限的机会视而不见，对家庭琐碎的系统里自觉或不自觉被桎梏了一部分（小部分或大部分）自我的女性的痛苦视而不见。

---

① 该片改编自韩国同名女性主义小说，讲述了1982年出生的时年三十多岁的平凡女性金智英，在某一天突然觉得自己变得很像自己的妈妈和姐姐之后，在她的家庭中和她身边发生的故事。

② 该剧讲述了平凡的家庭主妇里莎子在担任参议院候补期间，因一起母亲杀害孩子的案件，开始深入探究被告人水穗的内心，同时面对自己家庭挑战与自我成长的故事。

2023 年 12 月，有一位在大洋彼岸的妻子①在公众号的"缅怀晓宏"专题上发表了缅怀自己丈夫的文章。她的视角令一些人不解，她的真诚让一些人心颤，但是更多的人看到了一位知识分子女性对男女双方结构性困境的犀利认知与悲悯的爱。这是生命的挽歌，而不是一曲赞歌，她的做法与韩炳哲（Byung-Chul Han）笔下的"妥协社会"②背道而驰，与社交媒介的点赞原则背道而驰，却最大限度地接近彼此的真相，让我们看到在"性别平等"被广泛提及的今日，人们依然因"男性和女性皆作为一种处境"而找不到最佳的"平衡"方法。

　　如果灵魂存在，晓宏一定会惊讶于朋友们对他的厚爱和高度评价。我也很惊讶，同时为他骄傲。我发朋友圈、感谢作者、将文章转发给我的父母，希望他们终于彻彻底底地知道他们女儿 20 年前的任性并没有用错地方。直觉告诉我，他会喜欢看到我这么做，他想让更多的人、让全世界知道他是怎样的人，怎样努力地成为一个完美的人，证明传说中的"凤凰男"不都是他们想的样子。这种"证明自己"的努力是不是贯穿了他的一生呢？这真让人心疼。

　　然而我也知道我内心深处的"不明觉厉"。朋友们和他的灵魂交流让我嫉妒。我曾经也是多么地热爱哲学和理论。如果我们不结婚，我是否能更好地欣赏他的思想和行动？我想起小孩因为新冠停学在家的时候，我在家里疲惫不堪，他在网上挥斥方遒。国家、革命、现代性，和我又有什么关系呢？他和他的朋友们聊女性主义的时候，我心中冷笑。

　　我曾经跟我的心理医生说，嫁一个志趣相投的人怎么可能幸福。你们想要的是同一个东西，但是总得有人管孩子、报税、理财、做饭，于

① 此处的妻子名为陈朗，是耶鲁大学宗教研究博士，哈佛大学神学研究硕士。2019 年她辞去在中国香港的教职，随丈夫徐晓宏赴美国密歇根州，不久即遭遇新冠疫情，工作长期无着落。2021 年秋她立志改行做心理咨询师，2022 年春被密歇根大学临床社工硕士项目录取，她同时收到的是丈夫徐晓宏的癌症诊断书。徐晓宏，密歇根大学社会学系助理教授，是在历史社会学、政治社会学、文化社会学和中国研究领域极具天赋的学者，是中国改革开放年代成长起来、2000 年以后出国求学一代的杰出代表，也是时间社 THiS 的主要发起人与领导者之一。
② 韩炳哲是一位韩裔德国哲学家，以其对当代社会现象的深刻分析而闻名。《妥协社会：今日之痛》探讨了现代社会中的个体如何在过度的压力下逐渐失去活力和创造力，最终陷入一种"妥协"的状态。

是这就成了一个零和博弈。他越成功你越痛苦。我说现在我明白了，人如果要结婚的话，就应该和跟自己爱好不同的人结婚，比如如果你爱虚无缥缈、形而上的东西，就最好嫁／娶一个发自内心热爱管孩子、报税、理财、做饭的人。在资本主义社会混下去需要效率，而效率需要劳动分工。

我不知道有多少女人在她们杰出的伴侣最春风得意的时候，内心最痛苦地尖叫着。又有多少女人最终用"爱情"说服了自己，抵消了、忘却了心中的尖叫，保持沉默。

但晓宏不希望也不期待这种沉默。当他听到我内心的尖叫的时候，他绝对不会认为那可以被忽略或和他的成就相抵消。这是一个在男权的结构内，要做一个女性主义者的男人——这真是一个尴尬的位置。这个位置对他的要求太高了，高得不切实际。男权的结构要他——恐怕也要我在潜意识中想让他——事业成功、养家糊口、挥斥方遒、广交豪杰，关心国事天下事，它甚至告诉他身体疼痛的时候忍着不去看医生。但同时，他也感受着、承担着我的痛苦，却无能为力。他可能没有好好想过，历史上的多数学术大师们背后恐怕不是殷实的家底，就是甘心情愿伺候他们、为他们奉献一生的女人们。可能在他心里，他自己永远是那个从浙江山村蹦跶到北大、又蹦跶到耶鲁的孩子，他以为自己是自由的，以为凭着一颗聪明的大脑、刻苦努力，还有善良，一切皆有可能。

晓宏在去世前不到一个月的时候，受洗礼成为基督徒。在他做这个决定的时候，他多次提到guilt（罪咎），而且对我的guilt似乎是其中重要的一部分。我不是很能理解，问他：如果这个问题是人和人之间的问题，为什么不通过人和人的方式解决呢？当然患癌这件事本身足以让你皈依，但我们之间的事情与上帝有什么关系呢？他没有给我答案。现在想来，或许他已经累了，亦或许我们之间的事情的确超出了人和人的层面，本质上是个人和父权结构、资本主义学术生产方式的对抗和矛盾……

"The personal is political, the political is personal." 每一个个体的性别经历

都具有社会学想象力，谁都无法置身事外，谁也不能完全代表谁。女性从来没有新旧之分，有的只是基于历史条件的机会和看起来可做的选择：接受当下的性别文化规范，或者修正它们乃至完全拒绝它们！

一、一间自己的房间

笔者曾经在一位全职主妇的家中看到这样的场景：整个房子的装修是水泥工业风，骷髅、死神、带有暴力美学风格的手办占满整个廊厅。她先生拥有一个游戏房外加一个工作室（他是一位漫画作家），两个儿子一人一间拥有起居、书房功能的儿童房，她主要的活动地点在卧室、客厅、厨房，除了洗漱台上的两瓶LAMER（海蓝之谜）和厨房里一个粉蓝色的面包机，在近200平方米的房子里几乎没有女性气息。这也许是一个极端的例子，现在让我们回到同一历史条件下的家庭空间性别分布问题。对参与"媒介与性别文化"课程的100名00后学生的问卷调研显示：80%以上的女性长辈在家庭空间里不曾拥有独立的房间，尤其是象征智性权力的书房；她们最常待的地方依然是厨房。

早在1928年，伍尔夫在剑桥大学发表题为"女性与小说"的演讲时，就以她"不能在剑桥大学的赛马场跑道上行走，也不能在没有研究员陪同的情况下进入图书馆"的感受开始，深入、客观地分析了那时女性的生存状况及文学创作的情况。她说："女人要有一笔钱和一间自己的房间，才能进行小说创作。"一笔钱是人得以独立自由的物质基础，而拥有一间自己的房间则意味着拥有一个守护自己思想的空间。伍尔夫指出，女性必须有自己独特的处境和观察事物的角度，倘若女作家不能摆脱男性批评标准的支配，勇敢地探索自己独有的世界，自我就不能得到真实的体现。因此，她认为妇女要摆脱在文学创作上和在生活中受歧视的地位，必须先建立自己的批评标准，为自由创作和自由生活开辟出"一间自己的房间"。1929年，《一间自己的房间》出版。它是女性主义的重要著作，是女性的独立宣言书。

伍尔夫当年为女性呼号的物质独立和个人空间，在今天是否都已经实现？对参与"媒介与性别文化"课程的100名00后学生的问卷调研给出了很多答案。

· 我们有主卧、儿童房、帮忙带孩子的爸妈房，就是没有独立的书房。

· 书房我们共用，但房间的风格和调性都是他定的。

· 我喜欢用收拾干净的餐桌做书桌，在孩子睡着后使用它。

· 我们把整个家都改造成了书房，到处是书柜，但依然没有我独立思考的空间。

· 我没有书房，但拥有一间可以上锁的洗手间。

如果一名女性说，"我有一间属于自己的房间，堆满书、植物、画笔和肖像——那是我所有灵感和气质的来源；但我也喜欢去那间堆放着香薰的洗手间，在某一时段的深夜，经常开着地暖坐在地上，一边吃小核桃一边看伍尔夫随笔"，那她大抵是幸福的。

女性要独立、要表达、要获得主体意识，首先要突破男权控制下的"情欲"与"生育"空间，转而夺回属于自己的经济独立权和精神空间。拥有"一间自己的房间"的象征意义甚至比实体意义还要重大，它清楚地指向在一段亲密关系中、在一个家庭结构里，须有你独立精神得以安放的地方。

如今的女性可能已不会再问这个问题："一间自己的房间很重要吗？"这些年社交媒体上家装博主、家居博主那些精致且自由的沉浸式回家流程、审美风格、居家氛围感所受到的欢迎程度，以及诸如《100个中国女孩的家》[①]这样的自媒体探家栏目的火爆已经说明了这个问题。

人们开始习惯从社交媒体上展现生活剖面与动线，看女性待在独立空间里"灵魂在线"的模样——阅读、写作、画画、弹琴、刺绣、拉胚、跳舞、喝酒、泡茶、煮咖啡、撸猫、做吃食。同时，这样的空间拓展到媒介空间上，书写和表达也不再是作家的专属，每一位个体的感受与经验都值得被自己发现、触摸、记录，那是一种充满自持的魅力。

---

① 时尚博主黎贝卡于2021年年初发起的女性空间栏目。该栏目通过走进更多中国女孩的家，记录不同身份的女性不同风格的美好空间与这些女性的态度主张，也为大家提供了更多元的生活可能性。

【案例】一间自己的房间

【案例一】苏珊·桑塔格：一个人的书洞

苏珊·桑塔格[①]10 岁时在自家后院挖了一个差不多 2 米见方的洞，她总是躲进那个微型世界里读书。她的继父警告她："如果读太多书，你就永远嫁不出去了。"她忍不住大笑起来："这也太荒唐了。我从来没想过我会愿意嫁给一个不喜欢别人读书的人。"之后，她成为一位深入诸多领域的颇具独创性的思想家，终其一生都试图挑战、颠覆传统。她说："我认为年轻/年老和男性/女性的二元对立可能是禁锢人类的最主要成规。"

【案例二】玛格丽特·福斯特：一个作家的独立空间

英国小说家玛格丽特·福斯特（Margaret Forster）曾这样描述自己的书房："当我走进这间屋子时，我发誓我变成了另一个人；妻子、母亲、外婆、煮饭婆、清理工，都消失了，至少在此后的两到三小时内，剩下的只是一个作家。"

二、突破性别限定的公共空间

性别空间分离概念被无声地植入了城市公共空间——在城市生活的构建背后，实则隐藏着由社会规范和阶层属性所塑造的秩序，尤其在公共领域。

伍尔夫在她的小说《达洛维夫人》开头这样写："我要自己去买些花。"在电影《时时刻刻》中，镜头在三位女性交错的时空中一度指向这句话：梅丽尔·斯特里普扮演的现代版达洛维夫人——克拉丽萨·沃甘想买一些花的念头，以及手捧鲜花归家的场景；朱丽安·摩尔扮演的 20 世纪 50 年代的家庭主妇劳拉·布朗阅读《达洛维夫人》时的念白；妮可·基德曼扮演的 20 世纪 20 年代的作家伍尔夫在烟雾缭绕的灵感中写下的这句开场白。

---

① 苏珊·桑塔格，犹太裔美国作家、艺术评论家。1933 年生于美国纽约，毕业于芝加哥大学。她写作的领域十分广泛，她以敏锐的洞察力和广博的知识著称。2000 年，她的历史小说《在美国》获得了美国国家图书奖（National Book Awards）。除了创作小说，她还创作了大量的评论性作品，涉及对时代以及文化的批评，包括摄影、艺术、文学等，被誉为"美国公众的良心"。她是与波伏瓦、阿伦特齐名的西方当代最重要的女性知识分子之一。

《时时刻刻》剧照

"自己去买些花"对现代女性而言是能够轻松办到的小事，为何在小说文本和电影文本的传播中，却被展现得如此郑重、充满期冀？因为在伍尔夫的时代，主妇不允许独自上街。她若独自走出家门，漫步到大街上去，就能吓坏很多人。买花，买菜，买牛肉，都由仆人去做；工作，旅行，社交，那都是男人的事。女人最好的状态是待在家里，在架空的高阁里养尊处优，由男人或仆人送花给她。

在 19 世纪末到 20 世纪 20 年代的西方，女人若无男人陪伴，只身出现在公共场合，就很可能会被认作"不良妇女"。对中产阶级妇女而言，前往闹市中心新开张的百货大楼亦是冒险之旅。她们不得不身穿长裙，戴上手套、帽子，走入各自性别所归属的空间。

同样的空间限制也发生在同时期的东方世界，且有过之而无不及。闺秀女子都是大门不出二门不迈、"游园"且靠"惊梦"的"神游物种"。只有青楼妓者才可能出现在公共空间中，并借由士大夫才子获得参与公共话语的机会。直到清末民初，秋瑾这位女性主义运动的先驱打破了宅门女性在家中听堂会的禁锢，坐着西式四轮马车上戏园子听戏，才开了上层社会女性进入戏院等公共空间的先河。而在印度、阿富汗等国，时至今日，女性依然面临诸多的空间禁忌。

20 世纪 30 年代，芝加哥学派提出了"同心区理论"（Concentric Zone Theory），就不同种族与民族的人口空间分布进行了诸多研究。在该理论模型中，中心商业区被置于城市中心，住宅区被置于城市边缘。这实际上描述了男女两性角色在资本主义城市中的距离：男人在位于市区的公共领域从事生产活动，而女性则在位于外围区域的私人领域从事生育和家庭活动。在 20 世纪 30 年代之后的旧金山，有一群中产阶级女性开始乘坐地面电车，穿越所谓的"外围区域"，进入"内部区域"购物———一旦女性成为某个空间的常客，她们就占据了这些空间。为女性开辟空间，往往伴随着城市化进程的变革；女性在公众空间出现，意味着她们打破了狭隘的性别规范。现实是，当女性占据的空间越来越多，甚至包括快餐厅和影剧院，那么这些空间以及通往这些空间的大街和人行道，便成为女性争取政治权利的基地。2011年，弗吉尼亚大学的副教授杰西卡·斯维尔（Jessica Sewell）在其2011年出版的论著《女性与日常城市：旧金山的公共空间（1890—1911）》中评论道："女性在公共场所出现得越多，她们也就被赋予了越强大的力量，去争取与男性平等的政治权利。"

如果说"一间自己的房间"的经典论调预示着女性抵达自由世界的具体路径和目标，"自己去买些花"则意味着女性关于美的行动意志与空间自由。所以，自己去买些花吧，花不一定是两性之爱的表达，也可以是一种对走向辽阔世界的芬芳与馨香的隐喻。无须过多地从性别角度限制自己的发展，没有哪一种文明或空间是哪一种性别不可以抵达的。正如伍尔夫所说的："女性要做的不是影响别人，也不是成为别人，而是做好自己，面对事实，独自前行。我们必须看清，自己与世界的关系，不仅仅是男人和女人的关系。"

同时，"自己去买些花"也隐喻着和那些与自己意趣相投的同性相互连接的机会与空间。城市女性在不断构建、拓宽自己公共空间的过程中，女性友谊和同盟起到了很大的作用。女性主义地理学家莱斯莉·克恩[①]（Leslie　Kern）在《女性主义城市》一书中揭露了隐藏在城市、社区、家庭中的内在的性别不平等。她认为，曾经"女性生活在男人的城市里，公共场所不是为她们而设计的；女性的恐惧绝非无缘无故，城市需要听到她们的声音"。她畅想"友谊之城"的存在："女性友谊不像婚姻，不被国家承认，也不存在正式或法律层面上的友谊纽带，但它可以被视为我们对城市场所进行想象的一种重要的关系和价值观。"而女性在城市公共空间的互帮互助、彼此间的爱和精神启发，是在女性意识觉醒的历程中才被逐渐看见和书写的。

---

① 莱斯莉·克恩是加拿大蒙特爱立森大学地理和环境系副教授，是该校女性和性别研究项目的负责人，也教授城市、社会和女性主义地理学的课程。其写作涉及性别、士绅化和女性主义等领域。她的研究曾获得加拿大国家住宅研究成就奖和富布莱特学者奖。她还运营了一家学术生涯指导机构，在lesliekerncoaching.com上撰写博文，并且在x.com上以LellyK的名字发表有关女性主义和城市的见解。

在长久的性别文化叙事中，女性的同性友谊往往被低估、削弱甚至被刻板标签化，比如网络流行词中的"塑料姐妹花""雌竞"反映了人们对女性的"嫉妒""两面三刀""刻薄"等刻板印象，即便是心心相印的女性也如初生代网络作家安妮宝贝所书写《七月与安生》那样，很容易被描述为因男性的介入而发生隔阂、出现裂痕。但是实际上，能够推动彼此救赎的依然是作为女性的共情与同理心。更为现实的情况是，当女性结婚进入传统的家族秩序后，由于忙于承担作为妻子、母亲的责任，女性很容易与往昔的朋友渐行渐远：其一是因为她更多地被留在家庭内部结构中，缺乏保持宝贵友谊的公共空间和经济支持；其二是因为曾经媒介通俗文本所宣扬的诸如"家花野花""防火防盗防闺蜜"的"雌竞"想象给女性本身带来了不安。

但这样的不安正在被很多反映高品质女性友谊的影视剧作品稀释消解，比如《没有男人的女人》①和《致命女人》中女性的互助与救赎。"Girl helps girl."从口号到意识再到行动，突破了女性群体的年龄、身份、亲疏、文化、国界——当婆婆对儿媳妇喊着"Girl helps girl."，当女儿对妈妈喊着"Girl helps girl."，当家庭主妇对职场女性喊着"Girl helps girl."，当不同肤色的女性喊着"Girl helps girl."……曾经被圈禁在有限空间和资源机会中而产生的"女人为难女人"的设定基础被打破了。在电视剧《我的天才女友》②中，埃莱娜和莉拉数十年复杂缠绵的友谊，让观众看到她们挑战由贫穷、保守的政治气候凝结而成的思想禁锢、传统性别期待及规训，并因此重新审视因女性联盟而产生的力量。如果有一天，当所有的女性都能"自己去买些花"时，她们就能相遇于那个转角的地方，拥有超越性缘关系的爱与自由。

---

① 《没有男人的女人》是由施林·奈沙（Shirin Neshat）执导，德国、奥地利、法国、意大利、摩洛哥联合制片的92分钟剧情影片。其以1953年伊朗的政变暴乱为背景，讲述了4个伊朗女人的命运在一个美丽的果园交会，共同找到独立、安宁和友谊的故事。本片荣获第六十六届威尼斯电影节银狮奖。

② "我的天才女友"是HBO出品的电视剧系列，根据意大利作家埃莱娜·费兰特（Elena Ferrante）的"那不勒斯四部曲"改编。

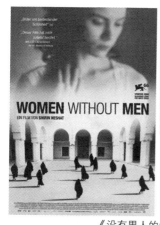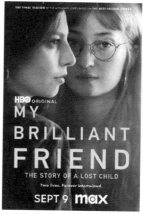

《没有男人的女人》《致命女人》《我的天才女友》海报

第二节　私领域的家庭暴力与媒介公共议程

家庭暴力在"个人的就是政治的"这一理念深入人心时，仅作为与公共视线隔离开来的私领域空间的"家丑"，被嵌套在传统伦理价值观的"不可外扬"中，从而对受害者形成隐秘且密集的伤害。

一、家庭暴力作为公共议题

2011年8月，"疯狂英语"创始人李阳的美籍妻子Kim在微博中曝光了家庭暴力，并上传了伤情照片。这条微博被网友大量转发，使家暴议题进入了公共视野和话语中心。此后，Kim借助微博提出离婚。网络上很快聚集了一批和Kim有着相似经历的家暴受害者，她们的发声扩大了家暴问题的社会影响。

《中华人民共和国民法典》第一千零七十七条规定："自婚姻登记机关收到离婚登记申请之日起三十日内，任何一方不愿意离婚的，可以向婚姻登记机关撤回离婚登记申请。前款规定期限届满后三十日内，双方应当亲自到婚姻登记机关申请发给离婚证；未申请的，视为撤回离婚登记申请。"此即所谓的"离婚冷静期"。"离婚冷静期"一经提出，迅速成为社会舆论焦点，一度占据热搜榜，反对意见主要集中在"离婚冷静期对家暴等恶劣离婚事由的适用"上。

全国人大代表、《芈月传》作者蒋胜男建议《中华人民共和国民法典》删除"离婚冷静期"相关表述。她在媒体中发声表示:"根据《2016 年中国婚恋调查报告》等相关调查,闪婚闪离、草率结婚离婚的人不足 5%,绝大多数人的婚姻大事都是经过深思熟虑的。法律不应该为了应对少部分人的情况,一刀切地对待整个想要离婚的群体。不能因为要给予冲动型离婚的人一个冷静期,而忽略了超过 95% 的其他类型离婚当事人的权利。没有理由让全体离婚当事人为这极少数人的行为买单,增加痛苦。"她同时指出,如果强制全员实行"离婚冷静期",那么一个月的离婚冷静期很可能给男女双方,特别是弱势一方带来更大痛苦。比如一方利用"离婚冷静期",隐藏、转移、变卖或毁损共同财产;恶意借贷或者与亲友串通伪造借条、制造共同债务;加剧施暴、虐待、严重威胁等行径,毁灭出轨、家暴的证据等,使弱势一方陷入绝境。

拓展资料:第一部《中华人民共和国婚姻法》

由邓颖超牵头成立的立法小组,先期就当时国内的婚姻状态进行了调研。在这个过程中,邓颖超发现:中国女性深受压迫,在各种封建婚姻陋俗中,买卖、包办、童养媳等干涉妇女婚姻自由的现象最为严重。据山西省五十多个县的不完全统计,1949 年 1 月至同年 10 月,婚内发生命案 464起,其中妇女被直接迫害致死的占 25%,因要求离婚不成而自杀的占 40%,因在家庭中受虐待而自杀的占 20%,因其他家庭纠纷而自杀的占 12%。仅河津、万泉两县在半年中,就有 29 名妇女被逼上吊、跳井。邓颖超深刻认识到造成这些悲剧的原因是婚姻不自由,其中更甚的是离婚不自由,在婚姻问题上妇女所受的暴力和遭受的痛苦最深。因此,她坚持要在条文中加入"男女双方自愿离婚的,准予离婚。男女一方坚决要求离婚的,亦准予离婚"。中央最终采纳了邓颖超的意见,在 1950 年颁布实施的第一部《中华人民共和国婚姻法》中,规定了结婚自由和离婚自由。

二、家庭暴力定义及媒介呈现

一度处于舆论中心的"离婚冷静期",其核心直指被"家庭私领域层层包裹的政治结构和家庭暴力"问题。这是在世界各地都普遍存在的社会问题,是对人身权利和公民尊严的严重侵犯。费兰特在她的《碎片》一书中写道："家庭本身是暴力的，所有建立在血缘关系之上的东西，都有暴力的因素。"

学界一般将家庭暴力界定为：身体暴力、性暴力、精神暴力、经济控制以及限制人身自由。所谓身体暴力，包括所有施暴者对受暴者身体各个部位的各种攻击行为，例如殴打、捆绑、用凶器攻击，等等。家庭暴力不一定是暴力攻击，但暴力攻击一定是家庭暴力。所谓性暴力是指，施暴者以受暴者感到屈辱、恐惧、抵触的方式强迫受暴者与自己或者他人发生性关系，婚内强暴、典妻、非契约性换妻活动，都囊括其中。精神暴力是指施暴者使用语言侮辱、谩骂、威胁、恐吓、贬损、指责受暴者。精神暴力还包括冷暴力、不肯离婚、限制受暴者行动等。经济控制，即施暴者限制或控制受暴者的财产决定权和使用权，包括限制或控制受暴者用钱的时间、方式、数量，限制受暴者对物品、住房等的使用。限制人身自由的行为包括但不限于以下几种形式：施暴者将受暴者限制在某个空间内，不让其自由行动，或通过恐吓、威胁等方式将受暴者圈禁起来；施暴者通过跟踪、尾随、短信微信骚扰等方式干扰受暴者的正常生活，使其感到恐惧和不安，从而自动限制自己的活动范围；在离婚或分居期间，施暴者可能抢夺、藏匿未成年子女，以此控制受暴者的人身自由。

拓展资料：煤气灯操控

"煤气灯操控"（Gaslighting）一词源于电影《煤气灯下》。在影片中，丈夫为了更好地控制妻子，故意把家里的煤气灯调暗。当妻子看到煤气灯忽明忽暗时，丈夫矢口否认，说灯没问题，是妻子出了问题。渐渐地，妻子陷入了巨大的自我怀疑，她开始变得神志不清，精神错乱。直到一名警探说他也看到了煤气灯变暗，她才恢复正常。之后，人们通常用"煤气灯操控"代表对受害者进行精神虐待和控制的行为，这和我们现在在网络上广泛使用的"PUA"（Pick up Artist）在意思上具有一致性。但事实上，PUA本是指一种鼓励人们与异性接近交往的技巧，最后被滥用以表达"精神虐待和控制"的内核。但真正表达"精神虐待和控制"的词组是"煤气灯操控"。

在2020年的热播网剧《摩天大楼》中，演员杨颖饰演的钟美宝及其妈妈就是深受家暴摧残的极致案例。剧中母女俩的遭遇几乎囊括了身体暴力、性暴力、精神暴力、限制人身自由等所有家庭暴力类型，让人窒息。而美剧《致命女人》和《大小谎言》中的案件都跟女性长期无法摆脱家庭暴力伤害有关。

在中国传统文化中，素有"清官难断家务事"的说法，也有"宁拆一座庙，不拆一桩婚"的底层思维。中国法律第一次使用"家庭暴力"概念是在2001年，但法律解释并不包含"婚内性侵犯、经济控制等家庭暴力形态"，对该法条的贯彻实施也一直进行得不够理想。

比如，在2009年的"董珊珊家暴致死案"中，受害人董珊珊自2008年结婚后长期遭受丈夫王光宇的暴力。她和家人先后八次报警，提起离婚诉讼，在外租房以逃避残暴的丈夫，但最终还是被丈夫毒打致死。在该案例中，法律没能保住一条鲜活的生命。2010年7月，北京朝阳区人民法院判处王光宇六年六个月有期徒刑——如果施暴者以故意伤害罪被捕，最高可判死刑；检察院却以虐待罪起诉，最高刑期只有七年。

在专偶制婚姻中的经济控制问题因其具有隐蔽性而很少被判别为家庭暴力。比如，一位女性和一位金融行业高管结婚。婚后，男方打着专业理财的旗号，将女方的工资、家里的流动资金、不动产都归入自己名下，家中房产证上写着男方父母的名字。如果男方出轨，女方在离婚冷静期有可能遭遇婚后共同财产的恶意投资和转移。而她自己在选择离不离婚的过程中，将会因巨大的沉没成本而丧失自我的真实意志。如果她因此焦虑、患上神经衰弱症，在争夺孩子抚养权的过程中可能更容易处于不利地位。男方对她构成了实质意义的双重家暴行为，即精神暴力和经济控制。又如，近年来芒果TV热播的综艺节目《再见爱人》，几乎每一季都涉及对家庭结构中经济价值和情绪价值的探讨，在很多对痛苦的关系中，都深藏着诸如经济控制及一定程度的精神暴力等隐性家庭暴力。

在家庭暴力中，很多受害者还会处于深深的自责之中。但凡曾被暴力对待的人，都或多或少有一些自我怀疑：是不是因为我哪里做错了，所以ta才会打我？尤其是处于长期暴力高压之下的受暴者，会患上一种受虐综合征，这也是一种创伤后应激障碍（PTSD）。所以在家庭暴力出现伊始，就不能姑息，需要将其扼杀在萌发期。报警是最直观的方法，将家庭暴力公之于众，将私领域的家庭问题直接转化为公领域的政治司法问题。这些年在世界各国的影视作品中都找得到该母题。

近年来，人们通过大众媒体报道、公众舆论探讨、相关命题影视剧的逼真呈现，越来越明晰地认知到以下内容：家庭暴力只有 0 次和 1 万次的区别。家庭暴力一般会经历三个周期：其一，积蓄期，一些细小的事情不断积攒压力；其二，爆发期，突破忍耐极限，突然暴力相加；其三，安定期，用暴力释放压力之后不断道歉，并且自我检讨……然后周而复始。这也是影视作品塑造渣男形象的刻板手法之一。

三、媒介中的家暴数据及刻板印象

在 2020 年 11 月 25 日"国际消除家庭暴力日"当天，据全国妇联统计、央视新闻报道，在全国约 2.7 亿个家庭中，有 30% 的已婚妇女曾遭受家暴。家庭暴力中的受害者 85% 以上是女性；每年约有 15.7 万名女性自杀，60% 是因为家庭暴力，该数据还不包括因长期受到家暴患抑郁症而自杀的情况；40% 的女性杀人案件和家庭暴力事件有关。

现在将视线转向国际社会，我们可以清晰地看到：曾经遭受过伴侣暴力的女性占比，北美洲是 7%～32%，欧洲是 13%～46%，亚洲是 6%～67%，大洋洲是 17%～68%，非洲是 6%～64%，拉丁美洲和加勒比地区是 14%～38%。相比而言，北美洲遭受伴侣暴力的女性占比稍低，这可能是因为北美洲法律制度更为完善。在那些遭受过伴侣暴力的女性当中，仅有不到 40% 的人曾经寻求过帮助，且仅有不到 10% 的人报了警；1/3 女性遭受性侵或性暴力，大部分都是熟人性侵；2/3 暴力致死者为女性，施暴者通常是她们的伴侣或家人。

相比较而言，媒体新闻报道一般只呈现暴力形成和实施的结果，显得简单粗暴。从一些国家地区的文化角度而言，人们不认为私领域的事情是重要的，这样的文化心理、社会期望存在一定的惯性。

另外，我们会发现，主流媒介对家暴的呈现层次非常单一，存在着刻板印象，比如默认男性对女性施暴。而事实上，家暴事件中受到伤害的男性也不在少数，存在一定数量的女性施暴者。当发生女性对男性施暴现象时，认为"生活中的强势群体往往成为舆论中的弱势群体"的弱传播理论就开始启动,男性集体失语。男性遭到家暴的各种表现一般集中在收缴工资卡、罚跪搓衣板、罚睡门外、删光异性的联系方式,以及语言暴力(如"要你有什么用""还是不是个男人")。根据英国媒体的报道,超过40%的家庭暴力受害者是男性。

据日本内阁统计,日本女性被家暴后有44.9%选择沉默,而日本男性遭到家暴后有75.4%都选择默不作声。这是男性对男权性别构建的服从,是基于传统社会性别期待形成的自我约束。社会观念如此,法律也难以保障,媒介报道与公共议程的建构就显得更为重要。

又如,一涉及家暴就是拳打脚踢、鼻青脸肿,很少深入探究令人战栗的精神暴力及限制人身自由等。

拓展资料:隐性的吹狗哨式虐待

"吹狗哨式虐待",顾名思义,狗哨能产生一种只有狗狗才能听到而其他物种听不到的频率。这是只存在于施暴者和受暴者之间的特定信号。比如,在公共场合或人数较多的场合,施暴者说了句旁人听起来很正常,却能狠狠刺激受暴者的话,这时如果受暴者受到刺激开始生气,那么在旁人眼中就是无理取闹,施暴者反而成了无辜的受害者。

除了夫妻之间的施暴和受暴,还存在父母对孩子、孩子对父母的暴力事件。这也是近年来备受瞩目的媒介热点,触及原生家庭性别观、儿童心理发展、青少年犯罪心理等一系列严肃话题。

家庭暴力由私领域问题升级为公领域的社会问题,进而上升为政策问题,是一个社会建构的过程。以女性为主的受暴者群体,勇敢地将自己纳入媒介公共议程的设置,说出自己遭受的暴力,能够引发更多媒体渠道的关注。新闻传媒的报道和倡导可以帮助各级立法者、决策者和公众认识到司法途径、法律援助、大众传播等都是有效维护人权的手段。在媒介传播平权的过程中,消除性别偏见,看清家庭空间中的权力结构,可以最大限度地减少家庭暴力的发生。

第三节　去家庭结构化的不婚主义与单身浪潮

一、单身、不婚的含义与四次单身浪潮

单身、不婚，不单指长久意义上的独身，也包括晚婚、未婚同居、恐婚、（暂时性）独身等婚姻延迟现象。如果为其加上一个定语，指向一种动机，即去家庭结构化的自主策略。

原生家庭模式经常被描述为个人成长的心理原动力，但我们可以从德国心理治疗大师伯特·海灵格（Bert Hellinger）所创造的"家庭序列"的排序中看到其所包含的性别政治问题。相比较荷尔蒙爆棚的爱情，选择单身或不婚的人，或许是为了避免自己陷入结构化、主体价值缺失的日常。

著名的心理学家克里斯蒂安·诺德斯克提出了一条心理学定律——心理衍射论，他指出：我们的大脑往往容易为一些不相关的小事纠缠，从而导致精神无法集中或者注意力发生偏差。你越在意，偏差就越大；你纠缠得越久，事情的最终结果往往就越坏。如果你和烂事纠缠一辈子，那么你永远都会陷在廉价的生活之中。很多时候，家庭生活就是心理衍射论最大的修罗场。不然弗兰兹·卡夫卡不会花两年时间将他卓越的文学才能用于罗列结婚还是不结婚理由的清单，他纠结了两年，直到心上人嫁给了别人才作罢；而钱锺书则不可能写出像《围城》这样的经典作品，我们也不会因杨绛对他打翻墨水瓶染脏桌布、砸坏台灯、弄坏门轴把手这些鸡零狗碎的"烂事"说"不要紧"而感动。

能把一地鸡毛捡起来，扎成鸡毛掸子，狠狠回敬生活的人，并不占多数；能让鸡毛不落下来，且化作杏花微雨的人，更是凤毛麟角。

有人闪婚；有人不婚；有人结婚但丁克；有人不婚，但用冻卵保留生孩子的可能性。事实上，在很长的历史阶段里，桎梏于文化范式的层叠压力，人们并没有那么多婚姻之外的选择。家庭结构的松动是从人们获得离婚权开始的。

中国社会出现过的四次单身浪潮，有三次是离婚单身潮。1950年5月，第一部《中华人民共和国婚姻法》颁布后，形成了一股波及全国的离婚单身潮。很多人因为这部法律解除了秉承父母之命缔结的形式婚姻。第二次离婚

单身潮发生在 20 世纪 70 年代末，大批上山下乡的知识青年返城，在城市里迅速聚集起一批大龄单身青年，其中主要是女性。第三次离婚单身浪潮发生在 20 世纪 90 年代前后，改革开放初见成效，人们的思想意识、教育环境发生了质的改变，追求自由、快乐的思潮随即弥漫整个社会，当时中国的离婚人口剧增。第四次单身潮从 20 世纪初开始，人数逐年增加，中国成年单身人数已接近 2 亿。其中，主动选择单身者明显增多。在上海女性中，认同单身的比例竟高达 82%。单身女性增幅超过男性，由此而产生了独特的"单女经济"。

从《人民日报》总结的离婚率和结婚率变化趋势，我们可以看到 20 世纪初出现结婚低潮，2013 年出现结婚高潮，随后开始逐年下降。在上海这样的一线城市，结婚率逐年走低，离婚率逐年攀升。头条新闻等网络媒介据此发布相关话题——"晚婚不婚成流行，这届年轻人到底怎么了？"纵观全国人民法院 2016—2017 年审结的离婚纠纷案，超七成的离婚案件由女方主动提起。2018 年，全国结婚率只有 7‰，离婚率连续 15 年上升，离结比高达38%。不仅在中国，几乎全世界都在面临着相似的境况。

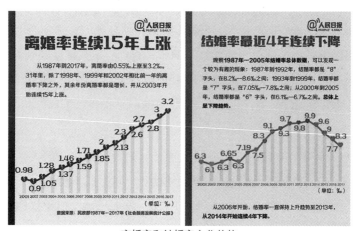

离婚率和结婚率变化趋势

韩国出现了 sampo。所谓 sampo 就是放弃约会、结婚、生儿育女这三件事的人。数据表明，在 20—30 岁的韩国人中，有 40% 几乎完全放弃了约会。2014 年，韩国登记结婚的夫妇仅有 30.55 万对，据此推算：到 2056 年，韩国人口将降至 4000 万；再过 80 年，将仅剩 1000 万；到 2750 年时，韩国人有可能会从地球上消失。这引发了韩国政府的高度重视。2015 年，韩国开始征收单身税。

　　同样，日本社会亦进入了低欲望时代，不买房、不结婚、不生育甚至不出门的"四不"生活方式成为很多人的标配。像《东京白日梦女》《我不是结不了婚，只是不想》《逃避虽可耻但有用》这样的日剧比比皆是，它们体现了当今日本年轻人的面貌。

　　日本国立社会保障与人口问题研究所的一份报告显示：2015 年，50 岁仍未结婚的人口在日本男性中的占比约为 23.4%，在女性中的占比约为 14.1%，刷新了纪录。这份调查报告把这项比例定义为"终身未婚率"。这意味着，日本男性平均每 4 人中就有 1 人、女性平均每 7 人中就有 1 人终身未婚。日本社会各阶层对"单身税"大多持反对态度，原因在于：这种逆向促婚政策从法理上违背了宪法赋予的婚姻自由权。总之，在日本社会意识层面，日本男女婚育及生活观念主流正大步流星地向"脱群入单"过渡。

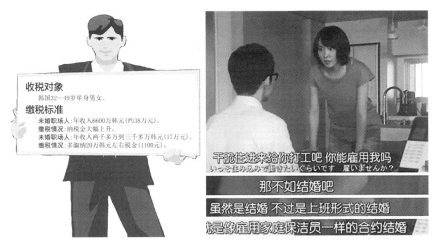

　　纽约大学社会学教授艾里克·克里南伯格（Eric Klinenberg）写过一本专著，书名就叫《单身社会》。书中指出超过一半的美国人正处于单身，独居户数则占到了美国总户数的 28%，甚至超越了核心家庭的所占比重。事实上，这正代表着自婴儿潮以来最重大的社会变革——我们正在学习单身，并由此带来了全新的生活方式和流行语"Going solo."（成为单身）。

二、单身群体结构与不婚原因

在中国，投身于单身浪潮的男女群体差异明显。在大龄未婚群体中，男女的城乡和受教育程度呈两极分化趋势。据相关研究的不完全统计，在中国女性大龄未婚者中，长期生活在城镇的约占女性总人数的 92.5%；拥有专科以上学历的约占女性总人数的 81.1%。她们独立开放，接受新思想快，对传统男主外、女主内的思想并不认同，更加注重自身的平等和独立。而在男性中，拥有农村户口、学历为初中以下的占男性总人数的 53.7%。

此外，在婚恋市场上，"男生更吃香""乙女配甲男、甲女只能配丙男"时有耳闻，这样的论调亦体现在人口结构上。一方面，我们不难发现，中国性别结构的跨地域构建历程是与中国城市化进程同时发生的。大量的乡村人口涌到城市，但城市和乡村的性别文化范式、生活方式及思想理念并不能真正融合，"跨城乡中国式婚姻"往往有着更加复杂的症结：一部分都市女性因具有较强的性别主体性意识而与男权意识占主导的传统家庭权力结构和角色期待相左，反而比顺从的、温柔的、具有传统女性气质的跨城乡女性在婚恋市场中处于劣势地位；而一部分自身实现城乡跨越的男性却往往因为原生性别文化环境的惯性，而使得婚姻关系在新旧的磨合中举步维艰。这在大量新闻报道、婚恋节目以及影视作品中均有所呈现。

另一方面，女性单身的增幅大大超过男性。女性在婚恋中所遭受的结构性压力更大，背负的包袱被越来越多地看见，女性单身的原因也越来越多样化。

（一）单身练习的群体基础

中国的独生子女政策虽然在一方面限制了生育权，将中国社会的组成部件从宗族快速降级成三个人的小家庭，但同时亦最大限度地构建了"生男生女一个样"的社会基底思维。独生子女一代在少年时代就已经习惯单身生活，"单身一时爽，一直单身一直爽"是很多人的实践认知。

（二）遇到对的人太难

一方面，参透婚姻本质的"爱情坟墓说"大行其道。另一方面，关于婚姻就是"找个合适的人搭伙过日子"的观点也很流行。知乎上的一个问答帖很能说明问题。问："在中国一辈子单身，可能活得很好吗？"答："其实不用担心，你们中的很多人一辈子都不会遇见你梦想中的真爱，只会因为害怕孤独地死去而随便找个人，相互饲养。"

此外，近年来媒体中充斥着诸如"消失的她"母题的非虚构新闻事件，同样令一部分年轻女性对婚姻胆战心惊。

（三）婚恋市场物化和婚姻包袱形成双重压力

一位艺术家曾在上海人民公园做了一个行为艺术，她举着自己的征婚广告为自己相亲。在那个相亲角，她是被物化的，她的个体价值被书写成各种物化符号，如家庭背景好、有车有房、容貌姣好、身高 1.65 米。但是学历太高不是优势，年龄稍大则是绝对劣势，因此她被相看的叔叔阿姨们称作"最美郊区房"，即看上去条件不错，但拥有绝对劣势——所谓"地处郊区"。

婚姻包袱则更是惊人，在东方国家，传统婚姻意味着各种家庭结构和关系的深度捆绑。在分离课题做得较为彻底的西方，基本没有人会来问"当我和你妈妈同时掉进水里的时候，你先救谁"这样的问题，即使问了大抵也会获得这样的答案："我当然会救你啊，因为我的妈妈由我爸爸救。"但在东方的孝道传统里，如果没有足够的家庭结构降级思维，没有头脑清晰的直系血亲，很容易发生家庭大战。

（四）婚姻不再是必需品，而只是一种选择

对女性而言，自主意识增强，经济地位独立，让她们有了家庭以外的更多选择，对单身生活有了更多的心理认同。在网络上甚至出现了这样的热转句子："现在的女孩，不努力可是要结婚的哦。"现代女性更多地把事业发展置于婚姻之前，追求与男性平等的发展空间，不愿意进入角色发展受限的婚姻生活。相反，很多男性处于"现在不努力，以后可结不了婚"的传统文化压力下，甚至觉得"No money, so solo."（没钱，所以单干）的低欲望自由也可以接受，毕竟他们已经意识到，娶到一个温良贤淑、照顾自己生活的新娘已成昨日美梦。

人们对单身、不婚的接受度逐步提高，能够以更加宽容平和的心态看待单身生活，并在重构社会经济结构的过程中，从物质、精神、体制方面给予单身人士更多的支持。比如，酒店式公寓的兴起，释放了空间自由；各种社交工具的普及，释放了社交自由；家政、电商的发达以及外卖平台的崛起，释放了家务自由；生命方式（养老方式）的革新和保障制度的升级，释放了家庭自由，传达出"老无所依的是没钱的人，而不是不婚不育的人"的理念……近些年被媒体火热报道的日本银发离婚潮，就是指一大批照顾家庭大半辈子的家庭主妇和退休的丈夫离婚，去过自己想要的生活的风潮。在日本一个非常有名的"个个SEVEN"养老团中，一群平均年龄超过70岁的单身老妇人已同居了10年，她们有的一直单身，有的离过婚，个个经济人格独立，又彼此紧紧相依。

（五）规避"母职惩罚"的前置选择

传统的婚姻制度并不能全然支持生育自由；而越来越多的不欢迎小孩的公共空间和氛围，以及生育带来的"玻璃天花板"问题，让女性对催婚、催生的本质和社会舆论保持清醒认知。很多女性选择不结婚，是为了提前规避在女性看来"生育并不那么友好"的社会中大概率所要面临的"母职惩罚"。这一惩罚不仅在于怀孕生产所带来的身心俱损，同时也在于育儿劳动的隐形、无偿，既缺乏系统支持，也缺乏应有的认可。对于职场妈妈而言，育儿是下班回家还要继续劳作的"第二轮班"；对于全职妈妈来说，育儿是一种被剥夺了经济价值与社会价值的无薪工作。而就当下"内卷"的职场环境来说，"妈咪轨道"这样的困境依然明显，女性不仅在面试中就已遭受一轮育龄筛选，更可能因为生育而面临中断就业、不被委以重任、职业生涯发展遭遇停滞等问题。与此同时，每当讨论低生育率的解决方案时，在从大众传媒到女性个体的各种声音中，总有"让女性回家"或者将这种讨论归咎于女性主义意识发展的论调，这无疑让更多职场女性感到胆寒。如果选择不生育，女性就会得到"你这是对家庭、家族不负责"的指控，会被"老龄化严重、人口增长放缓，但你无动于衷"的社会责任感压迫，会被政策方针、标语口号所裹挟，会被所谓的社会习俗、伦理道德及旁人的目光所绑架；而当她们选择生育，甚至在合法合理范围内生育多胎时，却被提问"事业和家庭如何平衡"，被标榜"新时代独立女性"的刻板定义排除在外，被钉在"娇妻""媚男"的十字架上，被评论"不祝福"……

在结构性的生育歧视与性别歧视被改变之前，在系统的政策支持和婚姻福利完善之前，在全社会的性别观念达成平衡共识之前，不婚不育与单身选择在短时间内不会消减，反而会呈递增趋势，这在一定程度上是一种进步。李银河老师曾在她的演讲中提出过"现有的婚姻制度终将消亡"的观点，不管专偶制婚姻家庭的解体在短时间内可会不会发生，去家庭结构化的社会实践与行为一定不会少。

第四节　女性主义城市的现实建构与媒介实践

一、女性主义城市的现实背景

在《女性主义城市》一书中，克恩所构想的城市是母亲之城、友谊之城、一个人之城、抗议之城、恐惧之城以及可能性之城。她抛开了过多的理论、政策或城市设计视角，回归到女性如何在城市中漫游[①]的自身具象经验，描述了自己在多伦多的童年、前往纽约的家庭旅行、在伦敦成为新妈妈、在加拿大新不伦瑞克省萨克维尔的学术生涯……她从历史的渊源出发，看到了城市空间中隐藏的性别偏见、空间限制，感叹"女性仍经由身体的、社会的、经济的和象征意义上的一系列壁垒来体验城市，这些壁垒以深刻的性别化的方式塑造了她们的日常生活"。她倡导创建一座真正的"女性主义城市"，一座让所有人可能拥有更美好、更公平的生活的城市。

（一）"男性之城"

城以盛民，城市可以是盛起民众的容器，也可以是使人气聚集、使各生命体兴盛的地方。这里的"民"，是将女性排除在公民身份之外的曾经的希腊之民，还是将包括所有人类在内的有灵生命体都包裹进去的万物之民？

伊塔洛·卡尔维诺（Italo Calvino）在《看不见的城市》中告诉我们，城市就是记忆、欲望、言语符号的整体。一方面，城市是无序、不安定、不可预测的，与安定、乏味、被传统秩序覆盖的农村或郊区分属于不同的世界——

[①] 2021年，法国作家劳伦·埃尔金（Lauren Elkin）在其著作《漫游女子》中梳理了不同历史时期女性漫游者的故事。"漫游者"一词最早被提及是在1585年，可能借用了来自斯堪的纳维亚语的"flâna"（漫游的人）。起初，"漫游者"并没有特指男性，但当它在19世纪流行起来之时就已经被性别化了。

指向包容性与多元性。另一方面，城市的前置性别是"男"。在卡尔维诺笔下，一群男人为了追寻一位出现在梦中的女子，不约而同地聚集在一起，每个人都按照自己梦中所经过的路径铺设了一段街道，又在梦境里失去了女子踪影的地方建造了区别于梦境的空间和墙壁，好叫梦中女子再也不得脱身。这座城被称作"佐贝伊德"，一座月光下的白色城市。这是一座"男性之城"（His City）。在这里，街道像线团一样互相缠绕，却不是女性的阿里阿德涅之线①。男性是这座城的构建主体，他们建城的目的是将女性作为欲望的客体，困在他们的梦之城中。这种天然内置的性别不平等既是残酷的隐喻，也是城市缺乏女性漫游者的艰涩现实。

（二）缺少女性城市漫游者的原因

为什么即便在看起来明媚自由的城市，女性行走其中也依然无法成为真正的漫游者？那些限制女性成为漫游者的不适感和恐惧感究竟是如何形成的？

1.安全感问题

真正能做到独自在城市各个角落漫游的，通常不是女性。她们被教导：不要独自走在幽暗的巷道里，无论是白天还是黑夜；超过 22 点不要在外面游荡；与朋友聚会散场，要大声报出网约车的车牌号，并喊一句"到家了给我发微信"这样明晃晃的安全暗号。在面对女性安全问题时，公众舆论通常会从保护女性的角度出发，要求女性减少夜间出行。如果有问题发生，女性甚至会遭遇"受害者有罪论"，或被视为"不完美受害者"。BBC 出品的女性独白短剧《她说：女性人生瞬间》②的其中一集就谈到了 40 年前在英国备受争议的、针对女性的宵禁。在剧中，独白者伊娃质疑道："21 点过后，我不该在街上遇到任何没有女人陪护、担保的男人。如果你不想被看作杀人犯，为什么不待在家里呢？"

---

① 阿里阿德涅之线的故事源自古希腊神话，讲述了克里特岛公主阿里阿德涅帮助雅典英雄忒修斯逃离迷宫的故事。这个故事不仅是一个关于浪漫与冒险的传说，还被广泛用来比喻解决复杂问题的方法或线索。

② 《她说：女性人生瞬间》是由全女性阵容打造的独白剧，共 8 集，每集 15 分钟。本剧是 BBC 在 2018 年夏打造的"Hear Her"（"听见她"）专题的核心，为妇女获得选举权的周年纪念而推出。独白来自那些以极大的个人成本和代价公开发表意见、挑战现状或做出反抗的女性。

《她说：女性人生瞬间》截图

女性独居的不安全感，也渗透在生活的方方面面。各类关于女性受害者的报道和《门锁》这样反映独居女性在城市遭遇安全危机的影视作品的传播，使女性变得越发敏感。在打车、接受上门服务等场景中，女性在与男司机或男维修工共处时，会感觉不安，在诸如黑暗环境、无人小道之类的空间会产生危险联想。而像女性专用车厢、女性专用停车位这样物理空间的正向区隔措施，反而增强了女性那种隐隐约约却时时刻刻存在的紧绷感和危机感。

2. 不被授权进入的问题

正如埃尔金所认为的，女性在大街上既受到高度的注目，同时又是隐而不见的。在城市中行走对女人来说意味着一次次出走与冒险，意味着她们试图跨越界限闯入被一些人认为本不该属于她们的"另一种生活"，意味着她们企图进入原本只属于另外一群人的政治文化视野。

3. "被赞美的母亲"和"被无视的母职"的矛盾

就如克恩所说，"是怀孕和养育孩子唤醒了她的女性主义城市意识。一旦落入母亲、妻子、照顾者的传统角色，城市对女性需求的支持，就会大大减少"。也许只有女性才能共情母亲的具身性——从推婴儿车出门的那一刻起，她就在大多数的城市当中举步维艰。在那一刻，她几乎丢弃了母亲之外的所有身份，她几乎被所有特设为"亲子友好空间"之外的空间拒绝。她必须想方设法将育儿跟有偿工作结合，她因必然被捆绑在母职上而无法成为自由的漫游者。而这本应是城市政策和基础设施关怀的一部分——"女性承担着社会再生产、有偿工作、学校教育以及许许多多的其他角色，城市难道不应该是最能平衡她们双重或者多重生活需求的地方吗？"

4.被平等甚至优待假象掩盖的不安

在城市规划上为女性划分专用区域，治标不治本。在消费主义盛行的城市空间，为女性打造专属和共有公寓，意味着安全成了某种可以出售的附加商品，使女性在舆论场中陷入特权自证的不利地位中。这些举措都不能体现真正的女性主义城市愿景。克恩在接受《新周刊》访谈时指出，女性专属场所作为一种临时方案，可以缓解女性的恐惧，保障她们的安全；然而，这一做法的局限在于，社会并没有要求男性改变他们的行为或者消灭暴力的根源。

二、从女性主义城市到女性友好城市

卡尔维诺将《看不见的城市》里所讲述的55座城市，以不同女子的姓名来命名；而现实中的女性主义学者、城市领导者、建筑规划师开始意识到：是时候引入性别平等视角，建设一个所有人共享的文明社会了。

作为女性主义、马克思主义、后殖民主义和酷儿学者，克恩认为，社会再生产是理解城市化和城市转型的基础，有助于在女性主义项目中将社会再生产和日常生活写入城市理论。而作为女性主义城市理论和构想的现实回响，如今，构建女性友好城市已成为一项全球性议题。其旨在通过城市规划和政策制定，提升女性的安全感和生活质量，以及从消费的角度促进城市经济。联合国人居署发布的《2020年世界城市报告》指出：将性别平等和社会包容纳入城市日常规划、设计和实施过程的主流比以往任何时候都更加重要。只有当城市努力改善妇女的权利、提升妇女参与决策和获得服务的机会，才能真正实现包容、公平和繁荣。

（一）女性友好城市的内涵

女性友好城市，是针对"His City"提出的概念。女性友好城市并不是要把男性权利排除在外，而是强调在城市空间治理中关注女性需求，关注女性在城市中可能遇到的不平等现象，并通过改善城市设施和服务来消除这些不平等，从而促进性别平等。这是用性别平等的实现程度来测量文明程度的城市概念，超越了单纯的关怀女性的视角，其不仅关注女性的安全、权益和便利，更致力于提升城市从空间到文化的人性化、包容性、共享性与公平性，确保女性与男性共享同等的发展和成功机会，最终目标是建立一个对所有人都友好的城市，即人人共享的城市。

2006 年，联合国推出了"女性友好城市"联合计划，支持并鼓励女性与男性平等地参与城市生活的所有领域。2021 年，湖南长沙从构建新型消费格局的角度，提出了建设"女性友好型城市"的目标，这一概念在中国正式落地。

（二）女性群体的空间行为特征及城市发展现状

通过比较男性和女性[①]在出行距离、方式和目的上的差异，我们可以发现，女性往往承担着更多的非工作活动，且更容易陷入与之相关的日常生活困境。她们在出行时选择公共交通多于男性。在居住空间的选择上，女性一般倾向于在工作地点附近寻找治安管理条件较好的居住空间，会尽可能避免带来不安感的城中村或城乡接合部。在很多工作空间的选择上，女性往往会衡量接送子女上下学、照顾老人等家庭因素的影响；很多育龄期的女性会放弃和男性一样的工作机会，而选择居家办公或从事自由职业，以方便照看家庭。

女性在公共空间行为上的总体特征为：女性在城市中心区、城市商业区、城市公共交通等公共空间的参与程度正在逐渐提升，呈现出超过男性的趋势。相较于男性，女性的群体活动频次更高；同时，已婚已育的女性在休闲活动和时间的选择上会优先考虑子女的活动与时间。

当前，一方面，中国的城市普遍缺乏有关女性友好空间建设的实践。目前中国职业女性劳动参与率高达 70%，暂列全球第一，但很多工作场所缺少托育空间、母婴室，缺乏支持女性从"妈咪轨道"和"母职惩罚"中走出来的法规和切实举措。一个城市在规划和落地过程中往往缺乏女性群体的广泛参与，女性群体的关切和需求在规划和落地过程中被忽视或边缘化。无论是亲子设施还是交往、安全、购物、工作场所，都需要从女性的体验出发来加以更新提升。另一方面，学界在该领域的研究也不够充分，缺少专业视角的学术分析和理论依据支撑。与此同时，中国城镇化已经迈入存量发展阶段，女

---

① 此处指新型城市化背景下全生命周期阶段的城市女性群体。

性友好城市的建设将更加依赖城乡一体化相关路径，亟须进行以改造升级为主要路径的性别空间探索和优化实践。

（三）建构女性友好城市的要素

一座女性友好城市应该是什么样子的？联合国开发计划署给出了一个标准，即在设计、改造适于女性发展的友好城市时，有四个关键领域需要得到改进：安全保障、正义与公平、健康与福祉、丰富与充实。具体来说，我们可以将其概括为几个基本要素。

1.要素 1：城市应让女性感到安全

其一，赋权女性，让女性更多地参与到社会决策中。其二，利用技术识别公共场所中的不安全区域，创造安全的城市空间。比如，在城市照明设施上提供对女性更为友好的方案，增加公共场所的监控设备，拓宽人行道，增强女性的安全感。其三，利用信息化智能服务打击职场空间、公共交通工具等场景中的性骚扰行为。其四，围绕必要的场景和时刻提供"安全屋"体验。比如，韩国首尔将几百家 24 小时便利店指定为"女性安心守护之家"，当女性在街上遭遇危险时，她们可以躲进便利店求助；又如，中国长沙建立了172 个派出所"反家暴投诉点"，24 小时接待投诉和报案，为尊重和保护女性提供了有益经验。

2.要素 2：赋予女性和男性同等的城市空间福利

除了基本的安全保障，还要提供更加人性化的公共设施，以消除女性在日常生活中所遇到的不便和产生的不安。比如，增加在工作空间和家庭空间之外的"中间空间"，建设女性卫生设施，扩建女厕位和母婴室。又比如，在公共艺术空间引入更多的性别友好元素，公平地展现以往较少被关注的女性人物的思想与成就，在城市设计中将一定比例的街道名称、雕塑、建筑物以女性命名，以此修正女性基本无名的状态，提高女性群体的认同感、成就感。再比如，在运动娱乐空间上，充分考虑女性的偏好和适用因素。

3.要素 3：消除城市对"母亲＋孩子"的敌意

时常与孩子捆绑在一起的、看起来不那么酷的母亲们，时常感受到城市带给她们的若隐若现或强烈的敌意。比如，她们在租房时很难被排在房东考虑的第一顺位，尤其是带着男孩子的妈妈；即使住在自住房，也会接收到更多来自单身邻居的投诉。比如，大家认为在女厕所不够的情况下，女性进男厕所是合情合理的（但真正的问题在于，社会没有修建足够的女厕所），可是三岁男童跟着单独带他的妈妈进女厕所隔间就变得十恶不赦，要被全网曝光（但真正的问题在于，社会没有修建足够多的亲子洗手间，以及没有给予能够带给母亲足够安全感的环境支持，毕竟把孩子单独放在外面有可能遭遇危险）。一边是人口老龄化，一边是生育低迷，无视老人需求、充满"禁孩区"（No Kid Zones）的城市正日益成为"年轻新贵的游乐场"。所以女性友好城市的构建场景是复杂多层次的，关乎"老者安之、朋友信之、少者怀之"，以及"老吾老以及人之老，幼吾幼以及人之幼"的社会理想。

4.要素4：让女性作为主体更多地参与城市设计

联合国开发署与利物浦大学联合发布的报告《活动城市：设计为女性服务的城市》显示，在影响所有人的未来环境的关键决策中，女性缺乏代表权。在环境部门任职的女性仅占环境部门总人数的1/7，她们在城市规划、城市建设等关键领域和担任领导职位上都面临阻碍。该报告建议，负责城市规划的政策制定者应当寻求女性的意见，以便设计出能为所有人带来提升的空间环境。维也纳城市规划师伊娃·凯尔（Eva Kail）曾举办过一场名为"谁拥有公共空间"的摄影展。展览记录了8名不同年龄、不同职业的女性的一天，通过对这8名女性在城市公共空间的出行状态的记录，呈现城市规划设计中对不同处境的女性需求的忽视。让不同身份背景的女性更多地参与城市设计，表达自己在城市空间中的诉求，关心和反思性别敏感性在城市规划与设计中的影响，对女性友好城市的建设至关重要。

（四）国内外女性友好城市成功案例

1.国外成功案例

1989年，加拿大多伦多市暴力侵害妇女儿童行动委员会首创妇女安全审计策略，回应针对女性的暴力行为和女性不安全感的现实议题。参与者和政府组织者研究确定当地哪些区域可能不安全，之后由一群当地女性在附近的公共场所行走，发现令她们感到不安全的地点，并将产生的报告提交给当地政府官员和其他关键决策者。推行该项目的意义不只在于让女性发现不安全环境的特质，更在于赋予女性权利，让她们拥有公共空间的所有权并参与当地的决策。此后，联合国人居署在开普敦、约翰内斯堡、德班、达累斯萨拉姆、阿比让、内罗毕和华沙等城市进一步推行了该项目，该项目被公认为"国际最佳实践"。

而加拿大温哥华则推出了完全由女性承担开发重任的住宅项目，目标用户是劳动妇女、老年妇女和以女性为主导的家庭。该项目除了保证了女性的安全，还为以不同女性为主的住户设计了不同的房型，比如针对家庭需求设计亲子户型，为单身职业女性和老年女性提供紧凑户型，为租客打造廉租房并提供灵活的生活空间。

澳大利亚墨尔本通过Free to Be项目获得了群众外包数据，并借此识别公共场所中的不安全区域。数据分析结果会为完善女性友好城市的设计提供决策依据。

法国是女性主义思想弥漫的国度，其首都巴黎虽然没有特定的"建设女性友好城市"的政策被广泛报道，但它在强调性别包容性的城市文化构建以及城市规划和公共服务等方面，都采取了不少措施来提升女性友好度。比如，开展妇女安全审计，以改善妇女和女童的安全，并为系统的安全评估提供强有力的指标。同时注重城市安全细节，通过改善街道照明和增加监控摄像头来提高女性夜间出行的安全感。又比如，2024 年巴黎奥运会的紫色跑道和参赛运动员 1∶1 的性别比例让全世界印象深刻，可见主办方为构建女性友好城市所付出的努力。

奥地利维也纳自 1990 年开始实施"城市设计性别主流化政策"[①]，要求相关部门在公共政策、立法和资源分配中平等考虑男性和女性，旨在让男性和女性平等受益。政府实施了六十多个性别主流化项目，如改善街道照明、拓宽人行道、增加女性座位等。政府还提出了公共空间的 4R 原则——代表性（Representation）、资源（Resources）、现实（Realia）和权利（Realisation），以促进在城市规划方面的性别平等。比如，2017 年之所以发起艾因西德勒（Einsiedler）公园改造项目，是因为当地研究人员通过调研发现，在该公园中没有适合青少年女孩的设施。为了鼓励女孩们积极参与到公共空间中去，

---

① 维也纳的阿斯彭区提供了著名的实施"城市设计性别主流化政策"的案例。在这里，政府基于对女性的需求和关注点的研究，进行了相应的规划，以确保她们在住房、公共服务和公共空间得到良好支持。

当地设计师设计了可以快速吸引女孩注意力的平台、互动游戏装置、吊床等不同元素。

韩国首尔也是全球女性友好城市建设的先行者，其实施的"女性友好城市计划"涵盖了公共空间、道路交通、文化、住房等多个领域，旨在将女性视角融入总体城市政策。首尔政府采取了一些关键措施，比如加强性别影响分析评估，将性别因素纳入政府预算，提高妇女的政策参与度，加强与妇女团体的合作等。在公共空间上，对公共卫生间进行改造，增设女士专用便器，使女性卫生间不仅宽敞，而且光线充足，还拥有完善的育儿和化妆设施；新建授乳室（中国称"母婴室"）、儿童专用娱乐设施，消除女性在有需要时遇到的不便。在道路交通上，首尔政府将地面上容易磕绊或卡住女士高跟鞋的"坎"和地砖缝抹平，道路斑马线与两侧人行道的连接处也被改造为坡形，方便母亲推着婴儿车通行。首尔政府还设立了5万个女性专属停车位，用粉色标注，都在靠近停车管理员或者安装有闭路电视监控探头的地方，以保障女性安全。首尔政府的这一计划吸引了国际社会的关注，并在2010年6月被授予"联合国公共服务奖"。

这些构建女性友好城市的具体案例，展示了女性友好城市的多方面实践，为其他城市提供了可借鉴的经验。

2.国内成功案例

在中国，虽然女性友好城市还是一个新的概念，但不少城市和区域也已开启了实践。

上海在女性友好城市建设方面走在了前列。其一，智慧城市建设：上海正积极推进智慧城市建设，为女性友好城市建设提供有利条件。其二，在顶层设计上纳入性别视角：在市政规划和管理的顶层设计队伍中增加女性配额，确保女性观点和经验能够在城市的环境设计、基础设施改造和升级换代中得以体现。其三，动员市民全员参与：从"妈妈视角"进行走访排查，从安全、便捷、包容三方面入手，对城市设施进行全面评估，全员参与创建"女性友好街道""女性友好社区"。其四，科技助力提高女性出行和居住安全：借助高科技手段，如联合导航软件，绘制区域的安全景观，指导女性在出行时选择安全路线。

长沙在商场、公园、景区等公共场所增加女厕位，添置无性别公共厕所，实现女厕位与男厕位的比例不小于 2 ∶ 1。重庆国际博览中心卫生间均安装了全新设计的厕所智能系统，通过该系统可以清晰地看到男、女厕所蹲位的剩余数量。北京故宫博物院通过分性别统计的数据分析方法，将女厕数量增加至男厕的 2.6 倍，有效减少了女厕排队情况。广州建设了超过 1300 间的母婴室，成为全国首个重点公共场所母婴室全覆盖的城市。深圳则推出了"深圳市母婴室地图"，妈妈们可以一键找到身边的母婴室，同时还可以实现实时查询、导航、评价、共建等多项功能。

虽然国内外建设女性友好城市的这些举措还远远未达到"女性主义城市"的目标，但这些城市正在向着这个方向迈出坚实的步伐。

三、女性主义城市在中国的媒介实践

随着性别议题越来越多地活跃在公共讨论之中，大众开始从各个角度切入女性在社会中的结构性困境，以及女性觉醒的集体意识。女性主义视角也渗透进社会与公共生活层面的各个维度，逐渐在城市建设与公共政策中呈现出来。

澎湃新闻旗下的城市智库"澎湃研究所"自 2023 年 2 月开始策划推出了一系列旨在提升城市性别敏感性、促进打造女性友好城市的城市报告、人物对谈、女性友好城市建设大事件等媒介实践内容，全方位、立体化地去发现城市从物质肌理到信息传播、消费形态中现存的性别歧视、偏见问题，展现相关法律、政策修正、完善的过程，探讨基于"女性主义城市"愿景和理念的城市构建。

比如，澎湃研究所策划的"女性友好城市十问"，指向"一座城市能为女性做什么，并试图找到它的中国定义与实践样本，引发大家对女性友好城市的关注"。该策划聚焦城市中的"消费女性权益""空间里的性别盲区""经济资源分配之别""女性力量与职场之困""妇女权益的法律保障""家庭分工的隐秘王国""陷入生育之境""看到城市里的流动女工""媒介下的女性刻画""联合国'她的城市'"十个面向，进行了一系列深入且充分的专题探讨。专题包括"女性如何缓解生育焦虑？杨菊花：建议家国共育，推动男性参与""消费赋予女性多少权利？周培勤：作为家庭消费代理的女性""职

业女性处境如何？李一诺：女性是'八抓鱼'一样的存在""城市如何对流动女性更友好？木兰丽霞：看见、对话与互助""家庭对女性意味着什么？李洁：是温暖的港湾，也是隐秘的王国""如何减少公共空间的性别规范？秦红岭：身体是理解空间的路径""如何保障妇女权益？吕孝权：制度保护外，还要普及性别意识""如何破解性别资源分配不均？万喆：可从社会性别预算切入""建立女性友好城市关键是什么？联合国人居署：人人都有发言权""女性如何通过媒介赋能？王琴：女性要做新媒体时代的传播主体"，这些报道均产生了积极的传播影响力。

澎湃新闻专访联合国人居署 Her City 工具箱项目[①] 相关的负责人艾琳·法布尔（Elin Fabre）与托维·列沃宁（Tove Levonen），向受众科普了"Her City"的丰富内涵：该项目致力于促进性别、年龄、社会经济和其他交叉观点在城市发展中的融合与被纳入主流的过程，通过数字工具和参与式的工作方法来提供讨论平台，使经济发展滞后的地区的年轻女孩也能参与进来——如果这个方案对这些女孩有效的话，那么对其他弱势群体也会有效。建设女性友好城市意味着真正了解当地的需求和她们的优先级，而不是单纯地去拯救她们。女性友好城市当然也关乎生活服务系统，例如公共交通的便利性。但更深层次的，是让每个相关的人都有发言权，处在不同境况中的女性在城市规划过程中都有代表性。

在这个对谈中，中国受众从法布尔和列沃宁所谈论的项目的开发背景、设计过程与落地效果等出发，直面全球各地的女性在城市生活中所面临的共同困境，看到了城市空间上的流动性与可达性对女性生活的重要意义。人们意识到女性友好城市也将适用于老年人和残疾人，以及其他通常在规划过程中缺失发言权的群体。从女性的视角去规划城市，人们将更倾向于重视并提出具有共同利益的发展议题，因而得到一个功能更强、效益更高的城市，并对人和地球都有长期的可持续影响。

澎湃研究所的"女性友好城市十问"以及对 Her City 工具箱项目相关负

---

① 自2021年开始，联合国人居署与独立智库Global Utmaning共同开发推出了Her City工具箱，这是一个致力于推动城市中的性别平等的项目，是一份让女性参与到城市的规划、设计和实施过程中，让使用者学会如何从女性视角出发规划项目的数字指南。目前，Her City工具箱项目已经在100个国家、350个城市中有所运用。

责人的专访，让大众持续关注城市中的女性处境，引导理性探讨性骚扰、家暴、职场性别歧视、生育保障、财产分配、人身权利、女性医疗等领域的女性议题，在事件热点和专题沉淀中发现更好的女性友好城市构建建议和改进方案。这为中国普及"女性友好城市"提供了优秀的媒介推动和实践范本。

思考与讨论

1.当我们在谈拥有"一间自己的房间""去自己买些花"时我们在谈些什么？

2.什么是家庭暴力？关于家庭暴力最常见的性别刻板印象有哪些？如何通过司法与媒介公共程序规避家庭暴力？

3.通过玛格丽特·福斯特的这段话，"当我走进这间屋子时，我发誓我变成了另一个人；妻子、母亲、外婆、煮饭婆、清理工，都消失了，至少在此后的两到三小时内，剩下的只是一个作家"，来理解家庭结构中的性别角色期待问题。

4.试着讨论公领域与私领域的结构性、政治性问题。

5.畅想一下10年后的自己会结婚吗？你是如何看待单身、不婚主义浪潮的？

6.你尝试过在夜间的城市里漫游吗？有没有体验到什么与性别相关联的感受？

7.为什么说城市的前置性别是男性？你理解的女性主义城市应该是怎样的？

8.如何看待基于安全与便捷的性别隔离空间？你对 No Kids 区域的设置有何感想？

第七章 媒介符号与性别话语空间

语言是传播文化的关键性媒介，也是文化的要素之一。法国社会学家皮埃尔·布尔迪厄提出"语言与符号暴力"理论，阐述了语言中的权力关系。布尔迪厄认为，语言不仅是沟通手段，也是权力关系的一种工具或媒介。大众传媒形成了媒介文本与公共话语空间，以各种生动的形式展示了社会对理想性别气质、性别角色、性别秩序的期望、质疑、思考、重构，深深影响了整个社会性别文化的发展，并构建出了大众的生活。话语不仅能构建两性形象，还能激发出两性不同的心理空间与消费渴望。女性和男性的地位不仅在于社会强加给ta们的性别角色，还源于ta们对这些提供给ta们感官愉悦的产品的回应。在话语实践中，大量带有性别符号的描绘形塑了人们的主体性和身份认同。

第一节 性别化的网际权力与舆论场

有关网络媒介与性别的关系一直存在着争议。一种观点认为，网络化与信息化为女性发展创造了新的空间，它改变或消解了旧的性别互动形式，为基于性别文化的意识和行为提供了新的焦点和场所，因而重新建构了作为其中一部分的现存社会关系、体制和机构。另一种观点则认为，网络本身具有男性的偏向，被社会建构成男性器物，是男权控制话语权占据主导地位并强化女性"第二性"地位的工具。

一、网际权力与女性话语空间

英国政治学家蒂姆·乔丹（Tim Jordan）将互联网建构的文化与政治的权力形式称为"网际权力"，认为其由个人、社会和想象三个领域组成。就个人领域而言，网际权力主要体现在个体在互联网上的行为和互动中。在社会领域，网际权力则表现为技术所有者或操控者对技术使用者的控制力和影响力——互联网权力本质上是一种技术权力，其来源和基础是技术，权力主体通过对技术的拥有或操控实现对客体的支配与制约，并达到特定目的。在想象领域，网际权力涉及对虚拟世界的构建和操控。流动性、阶层革新与信息空间影响了个人权力在网络空间的应用；而在现实世界中，基于性别偏见产生的技术壁垒使得性别亦成为网际权力分配与占有的重要因素。乔丹认为，男性将在现实社会中获得的性别权力延伸到了网络上，他们观看、批判、宣扬自己的审美，构筑自己的欲望模型。同时，从社会层次出发，网际权力将个人放在更大的社会情境中，强调网络空间的社群特性和科技权力。男性网民作为一种"社会精神群像"崛起，时常通过"厌女"获得优越感。乔丹还认为，网络空间的虚拟想象创造了虚拟社区，男性维护既定的社会性别秩序，也企图构建虚拟社区中的男权思维和地位。

张敬婕的《性别与传播》一书则指出，至少包括三种基于女性意识的网际权力表述，分别是网络乌托邦、兴奋策略、被绑定在固定的位置上。

（一）网络乌托邦

互联网去中心化、极具开放性和连接性的特点，使其自出现开始，就被女性主义者赋予极高的政治期待，因此出现了一批网络乌托邦者。他们认为互联网为女性带来了前所未有的话语空间，扩大了女性的视野和行动范围，帮助女性完成了自我新形象的建构，获得了与男权中心话语体系抗衡的可能性。同时他们也确信，虚拟空间的两性博弈或协商，终将延伸到现实生活层面，从而促进女性的发展和解放。比如，互联网成功地影响了在北京召开的第四届世界妇女大会，影响到会议最初的日程以及和相关NGO结合的程度，将地方性的性别议题提升到国内外政治领域。但网络乌托邦作为一种表述，无法挑战工业大亨、全球犯罪网络、军事策略、财富经济和国际种族主义的政治控制和经济力量。

（二）兴奋策略

如果说网络乌托邦属于科学神话的类型，那么兴奋策略就属于恐惧的类型。兴奋策略由可视的潜伏者、不祥的预兆、色情甚至是网络性暴力者组成。女性主义对信息传播技术的讨论，包括针对网络上循环发生的无端性侵犯议题。在那些网络色情暴力案例中，新的传播技术不仅使男权社会中扭曲的性观念道德化，甚至制造了新的牺牲品和反文明暴力组织。各种性暴力者将那些与自己臭味相投的人联系起来，共同创造了一个使变态变为正常的事实世界。比如，发生在 2020 年的韩国 N 号房事件中，有多达 74 名的女性受害者遭受性虐待，当中不乏未成年人，最小的受害者年龄只有 11 岁。参与这起案件的除了加害者，还有 26 万名在线会员，他们目睹了惨剧的发生，将女性的人权尊严献祭给狂欢。这种令人作呕的现象暗合了兴奋策略。

一方面，兴奋策略揭示出男性使用网络暴力，将女性排除出现实公共空间和网络新空间的事实。网络暴力信息传播作为网络暴力发生的前置条件，引发了大众围观，并形成了新的网络对话情境：兴奋策略呈现出性别单边主义的特质，即将女性无限地放大为无助的暴力牺牲品。这固然是现存性别文化中的一部分真实状况，然而这些表述也被高度误导了，在一定程度上将女性放置在无助的网络暴力牺牲品的性别刻板形象中，并将此扩展为整个女性群体的、被动的互联网体验。尤其在暗网暴力暂时无法精准打击，又难以甄别、规避的情况下，保护自己远离网络性暴力魔爪成为一个重要的课题。

另一方面，兴奋策略通过在网上制造高度男性化的氛围来给女性制造敌对环境，但实际上却实现了网络传播的解构作用，催化了专为女性设计的网络空间的产生。这些女性在网络空间扮演着"敌对网络中的避难所"的角色。然而，一项针对网易女人频道的研究表明：女性网络媒体的主题局限在"家庭""情感""时尚"等领域，无法摆脱女性角色的陈规定型；在形象塑造方面，美丽、迷人这些在传统媒体上的女性神话在网络媒体上依然成为卖点。值得指出的是，直播间中的网红经济也在很大程度上延续了这一神话。由此可见，网络女性频道和女性专业网站与传统媒体的女性版面、女性专栏或女性时尚杂志并无本质上的区别。互联网教给男性的是怎样利用高科技手段、利用物质进步使自身生活得更独立、更文明、更有意义，教给女性的却是如何打着"乘风破浪"的旗号，更加隐性地规训自己以得到男权与资本的青睐。

由此，我们可以看到，女性网络媒体依然难以完成女性话语空间的建构。原因有三：一是在资本驱动下，互联网发展与女性话语权之间的二律背反；二是消费主义与网络传播有共生合谋性；三是女性在身份认同焦虑下被迫维持性别成见。

（三）被绑定在固定的位置上

这个表述可以从 19 世纪女性主义小说家创作的家庭小说中找到原型。当社会、政治、经济的行动在公共空间中持续发生时，具有历史现实主义的小说仍旧将很多女性绑定在家庭之中。互联网早已被反复描述为新的公共空间甚至是新的公共场域，但女性在其中仍然时常处于不被表现或刻板表达的境地中，被限制在狭小、近距离的接触中，就像戴上了画地为牢的紧箍。

19 世纪，印刷媒介让被客观地理条件隔开的女性主义者们相互联系，使女性主义者们建立了国家范围内的政治性网络。那时的女性主义者们用文本书写来表现内心世界，颠覆公共空间和私人空间的布局，重新定义"公共的"与"私人的"的概念。而信息传播技术可以给 21 世纪的女性主义者们提供相似的机遇。"被绑定在固定的位置上"作为一种表述，对时间、空间、教育背景、文化期待和就业机会等物质束缚高度敏感，这个表述预示着女性应该和那些被绑定给她们的女性空间、女性能力和女性欲望的偏见进行斗争。她们必须自己争取必要的物质资源，争取在科学和技术方面拥有平等机会的教育培训和话语空间。

随着旧的空间和位置被新的信息流布局所颠覆，女性面临着双重挑战。她们必须守卫本土空间和已争取到的部分性别话语权，也必须突破数字鸿沟，在看起来没有年龄、种族、性别、健康与疾病、强与弱之分，只有精神和心灵的互联网上，创建自己的空间，并发出自己的声音。

二、社交媒介中的舆论性别与女性处境

"女权"是近年来占据网络舆论的热门词，许多公共事件因女性主义意见领袖从不同于以往的视角来阐述解读，经网络转发、评论等形式的多级传播后，产生了多种舆论传播效果，这反映出当前网络舆论的社会性别差异。

（一）社交媒介中的舆论性别

其一，传统与性别偏见如影随形的"双标"言论在舆论场上依然可见。如：他30岁了，人们认为他到了该成家立业的年纪了；她30岁了，人们认为她被剩下了。如：他喝醉了，人们总是这样为他找施暴的理由；她喝醉了，人们总是为她找遇难的理由。如：他升职了，人们把这归功于他出色的工作能力；她升职了，人们认为她靠潜规则赢得席位。如：他做家务去了，这说明他是个好男人；她做家务去了，这只能说明她是个合格的女人。如：他谈过10段恋爱，人们总是以此来论证他的风流倜傥；她谈过10段恋爱，人们总是以此论证她的廉价。如：先生，人们习惯用这样的词来称呼他；而人们只会在她取得了非凡的成就后这样称呼她……

其二，互联网媒介技术的发展和普及使大众获得了媒介接近权，打破了过去由媒介从业人员的性别结构和人数差异造成的传播权集中在男性手中的局面。社交媒体时代女性的自我赋权以及话语权意识的觉醒，使得性别议题在多级传播与意见的扩散和互动中，被推到了舆论的高点，呈现出性别对立、性别协商、性别共识等多个层次的交锋与对话结果。然而社会性别的政治性与权力结构也借由媒介平台的放大，加剧了舆论中关于社会性别命题的差距与矛盾。消费主义、流量逻辑、资本控制趁机收编"女性主义正义"为消费符号，建立平等、自由、公平的社会性别体系的空间反而被挤压了。性别二元对立越发严重，女性主义被污名化。

那么，媒介舆论及资本宣传是如何激化性别对立的呢？

其一，媒体舆论的极化和放大效应。社交媒体平台的及时性和广泛性为舆论话题发酵提供了迅捷的渠道。然而这种传播往往伴随着大众对自我立场的情绪化表达。网络意见领袖、自媒体博主在发布、讨论性别问题时，往往会加入个人的经历，带有主观情感并带动受者情绪，导致理性讨论的空间被挤压，因而产生"回音室效应"[①]。人们越倾向于观看、认同与自己所持有的相

---

① 回音室效应是指，在一个封闭的环境中，人们只接触到与自己已有观点相一致的信息，从而导致这些观点被不断强化和放大，而不同或对立的观点则被忽视或排除在外的现象。这种现象常见于社交媒体、新闻媒体以及各种在线社区中。

似的论点，算法就越推送与之相近的命题与观点，形成"信息茧房"①，性别议题的不同观点之间更难沟通。同时，网络暴力的地缘性、匿名性使得网络暴力和性别攻击变得更强，成本更低廉，这进一步瓦解了性别安全的边界。

其二，资本控制下的性别消费加剧了有利于经济利益的性别刻板印象的构建，限制了个体的自我表达和性别认同。比如，在媒介造神运动下的偶像人设模糊了审美的现实边界，让一部分受众对所谓的完美性别标签产生了认同感，并将这种大众媒介与资本共谋的审美异化的结果投射到异性受众群体上，由此产生了隐性或显性的性别歧视。

其三，性别观念的形成受到教育和文化背景的深刻影响。比如，不发达地区传统家庭的教育观念为性别歧视埋下了种子，然后再借由学校教育，使经济不平等和权力结构的性别差异内化成个体的性别认知，并最终在社会资源分配和决策过程中爆发强烈的性别对立情绪。

（二）舆论场中的女性处境：有小女孩者胜≠舆论公正

《弱传播：舆论世界的哲学》（以下简称为《弱传播》）一书在"舆论的性别论"中表述了"舆论里两派相争，有小女孩者胜"的观点。

以性别本质主义的女性刻板印象来比拟舆论定律，本身就可以窥见舆论场中所包含的男权话语本质。《弱传播》一书的观点是，在舆论战里，没有"小女孩"也要想方设法把"小女孩"制造出来，这是舆论的弱传播规律在起作用——"有小女孩者胜"是一种制造、煽动舆论的策略。舆论对现实的反映是有限的，舆论场内的能量也在不断竞争中。舆论的弱传播规律告诉我们，舆论世界与现实世界是强弱倒置的：现实中的强势群体往往是舆论中的弱势群体；而在现实中，在多个方面依然处于弱势地位的群体，如女性，似乎在舆论场中具有主场优势。

然而，当这种策略被全网受众洞悉后，后续还可能制造舆论神话吗？或者，对真正处于困境的女性而言，她们是否会被这条已经被滥用的舆论策略反噬，从而沦为不被采信的受害者？同时，不再是小女孩的女性"完全体"是否可以获得舆论公正？

---

① 信息茧房是指，个人在信息消费过程中，因只关注自己感兴趣或认同的观点和信息，而逐渐将自己封闭在一个由相似观点和信息构成的"茧"中。

舆论世界在"争夺关注"时强者占优势，在"争取认同"时弱者占优势。弱传播规律的提出者邹振东提到，当女性在争取认同的过程中，每每落入自证陷阱时，就会意识到性别结构中的强弱关系并没有发生质的偏移。在舆论场中变成弱势群体的强者，只要和弱势群体相连接，成为弱势群体的支持者、保护者、代言人，就能重回优势巅峰；而现实中的弱势群体、舆论场中的强势群体，只要变得理性、强大或稍显咄咄逼人，甚至只是表达一下对自我处境的愤怒，就有可能被打上"不完美受害人""性别红利变现者""打女拳"等各种正义性存疑的标签（见表3）。

表3　女权的污名化

互联网男性网友鉴"拳"标准一览	
行为	鉴定结构
女人说我爱听的话	"女拳"
女人不说我爱听的话	田园"女拳"
女人说我不爱听的话	极端田园"女拳"
女人说我不爱听的，还叫嚣不婚不育	境外势力极端田园"女拳"
女人叫嚣不婚不育，还回嘴骂我	"女拳"
女人要彩礼	真女权
女人不要彩礼	极端"女拳"、纳粹反人类
女人不婚不育	境外势力亡我中华之心不死

【案例】舆论场中的性别处境案例：《坠落的审判》

电影《坠落的审判》讲述了一个关于成功作家被指控谋杀了她的丈夫的故事，曲折的审判引发了对夫妻关系、婚姻制度的审视。它的特别之处在于，它并没有讲述一个女性成长的故事。它不像《我的天才女友》《燃烧女子的肖像》那样讨论女性通过经历友情、爱情或是其他外部事件来获得性别意识觉醒。《坠落的审判》中的女主角桑德拉，没有呈现出一部发展的、流动的、激动人心的女性传记，她更像是一座被钉在某种处境中的静态雕像，没有性格变化，是一个"完全体"，虽拥有一个最擅长话语建构的作家身份，却在面对代表整个社会性别意识和性别结构秩序的陪审团面前百口莫辩。

《坠落的审判》中的"坠落"除了指向桑德拉丈夫的坠落案件，更深一层意味着桑德拉本人的坠落。在被起诉后，她的个人生活以及整个人都被剖析了。审讯成为一种羞辱式的拷问，夹杂着太多厌女的刻板印象。影片意在让我们细致入微地观察一位"已经具有主体性的女性"是如何被既有的社会性别制度、伦理规范与性别观念所审视与评判的。当观影受众代入陪审团角色，会因为桑德拉在很多事情上"绝不认罪"的强硬态度和镇静，而倾向于视其有罪。然而，就像豆瓣网友的一句热评所说的那样，"她唯一的过错就是在丈夫失败的领域取得成功"。一位与男权社会刻画的"好女人"角色相去甚远的女性，不屑表演无辜，因而展现了并不怎么让很多人舒服的锋利棱角，也因此承受了审判。

"让女性有权利表达自己""让女性两难的处境能被更多地看到"，正是《坠落的审判》叙述的核心之一。导演茹斯汀·特里叶（Justine Triet）在戛纳国际电影节颁奖礼上讲道，要将凯撒奖献给那些感到被困在自己的选择和孤独中的女性，献给存在得太多或存在得不够多的她们，献给成功的她们，献给失败的她们，最后是献给受到伤害并通过发言解放自己的她们。

正如波伏瓦所说的，"他是主体，是绝对，而她是他者"；也正因为如此，埃莱娜·西苏①才说，"对妇女来说，讲话就是一件如此英勇之举，一件如此伟大的跨越雷池之举"。

第二节　她者命名与媒介发声

从无名的、附属的符号到借由媒介发出主体性的声音，性别自主意识从来都是勾勒性别图景的最好画笔。

一、无名的女性

（一）文学史、艺术史上无名的女性和贝氏测试法

根据小说《82年生的金智英》拍摄的同名电影，在韩国收获了基于性

---

① 埃莱娜·西苏是一位法国当代著名的小说家、散文家、戏剧家和文学评论家。她出生于阿尔及利亚的奥兰市，在第二次世界大战期间经历了法西斯主义的迫害，这段经历深刻影响了她的世界观和写作。西苏在学术界和文学界以其先锋观念和实验创作而闻名。她是女性主义文学理论的重要贡献者之一，并且是"阴性书写"这一概念的主要提出者。这个理论强调女性需要找到自己独特的表达方式，摆脱传统男性主导的语言和文学结构，通过写作来实现自我认同和社会变革。她的代表作品包括《美杜莎的笑声》等。

别的两极评价，女性给出了 9.0 以上的高分，而很多男性在该电影尚未上映时就给出低分和差评，甚至前往青瓦台请愿，禁止该电影的放映。和中国的"若男""招娣"一样，在 1982 年出生的韩国女性当中，最常见的名字就是"金智英"。在大部分时候，金智英们是无名的、无法独立存在的附属品：她们是弟弟的姐姐、丈夫的妻子、孩子的妈妈、婆家的儿媳，也是公司男性领导的下属职员。她的名字被抹去，她的声音被湮没，她的形象被模糊。于是，她成为性别意识觉醒时首先必须被看见、更要被看清楚的大主角。编剧赵南柱坦言：回看作品时才意外发现，自己在写作中，也时常不自觉地把女性的名字变成她们扮演的角色，以婆婆、妈妈、女儿这种方式书写。在修改的过程中，她才给女性角色起了金智英这个名字。为了"象征性地展示世界如何抹去女性的名字"，她特地删除了金智英丈夫以外的所有男性角色的名字。在《82 年生的金智英》中，男性都没有名字，他们都是"父亲""学长""上司""弟弟"。

在历史上，不少隐于书后的女性用自己的灵性与思想书写，但为绕过社会偏见，却只能用男性的姓名发表观点。如乔治·桑（George Sand，原名露西·奥罗尔·杜邦）、乔治·艾略特（原名玛丽·安·伊万斯）。又如在现世大名鼎鼎的"勃朗特三姐妹"曾化名为"贝尔三兄弟"——柯勒·贝尔（原名夏洛蒂·勃朗特，《简爱》的作者）、埃利斯·贝尔（原名艾米莉·勃朗特，《呼啸山庄》的作者）、阿克顿·贝尔（原名安妮·勃朗特，《艾格妮丝·格雷》的作者）。再如被誉为"科幻小说之母"的英国著名小说家玛丽·雪莱，她在 1818 年创作出了文学史上第一部科幻小说《科学怪人》（又名《弗兰肯斯坦》）。在最初付梓时，出版商拒绝以她的署名出版本书，而是建议以她丈夫，著名诗人珀西·比希·雪莱的名字出版。最后，丈夫的支持使她得到了署名权。

不少杰出的女性艺术家们也没有自己的名字，她们都是男性艺术家的妻子、女儿、恋人、缪斯、模特、助手，只能被命名为"赵孟頫的妻子""葛饰北斋的女儿""戴珍珠耳环的少女""马奈的模特""罗丹的情人与助手"，唯独不是她们自己。能在历史上留名的女性艺术家在一定程度上都需要借助男性艺术家的社会资源，最终她们的"伟大"也只能归功于男性艺术家的光环。那些曾经被湮没在东西方艺术史中的姓名，例如管道升（赵孟頫的妻子），葛饰应为（葛饰北斋的女儿），贝尔特·莫里索①（Berthe Morisot，爱德华·马奈的弟妻），卡米耶·克洛岱尔（奥古斯特·罗丹的助手、情人），李·克拉斯纳（杰克逊·波洛克的妻子），以及先于瓦西里·康定斯基、皮特·蒙德里安、卡西米尔·马列维奇这些抽象艺术先驱而存世的希尔玛·阿夫·克林特②（Hilma af Klint），都以卓越的艺术才华和高超艺术作品价值在后世得以正名。

在电影体系中，有一项衡量性别是否平等的指标，利用这些指标进行衡量的方法称"贝氏测试法"（Bechdel Test）。贝氏测试法可以追溯到美国艺术家埃里森·贝克戴尔（Alison Bechdel）在 1985 年发表的一幅名为"规则"的漫画。在漫画里，两个人准备去看一场电影，其中的一位女主人公说，不符合三个前提条件的电影她都不看：条件一，电影中必须出现至少两名女演员，而且她们必须有名字；条件二，这些女演员之间必须有对话；条件三，对话主题不能涉及男性。三个条件层层递进，为"她们"和文本命名。

很多叫座又叫好的电影都没有通过贝氏测试。"指环王"三部曲尽管也有女性角色，但是她们恰好没有一起出现，也就没有产生对话。《哈利·波特与火焰杯》和《哈利·波特与死亡圣器（下）》都有女性出演，甚至她们同时出现在银幕上，但她们之间没有对话，故这两部电影没有通过测试。在《阿凡达》这部电影中，有女性同时出镜，她们也进行了对话，但对话的主题是男主角，所以不算数。类似的情况也发生在《公民凯恩》中，这部被很多专业评论家认作伟大作品的电影，尽管有几个女性角色，但她们仅有一次对话，且是关于男性的。《公主新娘》③里出现了两位对话的女性，但对话的主题也是围绕一位男性展开的，因此该片没有通过贝氏测试。那是不是根本就没有电影可以通过贝氏测试呢？在两部围绕"雷神"的电影里，拥有姓名的多位女性同时出镜，相互交流，并且她们交流的主题也和男性没关系，于是这两

① 贝尔特·莫里索，法国印象派女画家。主要作品有《芭蕾舞女演员》《摇篮》等。青少年时曾师从巴比松派画家卡米耶·柯罗（Camille Corot）。后经让·博丹（Jean Bodin）介绍，与马奈结下了深厚的友谊。莫里索曾为马奈当过模特，之后嫁给了马奈的弟弟，并进入巴黎的印象派沙龙，成为其中的活跃分子。

② 希尔玛·阿夫·克林特，瑞典最受尊敬的艺术家之一。她的私人作品不仅展示了西方绘画中第一个真正抽象的案例，也传达了一种复杂而又深刻的精神体系，这种复杂和深刻贯穿了艺术家的整个人生与艺术事业。

③ 《公主新娘》于 1987 年公映，讲述了勇敢的海盗维斯特雷在同伴的帮助下，解救被邪恶王子绑架的儿时玩伴、善良美丽的少女布卡特的故事。

部"雷神"电影顺利通过了贝氏测试。

由银幕背后的性别命名问题，我们不难发现，在85年内，女性获得的奥斯卡最佳导演奖提名的机会仅有4个，而且得算上凯瑟琳·毕格罗（Kathryn Bigelow）拿到"小金人"的那一次。但她的获奖电影《拆弹部队》并没有通过贝氏测试。在很多时候，在银幕前亮相的女性角色依然依赖男性：她们是邦德女郎、男英雄的女友，是男性思维和女性身材的合体……为了使电影中的性别不平等展现得更加清晰，斯德哥尔摩的院线电影和瑞典的有线电视已经开始使用贝氏测试法进行分类。

（二）无名的女性生理期

女性不仅在小说、影视作品中没有名字，甚至和女性相关的女性生理期也是不被直接提及的。月经羞耻的广泛存在，使女性生理期在不同的媒介传播中呈现出独特的图景。2020年央视新闻采访抗疫一线女性医护人员，在二次播出时把生理期剪去。在引进电影Pad Man时，将其直译名《护垫侠》改为《印度合伙人》。在热门电影《少年的你》中有一段关于校园霸凌的内容，就是往周冬雨扮演的陈念的椅子上倒红水，对女性生理期的呈现被直接表述为暴力符号。电视广告中的生理期被"安全"地表现为洁净的蓝血加上女性的雀跃。

直到2011年，在护舒宝推出的一则平面广告中的卫生巾上才出现了一点红。在这个时期，月经羞耻开始被打破，卫生巾开始有了更加多样和大胆的媒介表达。生理期和月经话题也进入了公众的讨论空间。2017年，卫生巾品牌Bodyform推出了世界上第一条出现月经红血的广告，打破了卫生巾广告的"出血禁忌"，也因此在戛纳国际创意节中获得了"玻璃狮-文化改变奖"。在新冠疫情中后期，自媒体社交网络为一线女性医护人员发起了卫生巾捐赠活动——"姐妹战疫安心活动"，由此掀起了"为生理期正名"的狂潮。

拓展资料："月事骄傲PeriodPride"与"予她同行"的努力

"月事骄傲PeriodPride"是中国首个专注于月经健康与卫生的社会创新组织，致力于通过学术研究、创新孵化、落地行动，改善月经贫困、月经羞耻、经期产品污染等问题，来为女性及月经相关群体创造安全、卫生、体面、舒适的经期生活。2021 年，该组织首创"月经社会创新营"，试图为流动人口当中的初潮女童面临的月经贫困问题、为绝经期女性面临的身心健康问题提供相关的产品与方案。2022 年 4 月，月事骄傲 PeriodPride 和正荣公益基金会一起发起了"儿童友好厕所计划"，在两所乡村学校完成项目试点落地，为乡村学校的女童改善厕所环境，科普青春期生理卫生知识。之后，二者联合主办的"月事咖啡厅"是"儿童友好厕所计划"的延展，在直播间里经常有各类嘉宾发起与生理期相关的对话。在 2023 年《中华人民共和国增值税法（草案）（二次审议稿）》征集意见期间，月事骄傲 PeriodPride 发起了"经期用品免税或降税"的倡议，提供了月经产品免税、降税的建言模板。倡议从微信公众号拓展到微博、抖音、小红书等多个社交媒体平台，"卫生巾免税"话题登上微博热搜，获得了超过 3500 万次网友响应。社群的力量将"月经贫困""月经羞耻"等议题再一次带入公众视野。

上海市杨浦区的"予她同行"公益服务中心则致力于关注女性命运，为女性发声，通过开展"姐妹战疫安心行动""月经安心行动""卫生巾互助盒""予她同行当代艺术展"等系列公益项目，让更多人看见女性的力量及女性的生命力。

二、知晓"她"姓名

2019 年，有两本书在世界范围内引发了关注和热议。一为《知晓我姓名》，二为《黑箱：日本之耻》。这两本书的作者试图以自我命名，寻求女性在性暴力的媒介议程设置中实现自主发声的可能。

《知晓我姓名》和《黑箱：日本之耻》

　　《知晓我姓名》是 2015 年美国斯坦福大学兄弟会性侵案受害者香奈儿·米勒（Chanel Miller）的自传。作者对女性在社会上的悬浮状态感知细腻。

　　　我感觉自己就像一头孤独的奶牛，脖子上挂着一根绳子，凝视着一座金属建筑。在那里，我可以看到巨大的粉红色隔间，里面用链条吊着一排排白色肋骨。我身后是一片草地，微风中弥漫着青草的芳香。以下两种情况会发生一种：要么我将被绳子牵着走上金属通道，被搅成红色的肉泥；要么我将被释放到一个洒满阳光的牧场。而在那之前，我只是站着，感受绳子在我的皮肤上痒痒的感觉。

　　但在媒体中，香奈儿·米勒被描述成一个"失去知觉的女性"，并被赋予了一个新的名字——艾米丽·多伊。在警方报告中，她没有名字，所有细节陈述，一旦涉及主体，均由"受害人"一词替代。

　　相似的情况发生在日本女记者伊藤诗织身上。2015 年 4 月 3 日，伊藤诗织就工作签证问题与东京广播公司华盛顿分社社长、日本首相安倍晋三的传记作者山口敬之相约进餐会谈，却遭对方性侵。之后面对媒体、社会、司法的重重壁垒，伊藤诗织不断诉诸法律——从她报案、上诉，到警方宣布证据不足不予起诉，再到提交复议申告书，再次不予起诉……在这中间的五年里，大部分时候伊藤诗织没有名字，在新闻报道中她被描述为不见其名的

"女受害者"，日本主流声音甚至斥责她为"日本的耻辱"，她对这样无名且污名的标签感到不满。"'受害者'不是我的职业，也不是我的人设"，她在《黑箱：日本之耻》一书中这样写道。之后，根据她的经历拍摄的纪录片被索性命名为《日本之耻》。

在传统社会中，当性侵犯案件发生时，法律机构隐去受害者的名字被视作一种保护受害者的善举。因为公布身份的受害者会永远和某件性侵案联系在一起，并在网络媒体上留有难以消除的痕迹。这会为那些持有"受害者有罪论"的人对她们抱有经久的恶意，并继续对她们做出攻击提供方便。

但从无名到有名，再到充满勇气地反抗污名，正是通过这一次次具体的名字指认实现的——不管是香奈儿·米勒还是伊藤诗织，她们虽然承担了个人代价，但也让女性个体经验拥有了被讲述的空间。正如《纽约时报》书评所言："《知晓我姓名》是一种矫正行为。在书的每一页，米勒都让自己变得立体，从受害者或者艾米丽·多伊回到香奈儿·米勒。"而伊藤诗织作为日本首位公开长相、姓名控诉性侵的女性，更是以坚韧之姿，揭露了日本的司法暗箱，撼动了日本一百多年来的性侵相关法案。2019 年 12 月 18 日，伊藤诗织胜诉。

三、唱出"她"声音

流行音乐作为大众媒介文化的重要组成部分，以它独有的新锐性与柔韧性，成为多种意识与文化交锋的场所。近年来，与性别相关的议题越来越受到流行音乐创作者的关注，那些无名的、不被看见和听见的女性的生命史，借由流行音乐的文本，在艰涩的政治话语体系外，得到了饱含深情的讨论与传播。

2020 年，谭维维推出的新专辑《3811》堪称华语流行音乐史上第一张全面、深刻回应女性境遇与思潮的作品，具有超越时间的思想穿透力。

谭维维专辑《3811》封面

这张专辑共收录了 11 首歌，每首歌都书写了一个女性，她们或是文学艺术作品中的女性，或是谭维维身边的家人，或是新闻事件中的受害者，或是路上遇见的平凡女性以及社会对女性的刻板印象。少年的、中年的、老年的，真实的、虚构的，历史的、当下的，人间的、神界的……各式各样的女性，各种各样的遭遇与救赎，犹如那张专辑的文案所展示的——"像一列火车，穿越女人生生世世的宿命"，构成了一首厚重的女性叙事曲。

其中，最早出圈并令大众"破防"的是《小娟（化名）》。它的歌词用密集的现实——媒介中的女性处境、性别刻板印象和性别社会实践，谱写了一首关于女性命运的现实主义悲歌。

我们的名字不叫小娟

化名是我们最后防线

社会新闻，耸动版面

双眼打码照片

夜莺变哑巴，你们费好大功夫

谁敢不听话，时时刻刻地刻骨

用拳头，用汽油，用硫酸

用剃头，用目光，用键盘

最后如何被你们记录

妇奸妖娆嫖妍娼妓奴

耍婪佞妄娱奸妨嫉妒

轻蔑摆布，嵌入头颅

隐去我姓名，忘记我姓名

同一出悲剧，不断上演继续

囚禁我身躯，割断我舌头

无声将眼泪织进绸缎锦绣

冲进下水道，从婚房沉入河床

塞满行李箱，阳台上冰柜冷藏

在学校，在工厂，在路旁

枕边人挑选的"好地方"

最后如何被你们制服

妇奸妖娆嫖妍娼妓奴

耍婪佞妄娱奸妨嫉妒

灵魂割礼，融入血骨

隐去我姓名，忘记我姓名

同一出悲剧，不断上演继续

囚禁我身躯，割断我舌头

无声将眼泪织进绸缎锦绣

我们的名字不叫小娟

化名是我们最后体面

茶余饭后，谈资消遣

很快抛在一边

知晓我姓名，牢记我姓名

同一出悲剧，何时彻底止息

安葬我身躯，抚平我眉头

无声用眼泪擦拭墓碑石头

知晓我姓名，牢记我姓名

同一出悲剧，为何还在继续

安葬我美梦，缝合我心口

无声用眼泪铭刻墓碑石头

　　从"我们的名字不叫小娟，化名是我们最后防线/体面""隐去我姓名，忘记我姓名"到"知晓我姓名，牢记我姓名""无声用眼泪擦拭/铭刻墓碑石头"的反复吟唱，这正是香奈儿·米勒和伊藤诗织走过的历程，也是不想再化名为"小娟"的觉醒的女性正走向前去的未来。这首歌是精确的记录，是愤怒的控诉，更是大声的呐喊。

　　2020年12月11日《小娟（化名）》一经上线，就引发了巨大反响。这首充满新闻感和启示录一般的歌曲，让很多人以为词作者尹约是根据一系列新闻事件和舆论反应写下歌词的。然而，尹约在接受采访时却说：这首歌的歌词是在她在收到旋律的3小时后就填完了的，她并没有过多地搜集新闻资料，只因为这首歌的灵感并非来源于这填词的3小时，而是自己3年、10年甚至30年来的经历和感受。在这3小时内，尹约想到的是自己母亲那一代人。她们出生在全中国新生儿男女比例最失调的省份之一，从小饱受重男轻女的苦，被抛弃、被寄养、被辍学、被早早地嫁人，一辈子颠沛流离，无力主宰自己的命运。即便到了尹约这一代，她依然因为性别是女而成为不被期待的那一个。她还想到了自己的职业生涯：作为业界有名的影视剧歌曲填词人，由于每次她都是按照影视剧片方的要求去创作的，所以她的词作会呈现出不同文风，她因而时常被误当作一位"男填词人"，仿佛只有这个性别才更衬得起她的专业度；而当她的女性身份被发现时，她又会被贴上"美女填词人"之类的标签。她在哈佛大学演讲时曾提到过自己的性别困境：一方面，有些人会觉得她的作品像男人写的；另一方面，在工作当中她不止一次遇到男导演甚至业内前辈对她说"这个题材不适合女人，应该找个男人来写"。这种让她"腹背受敌"的双重偏见，那些日积月累直达心底的深刻感触，都转化成她在《小娟（化名）》填词过程中的感受。

　　"小娟"们被隐去的不仅仅是姓名和苦难，还有很多无法诉诸公共话语空间的部分，比如她们作为人的尊严、她们的喜怒哀乐，以及她们那些被碾碎的憧憬与向往。只有那些伤痛被真正地看见、听见、承认、接受，只有那些隐匿于偏见与结构下面的问题得到正视、得到讨论，未来才有止息悲剧的可能性。那些无名的、从媒介记忆中被抹去的人与事，如果能被"知晓"，能被"牢记"，能被"铭刻"，那么她们也将获得足够的勇气进行自我命名。

《小娟（化名）》爆红以后，谭维维在社交媒体上说："作为一个歌手，最开始用声音唱歌，然后用心唱歌，最后用思想唱歌。通过音乐让更多人关注女性问题，听到女性的声音，了解女性的困境，就是作为音乐人最大的荣幸。"

有人形容《3811》是一张女性主义专辑。谭维维则说，她并没有在《3811》中刻意强调女性主义，只是给 11 位女性创建了微信群，让她们在里面分享自己的遭遇、困惑、感情观和价值观。这像极了女性主义运动第二次浪潮时期的提高觉悟小组的实践，呈现出"个人的就是政治的"的社会学想象力。只是这一次，她们以流行音乐创作为出口，为她者命名，为她者发声。专辑里每一位处于不同年龄段的女性都可能代表着与大众产生深切共鸣的"任何一个自己"：不想停下脚步、一心只想嫁给日出的阿果代表着少女的纯真、成长和不妥协；鱼玄机则代表着打破身份、门第、年龄、地域、人品甚至性别等各种世俗界限，恣意而活、肆意而爱的跨越时空的勇敢的青年女性；吴春芳探寻了中年女性的困境与坚持，探讨了女性对"理想母亲"的自我命名与授权；章存仙代表着老年女性对浪漫与美的追求；赵桂灵代表着没有受过多少教育、无法逾越知识和数字鸿沟的老一辈农村女性；而小娟的遭遇则体现了从出生之前到死去之后所有女性都有可能遭遇的规训、偏见甚至是暴力。

值得一提的是，在《3811》的首次线上演唱会上，谭维维在唱到最后一首歌曲《卡利》的尾声时，推倒了插着翅膀、象征着"度母"[1]的无头雕像，镜头凝固在雕像摔落粉碎的一瞬。在这一瞬，"永恒之女性"的枷锁被摔烂了，新的女性被重塑。

拓展资料：万妮达《镜中人》

《3811》之后，万妮达以一首《镜中人》将性别议题搬上了《乘风 2024》

---

[1] 卡利代表的是度母，度母全称"圣救度佛母"，为观世音菩萨所化现之身。

的舞台。这首歌的创作灵感源于轰动全国的"唐山火锅店打人事件"，它以
直接、生猛、犀利又饱含情绪的声音与姿态直击女性的各种处境及所受的暴
力，借由综艺选秀节目的流量传播深远。

　　　　那个女孩不会再被父亲打了

　　　　不会鼻青脸肿让她无法去学校了

　　　　夏天穿冬天的校裤遮住腿的伤疤

　　　　从来没有人有教过她

　　　　她该怎么保护她呢

　　　　她的母亲告诉她

　　　　这一切很正常

　　　　她的过去比她孩子还要更难堪

　　　　我很抱歉记忆不被遗忘

　　　　抱歉没人给你补偿

　　　　可能只是一顿晚饭就把命赌上

　　　　就算是你

　　　　就算是你习惯了黑暗

　　　　但别为黑暗辩解

　　　　别划聪明人的字眼

　　　　我没被教过怎么才不做受害者

　　　　就连一个人回家都会变成障碍吗

　　　　也许不远的将来

　　　　她拥有另个身份

　　　　她成为一个妻子

　　　　她成为另外一种人

　　　　但她的孩子有一半的机率跟她一样

　　　　凭什么就让罪恶肆无忌惮无处躲藏

　　　　我是善良勇敢却不愿甘心平凡的你

　　　　我是天马行空却处处都被局限的你

　　　　我是真诚坦白却又不得不说谎的你

我是寒冷的深夜加快步伐回家的你

我是渴望发光却一步一步退后的你

我是充满希望一次一次被瓦解的你

努力的拼搏只有老天可以为我做证

那面对灵魂的真相我再也不必过问

完美的世界却不完美

当你我沉默着

滋养了刻画了明确的罪

可笑的偏见

可憎的污秽

All human in the mirror(镜子里的所有人)

边沉沦边陶醉

今天是她他它

明天是我

下一个会是谁

第三节　媒介暴力与强暴文化

　　媒介暴力往往与性别、阶层、族群或其他某个群体相关，媒介呈现暴力内容与媒介自身成为施暴者有时并没有明显的边界，"媒介暴力"的内涵可延伸涵盖话语霸权和象征性权力（符号暴力）。在现代社会中，几乎所有人都会受到媒介象征性权力的规训，成为其潜在受害者。性与暴力是媒介极力表现的内容，并因此成为媒介暴力的体现之一。女性往往是性与暴力指向的最终客体。媒介或隐性、或显性的暴力，象征性权力的形式对女性实施了性别规训、权力宰制和"象征性歼灭"——这种由媒介产品和媒介文化构成的象征性权力从社会意识和象征性权力层面对女性产生了性别与阶层的双重压迫。

一、强暴文化与媒介的符号暴力

2018 年 1 月，比利时布鲁塞尔举行了一场名为"What were you wearing？"的特殊展览。遭受性侵的受害人，最常被问到的第一个问题就是："你当时穿了什么？"这句话背后的逻辑和潜台词是："穿得那么少，活该被侵犯。"通过展品，我们不难发现，18 位女性在遭遇性侵时身着的衣物，是我们在日常中再普通不过的服装，和性感完全不搭边。那些普通的睡衣、运动套装、衬衫、洋装、工作制服和它们承载的悲痛故事，无声地驳斥了"受害者有罪论"。事实上，早在 2016 年，《华盛顿邮报》就曾对性侵犯的供词进行了调查，发现他们在选择目标时更在意行为举止，通过表情和走路姿势，寻找那些"表面看上去没气场、不自信"的女孩们，因为她们看起来"更容易屈服"。此外，案发现场的环境和女性是否醉酒也在一定程度上影响着性侵的发生。至于被害者所穿着的衣物，大多数性侵犯表示，他们对受害者当时的穿着印象并不深。这个展览让我们清晰地意识到，性侵可以发生在任何人身上，发生在任何时间、任何地点，也让我们意识到每个人都有可能成为受害者，每个人也都有可能是施暴者。英国《独立报》曾有评论这样写：我们仍然一致不愿接受一个事实，那就是大多数强奸犯都是普通人，他们可能有家室，有朋友，有成功的事业，有令人景仰的人生，可能是我们的朋友、同事，或是我们敬仰的熟人。

然而强暴文化在现实和媒介中的盛行，却是不争的事实。所谓"强暴文化"是指"鼓励性暴力的文化环境"，它强调的不是"如何制止性侵"，而是"如何防止被性侵"。各种程度的性骚扰以及"荡妇羞耻""受害者污名""厌女"等现象在这样的环境中随处可见。

拓展资料："强暴文化"概念的发源

这个概念于 20 世纪 70 年代出现。苏珊·布朗米勒（Susan Brownmiller）在《违背我们的意愿》一书中写道："强暴"不仅是一种犯罪，它还是有意识的恐吓过程，让所有的女性都处于恐惧之中。恐惧来源于话语环境，在由男权话语主导的社会中，人们自动接纳了看上去明明耸人听闻的结论：女性生来就被教导"如果不自爱就可能被强暴"。无论是公共社会还是学术界，都该注意到社会对"性暴力"噤声的传统，是这种传统塑造了"支持强暴的文化"。该书和与它同年问世的纪录片《强暴文化》一起，被视为该概念的来源。

　　女性主义学者关注强暴文化的社会性别特征，认为在强暴易发的社会中，性别隔离程度往往比较高，女性价值受到严重的贬低，人际暴力显著。如 2012 年 12 月震惊世界的印度德里公交车轮奸案①。《误杀瞒天记》②和《一个母亲的复仇》③等电影也充分体现了这一点。而社会活动家则谴责：在强暴案件的处理过程中，用直白的审讯方式强迫受害者回忆细节是"二次羞辱"；经由媒介放大，性侵受害者处于弱势却仍被社会攻击，由此受到"二次伤害"……这些都影响了社会对强暴文化的认知。

　　"她是主动的""受害人应该有受害人的样子""她把衬衣纽扣开到第三颗"这样的"受害者有罪论"论调依然比比皆是……相比于对强暴犯罪进行一般性讨论，无论是传统媒体还是互联网媒体，显然都更倾向于传播"女性受害者故事"与"女性自救指南"。在那些霸道总裁文本中，有多少男主角是靠强暴让女方爱上他的？在媒介话语中时常被强调的斯德哥尔摩情结，并不是大多数女性的受害体验，相反她们对此深恶痛绝。

　　媒介是产生符号和构建意义的工具，传播的过程既是建构意义的过程，又是话语博弈的过程。媒体灌输的负面刻板印象，让人们在无意中容忍、支

---

① 2012 年 12 月 16 日，在印度首都德里发生了一起震惊世界的公交车轮奸案。案件的受害者是一名 23 岁的医学系女大学生乔蒂。她在与男性友人一起看完电影后，搭乘了一辆私人运营的公交车回家。在这辆公交车上有包括司机在内的 6 名男子，他们对二人实施了暴力行为。乔蒂的男性友人被殴打并关押在驾驶室，而乔蒂则被拖到车厢后部遭受了严重的轮奸和虐待。车辆行驶了一段时间后，罪犯将两人遗弃在荒凉地带。乔蒂的伤势极其严重，在 2012 年 12 月 29 日不幸去世。警方迅速行动，很快逮捕了涉案的 6 名犯罪嫌疑人。其中一名嫌疑人在狱中畏罪自杀，一名未成年人受到较轻处罚（被判 3 年监禁），剩下的 4 名成年犯罪嫌疑人被判处死刑。
② 印度电影《误杀瞒天记》讲述了维杰为了拯救家人，利用从电影里学到的知识对尸体进行处理，使用蒙太奇手法模糊了时间线，让证人们在无意识的情况下为他们的"不在场"做证的故事。根据该片翻拍的中国电影《误杀》，取得了不俗的票房成绩。
③ 印度电影《一个母亲的复仇》讲述了艾莉亚被同学强奸后，她的继母戴维琪开始为女儿报仇的故事。

持甚至洗白那些性暴力。例如，在刘强东性侵案①中，美国警方公布的 149 页档案记录囊括了警方搜集的全部证据和当事人的笔录；但在国内搜索该案件时，跳出来的却多是"重磅！女方主动邀请，含大量私密细节！"这样博人眼球的以"受害者有罪论"为导向的标题。在被公布的 149 页警方档案记录中，有许多表现女方被强迫的证据，却被选择性忽视。在性侵报道中，媒体及公众如何讨论这起案件，如何去对待双方的证据，恰是对我们是否身处强暴文化的反映。

2018 年，哈佛大学肯尼迪学院的教授发表了题为"强暴文化能预测强暴吗？来自 2000—2013 年美国报纸的证据"（Does Rape Culture Predict Rape? Evidence from U.S. Newspapers, 2000–2013）的论文。这是全美第一篇运用量化分析法研究强暴文化与强暴犯罪相关性的论文。研究人员通过新闻报道来衡量社会的强暴文化程度，收集了美国 2000—2013 年当中 279 家报纸、310,938 篇含"强暴""性侵"字眼的新闻报道，得出了肯定性的结论。"哪里的新闻报道有更浓的强暴文化，哪里就会发生更多的强奸。"（Where there is more rape culture in the press，there is more rape.）

二、性暴力的权力结构与媒介舆论场

事实上，人类历史上挥之不去的强暴梦魇伤害的并不仅仅只有个体。从一战的炮火到南京大屠杀的血光，无论男女老幼，在霸权和暴力的践踏之下，只要是弱者，就有可能成为作恶者的玩物和牺牲品。琼·斯科特（Joan Scott）曾指出：性别是表现权力关系的首要方式，民族国家也被赋予了性别特征，分别被描述成"祖国"（motherland）或"故乡"（homeland）；国家被侵略或征服亦可被称作"强奸"。正是在国家这个层面上，战争和暴力获得了合法性。所以，张纯如书写的《南京大屠杀》，英文版原名就叫 *The Rape Of NanKing*——以"强暴"指代"屠杀"就体现了这样的深意。

有人曾经说过："在我们的性文化里，把无知当作纯洁，把愚昧当作德

---

① 2018 年 8 月 31 日，刘强东作为明尼苏达大学卡尔森管理学院与清华大学经管学院合作博士项目的注册学员，在赴美期间参加了由一些中美学生和教授组织的社交活动。在晚宴后，刘强东与一名女性一同离开了聚会地点，前往女方的公寓。根据刘强东方面的说法，两人发生了自愿的性行为。但女方后来指控刘强东在未经同意的情况下对她实施了性侵犯。2022 年 7 月 12 日，根据媒体报道，双方达成了庭外和解。

行，把偏见当作原则。"而我们还会时常看到另一种，将钱权当成罪恶的救赎。

鲍毓明李星星案①、王振华幼女案②和甘肃李依依案③，媒介集体失语;《素媛》④、《熔炉》⑤和《嘉年华》⑥，电影重重发声。微博上的"姐姐"们，自发接力进行了一场前所未见的"Trigger Warning"（触发警告），尽管"MeToo"话题已禁，但她们依然鼓起勇气，开始声援讲述自己童年时被陌生人、被邻居、被亲近的人性侵的经历。她们对李星星说:"姐姐们不需要你回报什么，这是姐姐们欠你的，因为我们不够勇敢。"进一步问，她们为什么不够勇敢?因为媒介舆论的二次伤害，因为她们的故事很容易被媒介冠以"一树梨花压海棠"的故事模型标签。在那些标签里，施暴者是亨伯特·亨伯特，受害者成了洛丽塔，他们的关系既危险又浪漫。正如亨伯特的独白:"洛丽塔，我的生命之光，我的欲念之火;我的罪恶，我的灵魂。"

艺术家李心沫⑦的行为艺术《我五岁》，把一个五岁女童遭到性侵的故事变成了一个让人疼痛的身体寓言。她在嘴里含着男人的剃须刀片，并试图讲

---

① 2015 年时，出生于 1997 年的李星星在网上发布寻求"收养"的信息;同年，鲍毓明，一个有着较高社会地位的男性，在网上发布了想要收养孩子的信息。二人开始接触，以"收养""被收养"的名义交往，后发展成两性关系。李星星曾多次报案，称鲍毓明性侵。经调查，现有证据不足以证明鲍毓明的行为构成性侵犯罪。

② 2019 年 6 月 29 日，犯罪嫌疑人周燕芬（49 岁）以去上海迪士尼乐园玩为由，将两名女童（9 岁和 12 岁）从江苏带到上海，并入住一家五星级酒店。随后，王振华（57 岁）对 9 岁的女童实施了猥亵行为。2020 年 6 月 17 日，法院作出一审判决，以猥亵儿童罪判处王振华有期徒刑 5 年，周燕芬有期徒刑 4 年。

③ 2016 年 9 月 5 日，17 岁的李依依（化名）在学校期间因胃痛被安排到教师公寓休息。当晚 8 点左右，她的班主任吴永厚进入了她休息的房间，并对她进行了猥亵。2018 年 6 月 20 日，不堪内心压力的李依依选择在甘肃庆阳的一个商场跳楼自杀，结束了自己年轻的生命。2020 年 4 月 10 日，甘肃庆阳"跳楼女孩"事件相关案件一审宣判，被告人吴永厚犯强制猥亵罪，被判处有期徒刑两年，并禁止其自刑罚执行完毕之日起 3 年内从事教师、家庭教育指导、教育培训等与未成年人有密切接触的相关职业。

④ 韩国电影。该片根据韩国真实案件改编而成，主要讲述了一个未成年少女在遭遇性侵后如何走出心灵的阴影和家人如何面对生活的故事。

⑤ 韩国电影。该片改编自孔枝泳基于真实事件创作的同名小说，主要讲述了新到某所聋哑学校的老师和人权运动者试图揭开该学校中虐待儿童等种种背后黑幕的故事。

⑥ 2017 年上映的中国电影。影片讲述了这样的故事:在一家旅店打工的小米，碰巧成为在旅店发生的一起案件的唯一知情者，为了保住自己的工作，她决定保持沉默。在一番挣扎与挫折之后，她终于醒悟，说出了事情的真相。

⑦ 李心沫融汇古今，学贯中西。一方面从事书法、绘画以及表演艺术的创作，其作品在法国、意大利、美国、瑞典、德国等国家展出并被收藏;另一方面在女性主义理论和当代艺术批评方面也颇有建树。

述那个女孩童年时被性侵的经历。但是由于受到了刀片的阻碍，女孩发出的声音是含混不清的，因为刀片会划伤口腔，所以她始终无法真正言说。她想以此展示性暴力幸存者难以启齿的生理伤害和更加剧烈的心理伤害。

鲍毓明李星星案媒体报道

正如林奕含所说的"世界上最大规模的屠杀是房思琪式的强暴"。在遭受性侵之后，受害人还要接受权力结构中的强者的洗脑。强者逼迫作为受害人的一方戴上耻辱架，并将性侵合理化。在那些案件中，我们需要探究两个问题：未成年人性暴力案件的媒介报道伦理，以及在案件中出现不完美受害者时，对结构性问题的理性思考。

主体作为个体，越是坚持"自我决定"，结构就越能被免责。在坚持自我的主体性之前，需要先认知主体与结构的关系，做一个警醒的主体。

另外，相比于女性针对性暴力的发声，男性无论是在法制层面还是在媒介舆论场中都因为性别刻板印象而被排除在"性暴力受害者"外。当前，很多国家尚未对男性受性侵进行立法。那男性被性侵犯法吗？犯法，但不构成强奸罪，只会构成强制猥亵罪。《中华人民共和国刑法》第二百三十七条规定："以暴力、胁迫或者其他方法强制猥亵他人或者侮辱妇女的，处五年以下有期徒刑或者拘役。"台湾公益宣传片《如果早知道：男生也会被性侵》一经播出，"杰哥，不要"便迅速在网络上发酵成男生之间的社交流行语，大众用一种戏谑的方式传达着"男生出门在外也要注意安全"这样的严肃内容。

三、媒介的性别正义边界：传播同意文化

在强暴文化中，广泛存在着一种介于同意与拒绝之间的"性接触"，并且"双方都不确定对方的意愿"。这种表述，尤其在熟人性侵案里，在很大程度上加大了取证立案的难度。强暴并非总是由一方用武器威胁另一方才得以进行的。联合国关于亚洲六国对强奸问题态度的报告表明，男性会将自己的行为描述为"未经同意与女性发生性关系"，而不会使用"强奸"这个词。怎样拒绝才算拒绝？在取证量刑时，在媒介报道时，正义的边界在哪里？

"拒绝即同意"被很多男性认为是在男性追逐女性的游戏中由来已久的浪漫。但了解强暴文化至关重要的一点就是，要认识到个人空间与判断决策的重要意义。在伊藤诗织性侵案中，她曾在媒体采访中描述自己在经受性暴力的过程中，无论她如何哭喊、咒骂，都不能停止山口敬之对自己的侵害。她可悲地意识到，由于日语中缺乏明确表达"拒绝""不同意"意思的词，她的反复哀求反而加剧了对方的兴奋。来到中国后，身边的朋友教会她"滚"这个词，她意识到日语也需要这样强有力的词，就像英语里的"fuck off"一样。否则"哪怕是在语言上，我都觉得我们被限制了"。

日剧《非自然死亡》截图

那么，是时候丢掉"No means no."①的老思想，并开始接受"Yes means yes."②的新标准了。就如网友"地中海之光"在她自己的推文中所说的。

---

① 当某人明确表示不同意或拒绝时，这种意愿应当被尊重，不应再有进一步的压力或强迫。
② 这个理念主张只有明确、知情且自愿的"是"才能被视为有效的同意。

你自己不痛，于是说大家都不应该叫痛。你可以是一个有钝感的人，但请你不要抨击别人敏感。每次"小小"的事件之所以能引起如此"巨大"的讨论和共鸣，是因为每一个发声的女性都是潜在的当事人，她们设身处地感受到了这种无助和被强迫的感觉。这不是舆论高地，也不是道德绑架，这是一种巨大的共情。我不要被不熟悉的异性摸脸和搂腰。我不要被反复催促何时结婚。我不要在被侵犯后还被二次伤害。我不要在恋爱中被PUA，像男性的猎物。我不要被偷拍，然后被人在N号房里围观。Only yes means yes.哭泣，颤抖，惊恐，躲闪，包括沉默，就已经是最强硬的拒绝。

2014年9月28日，加利福尼亚州州长杰里·布朗（Jerry Brown）正式签署了编号为SB695的Yes Means Yes法案。该法案规定：同意必须是明确的，其他的任何行为，包括沉默都意味着拒绝。因此，未经明确同意的性行为将被视为强暴。加利福尼亚州是美国第一个明确定义性行为同意的州。2018年5月23日，类似的法律在瑞典以257人赞成、37人反对、55人缺席的情况通过，并在同年7月1日生效。该法律规定，只有在语言和肢体上表达同意才行，特别强调被动和消极状态不意味着同意。西班牙政府也在同年提出了类似的法案，成为欧洲又一个认定"Yes means yes."的国家。

全国政协委员凌锋强烈建议将儿童防性侵纳入义务教育课程。性并不羞耻，可如何恰当地表达自己的欲望和喜爱很重要。另外，教会女孩100种保护自己的方法，不如教男孩一条尊重女孩的道理；教会女孩1000种被人接纳的办法，不如先让她拥有拒绝的力量。同样，对男孩而言，"坚强"不该是性别偏见的标签，更不足以让它成为寻求帮助的阻碍。

第四节　身体媒介与身体话语权力

身体社会学家布莱恩·特纳（Bryan Turner）给予了身体全新的定义，即身体是"制度、话语和肉体的现实"。我们通常说的国家身体、社会身体、宗教身体等，体现出了身体的维度。显然，身体是被塑造出来的。身体不等于肉体，但是又包含着肉体。身体的意义以它历史的深度与广度不断通过大众媒介闪回到我们的视野中。

一、身体政治的媒介艺术：疼痛与荒蛮

从形而上的角度来讲，身体是一个假想的对象。女性艺术家虽然时常希望自己只属于艺术而不属于性别，不想以"第二性"艺术家的身份存世，但她们在进行艺术创作时，依然会自然地从最深切的身体进入艺术母题。在她们的呈现中：身体既是生命的本体，也是历史与现实制度、权力话语的载体；身体既是媒介方式，也是身体权力最具想象力的一种形式。特别是当艺术成为身体的一种行为方式时，肉身的反抗性、话语的主体性和对制度的质疑、纠结与博弈，使身体的叙事具有强烈的权力意识，再加上身体的"实施"，就组成了身体政治。从某种意义上讲，艺术家也是一个政治的人。在中国女性艺术家以身体作为媒介传导的性别叙事中，我们可以时常看见身体的"社会性叙事"和"自传性叙事"被作为身体权力的微观政治，在与社会的宏观政治进行博弈的过程中，穿过疼痛和荒蛮的甬道，绽放出绚烂的力量。

（一）钟乐文的刺绣艺术：吊诡的意义

钟乐文采用了与中国历代女性形象和生命符号密切关联的刺绣作为性别文本，进行建构工作。她以针为笔、以线为墨、以绣作为书写，将自己作为20世纪80年代生人所见证的在中国人口制度的改革——计划生育政策——的实施过程中，女性承受的疼痛展现出来。早在2012年，她就曾陪同母亲去医院摘掉避孕环，目睹母亲的痛苦，以一个艺术家的敏感深切地洞悉到女性在基本生存中的被动与身体限制。这是她萌生创作自己艺术生涯中第一个作品系列"计生"的缘由。

她收集了世界各地形状各异的避孕环图片资料，以女性生殖器官符号为主体，采用刺绣的方式，直观又颇具象征性地创作出造型绮丽、色彩明艳的图案。这是一种极具女性特质的艺术表现形式，让受众在感受到审美体验的同时，又能联想到针扎皮肤时的那种战栗，十分吊诡。把疼痛上升为一种悲剧美学，将身体的自传性叙事疼痛感转化为身体的社会性叙事疼痛感，钟乐文的艺术文本已触及了历史与现实所面临的最具有挑战性的问题之一——人

性中的性别困惑与性别伤害。

正如巴特勒所说："不平等的性化①先于性别出现，而性别则是其结果。"避孕作为一种生育的控制手段，只发生在女性身上，男性则被允许完全置身于事外。避孕环对女性身体带来的长久伤害，正如斑斓颜色和完美造型背后隐藏的不公，隐秘，鲜被看见。

性爱与禁欲，自愿与强制，出生与死亡成为其作品中一种鲜明的对比，充满关于身体政治的讽刺隐喻。

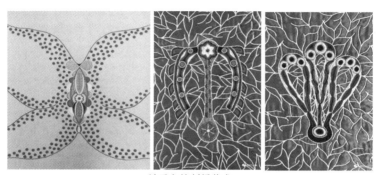

钟乐文的刺绣艺术

（二）周雯静的装置符号：嵌入的疼痛

仿佛是一种女性命运体的共振，周雯静也因为 2011 年母亲去取她佩戴了二十多年的避孕环时，发生了术后大出血现象，引发了一些并发症，给母亲和家庭带去了巨大痛苦，从而开启了她关注、调研中国女性节育问题、完成艺术装置作品的历程。

2014 年，周雯静使用避孕环早期材料铜，按照历史上真实出现过的制式，以 1：1 的比例还原出三百多个形状各异的避孕环。它们像首饰一样排布在蓝丝绒布上，形成了一个完整的装置艺术作品。这个作品乍一看很美，实则表达着巨大的疼痛感。

后来，艺术家在进行二次创作时，将之前制作的避孕环嵌入一块块的陶泥中进行烧制，待烧成硬瓷后，再将避孕环一个一个抠出来，以此模拟了女性放置避孕环和取出避孕环的经历。女性最柔软的地方却遭遇了最坚硬的疼痛，并形成了一个永恒的、不可逆转的印记。

---

① 社会对不同性别角色和行为的期望。

在这个基础上，周雯静还创作了"红色系列Nº5"，避孕环、手术刀、女性身体是这个系列中三个典型的形象。我们可以清晰地看到，这个系列的不同作品之间因为影像动画的艺术形式而具有偶发性，但却逻辑分明地贯穿起艺术家想表达的主要议题——性别、身体、疼痛、疾病、权力之间的关系。

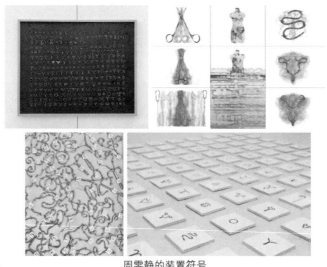

周雯静的装置符号

（三）王玮珏的羊毛毡：戳刺的浪漫暴力

90后艺术家王玮珏自2015年起，开始把粉红、柔软的羊毛材质戳成女性的乳房、子宫及其他各种人体器官，甚至整个房间空间。这些作品表面甜美蓬松，内里却充满暴力痕迹，被王玮珏称为"不可爱的粉色"。"粉嫩柔软－暴力疼痛"的艺术创作中的矛盾性，颠覆了传统性别刻板印象对"甜美"属性的浪漫想象，更在对女性身体部位的解构中，撕扯着表达出私人身体与社会性别政治结构的关系。

2018年，她在南京陶谷公园举办了自己归国后的第一场个人展览，展出她的作品《一间自己的房间》。在那间"房间"里，遍布各种身份焦虑和性别伤痕，也牵扯着阿里阿德涅之线般的自我救赎——在那三层递进的艺术空间里，她用二十多斤粉色羊毛将整个空间包裹了起来。

作品的主体房间是一间餐厅。餐厅的面积不到6平方米，做了1.8米的挑高，一般人进去尚且会觉得非常压抑，如果是身材高大的男性，进去就需要弯腰低头。王玮珏认为，餐厅对中国人来说是很重要的一个空间，她想还原日常生活中一个重要的场景，就是晚上吃饭的时间。里面摆了两张椅子，一张是婴儿椅，一张是母亲的椅子——没有男性角色坐的椅子。餐桌上放了一些餐盘，上面摆放了一些解构的女性身体部件的羊毛毡。在这样的一个时刻，她的作品指向了："在很多中国家庭里面，男性的角色往往是缺失的。他们可能在做一些经济上的支持，但是在教育小孩和维持家庭方面，其实是母亲一直在承担着主要责任。"

从餐厅出来之后是卧室。她在卧室里摆了一个高为 1.63 米，也就是和艺术家身高一致的一个球体。这是一个乳房的剖面呈现，也可以说是子宫的形态。

最后一个空间是一间衣帽间，她在衣架上悬挂了很多大小不同的胸部。王玮珏将女性在男权凝视下的自我身体规训及焦虑放大给大家看。她说："很多女性会在出门前，根据要去的场合和要面对的人，来决定自己胸部的大小。"

这个作品的名字虽然叫"一间自己的房间"，但其实它不是一间自己跟自己对话的房间。它里面的很多人、很多事情，是中国家庭内部复杂关系的融合。

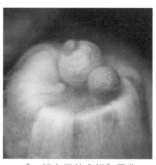

《一间自己的房间》展览

2020 年王玮珏完成了作品《礼物》，意在表达"无论是性别刻板印象，还是生活中遭遇的一切，都是外部环境给我们的'礼物'"。这是一个更具有交互性的艺术装置，作品包含了两个部分：房间外面是一个宏观的婴儿形态，婴儿的腹腔里有一个机械装置，在进行戳羊毛毡的动作；房间里面是一根尺寸巨大的电镀玻璃钢羊毛毡戳针，是婴儿腹腔里机械装置的放大，观众可以清晰地看到戳针上的倒刺，从而形成视觉上的"疼痛"反应。当进入这个空间时，观众可以推动戳针，和艺术家一起戳羊毛毡。戳针撞向墙壁的时候，会发出巨大的寺庙的钟鸣声。这让观众也变成了性别环境构建机械化程序的组成部分——人们总是有意、无意地成为承受暴力或实施暴力的人：也许你永远也不会知道谁会在下一秒推动戳针，也不会知道你是推动戳针的人还是被戳针戳到的人。

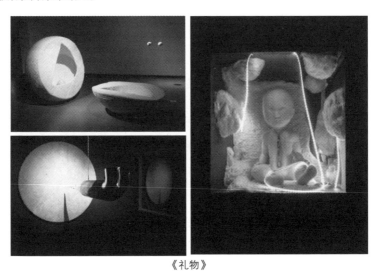

《礼物》

（四）吴析夏的历史书写：窒息/流畅

吴析夏作为有艺术史博士学历加持的艺术创作者，她的作品在网络上有较为巨大的传播量，单平台就曾突破过千万次的浏览量，是近几年来比较出圈的90后行为艺术家。她在《她山》中用血肉模糊到触目惊心的"乳房"和"子宫"搭起了一座座山脉，用血、痛经、分娩的意象物来触动感官的疼痛感。

在行为艺术"子宫"系列的《书写兰亭集序一遍》中，她安排自己进入象征着"母体子宫"的密闭充气球中，并在氧气有限的条件下，于球体内壁书写"天下第一行书"作品——《兰亭集序》。在该书写过程中，她将20个历来为人称道的、形态不一的"之"字替换成男性符号，以表达在曾经的历史书写中没有女性的一席之地。最后，氧气耗尽，整个球体充满二氧化碳，她在缺氧窒息前破球而出，完成这个艺术创作。

　　"文字"是吴析夏进行该系列行为艺术作品的重要符号,不同书体、不同笔刷的使用往往有不同的含义。之后,她结合湖南江永的非物质文化遗产"女书",在乌镇戏剧节进行了名为"书写兰亭集序第二遍"的行为艺术,对《书写兰亭集序一遍》做出了升华。这一次,她选择在乌镇的河域中央一边自由漂行一边书写。在这个过程中,她将《兰亭集序》原版文本中的"之乎者也"替换成"女书",以象征对男权占主导的文化史所进行的改写,并认领了艺术家在当代社会充当类似于史官角色的使命,充满了当代视野和勇气。

《书写兰亭集序第二遍》

　　总之,中国女性艺术家构写创造的身体的空间性、整体性和意象性,制造了不同身体维度的文化质疑与批判,最终在形成的关于身体权力的微观政治中,成为挑战社会宏观政治的重要力量。她们通过身体的社会性叙事与自传性叙事,不仅建立了文化的反省机制,同时成为中国当代性别政治生态的一部分。她们的艺术文本通过技术和传导媒介直通大众,完善了大家对世界和自我的认知,并对中国新时期性别文化的认知与建构做出了积极贡献。

二、媒介中的身体权力与毛发自由

　　美是如何奴役和消费女性的?在几乎完全由男性撰写和编纂的思想史、艺术史、文学史中,女性的身体逐渐成为一种客体。女人沦为一种可以被议论的东西而不是可以与之产生关系的人——一种能够表达、能够讲述的人。

　　我们这个时代与大众媒介共谋的对美的认知,变成了一项处心积虑构建的"社会责任":女性不能变老、不能变胖、要白幼瘦,隐藏起不符合男权审美标准的部分。生活和身体的"神话",让她们不断评判自己的外表,以之为耻、为之焦虑。毛发作为人类身体最浮于表面的最微小的第二性征组成部分，人们剔除它或保留它，是出于一种美容清洁的习惯，是一种时尚，是为了取悦男性的固定项目，还是一种"自然宣誓"？但为什么它在很多时候会被理解成一种冒犯？

（一）自然美与体毛禁忌

英国摄影师、艺术家本·霍珀（Ben Hopper）拍摄了数十名"毛茸茸"的女性，并将作品命名为"自然美"（*Natural Beauty*）。这些影像针对一个被默认的事实：在全世界大部分国家，女人的体毛已被污名化。越来越多的女性下意识地认为，当出现在公众面前时，应自觉去除大部分体毛，以求体面。而《自然美》则通过展现时尚女性的腋窝和非常规、原生态下女性腋毛的强烈视觉对比，挑战了女性审美的刻板印象，由此引发了对身体权力与自由美的讨论。

瑞典女演员艾米丽娅·博斯特（Emilia Bostdt）的照片是第一个引发社会反响的，霍珀把照片发在脸书主页上，随后照片得到了广泛传播。评论呈现出或支持、或厌恶的两极态度。霍珀说，这正是他选择这个主题的原因：对比更强烈，它激起的反应也更强烈。而他的声明和作品得到了麦当娜·西科尼的声援。霍珀在自己的社交网络上发布了一张露出腋下的照片，并配文：Long hair……Don't care！（不要在意体毛）。

博斯特的写真和霍珀的社交网络配图

然而，在现实中，体毛的羞耻和禁忌无处不在。26岁的瑞典模特阿维达·比斯特伦（Arvida Bystrom）在其出演的阿迪达斯广告中，不刮腿毛，自然出镜，但毛发旺盛的腿部特写放大了一部分人对她的恶意。关于阿维达的人身攻击层出不穷，其中包括强暴威胁。

不仅是女性，男性的体毛也面临着同样的规训。在《这就是街舞》第三季片尾，王一博在穿无袖背心solo（独舞）时，每次抬手，他的腋下都被打了马赛克。

我们的审美，我们对自我第二、第三性征的表达，不是自然而然产生的，而是被不同文化习俗、各种社会信息塑造、规训的。

在古埃及社会有一种独特的美学，理想的身体形象是全身没有任何毛发。法老及其家族更需要符合这种理想模型，他们全身除毛，再戴上由动物毛发或植物纤维制成的浓密假发。上层阶级的男性甚至会剃光胡须，戴上假须。

而在古希腊时代的雕塑中，女神无一不以光洁身体示人，而在男性身上，我们却能看到身体上的毛发。事实上，在古希腊的上层社会中，男性对女性身体的毛发报以强大的嫌恶，甚至发明了一种由各类有毒化学物质制成的膏状物以烧除女性身体上的毛发。

古罗马女性的毛发也未能幸免。古罗马浴场有专为女性打造的"护肤中心"，里面设有各种除毛工具：镊子、剃刀、起磨砂作用的棉纸……简直像一个酷刑室，无所不用其极地帮助女性展示光滑的胴体。

即便是在伟大的文艺复兴及启蒙运动时期，"女巫猎杀"[①]中的毛发禁忌文化亦令人发指：体毛被视为魔鬼的标记，体毛过长的女性会被当作女巫施以极刑。

到了近现代社会，资本塑造下的毛发规训有过之而无不及。1915年，美国吉利公司首度推出针对女性市场的剃刀——女性的腋毛被绑架了。就如男性不刮胡子是不修边幅，女性不剃腋毛就等于不优雅、男性化。同年，《时尚芭莎》杂志首次刊登了"反腋毛"广告。广告海报提出了一个问题："在夏天去沙滩时，你是否害怕举起你的手臂？"配图上是一位女性大胆地举起了双臂，露出自信的微笑，她的腋下光滑白净，没有一根腋毛。同步上架的

---

① 女巫猎杀是指，从15世纪到18世纪，在欧洲和北美洲发生的所谓针对"女巫"的大规模迫害运动。

还有无袖连衣裙。无袖连衣裙的广告语是这样说的："想穿无袖上衣，怎能不脱腋毛？"1917年，Wilkinson Sword公司为了增加刀片的销量，在北美洲发起了一场针对女性的强烈宣传攻势，两年后，它出产的刀片销量便翻了1倍。"腋毛嫌恶"的旋风从美国开始，伴随着好莱坞电影迅速席卷了欧洲大陆。

之后，随着二战期间尼龙短缺，丝袜不能在日常进行穿着，腿毛也遭遇了和腋毛一样的命运。这种体毛羞耻和规训意识的强化植入，被认为是资本主义商业与时尚联手制造的阴谋——他们通过制造身体焦虑，建立新的女性审美规则，从而获得巨大的商业价值。二战结束后的1946年，路易斯·雷阿尔(Louis Reard)设计的世界上第一款比基尼在巴黎亮相，女性在拥有更多露肤自由的同时，更多部位的毛发消失了。那些为了穿比基尼必须除去毛发的部位被命名为"比基尼区"……针对不同部位的脱毛产品一应俱全，女人们忙碌地进行"毛发管理"，而商人们则赚得盆满钵满。

最早的女性除毛剃刀广告

1961年，美国内分泌学家大卫·费里曼(David Ferrima)博士和一名研究生联合发表了一篇关于"女性体毛[①]生长临床评估"的研究报告。研究人员观察了白人女性身上的11个部位，将这些不同部位的毛发从0到4进行了分级（0级为"无发"，4级为"多发"），费里曼－加韦量表就由此诞生了。之后，

---

① 在这项研究中，他们观察的不是毫毛，而是终毛，即较毫毛粗、颜色深、至少长0.2英寸（约合0.5厘米）的毛发。

费里曼–加韦量表被进一步简化，仅被用于对身体的 9 个部位（上唇、下巴、胸部、上腹部、下腹部、上臂、大腿、上背部和下背部）进行评分定级。将这 9 个部位的总分相加，可以判断一个人是否患有多毛症——低于 8 分即正常，8～15 分表示患轻度多毛症，大于 15 分表示患中度或重度多毛症。2016 年，美国整个脱毛行业价值 9.9 亿美元。

到了 20 世纪末期，随着"文化殖民"的深入，这样的价值观也逐渐地影响了东方女性的审美，女性在腋下空间方面更为普遍地失去了自由。

事实上，在中国传统文化里，受"身体发肤，受之父母，不敢毁伤，孝之始也"的影响，中国人对身体毛发保持着较高的接受度。在李安导演的电影作品《色戒》中，汤唯所饰演的王佳芝在一段演唱《天涯歌女》的重要戏份中，因抬臂露出腋毛的画面而备受争议。事实上，这是汤唯是为了还原民国时期的审美，特意留了 8 个月腋毛的结果。李安说："上海女人 20 世纪 30 年代确实不刮腋毛，腋毛很性感，刮掉很可惜。"直到 20 世纪七八十年代，林青霞、王祖贤、巩俐等女星也都曾拍摄过露出腋毛的明星照。

但是到了 21 世纪初，受西方时尚潮流的影响，脱毛在国内成为默认的礼仪，也渐渐变成了一种主流审美趋势。台湾艺人小 S 甚至在节目中说："我宁愿露点也不要露腋下。"而刘亦菲仅仅因为她早年拍摄过露腋毛写真，就有恶评说她跌落神坛。

《色戒》截图

如今，人们越来越清晰地意识到，只有当自己讨厌身上那些多余的毛发，想去掉它们，或用漂白剂将其漂白时，这种商业模式才会奏效。

（二）毛发的政治隐喻与身体自由运动

1.毛发的政治隐喻

在流行文化、公共空间等各个社会场域中，"体毛"几乎成为一种性别二元对立论的标识。如果说曾经人们精心除毛是为了将自己的动物性祛除，那么现代社会的除毛却是一种使性别区分扩大化的符号。在很多国家的性别文化里，毛发旺盛被视作男性气质，外显化的女性体毛则被视作一种不洁的象征。在这个隐喻背后的是社会长久以来施加于女性身上的"洁净"迷思，似乎只有男性才可以大方地展示自己身体的毛发，而体毛明显的女性则常被认为是男性化的女同性恋。反过来，皮肤光洁或剔除体毛的男性也会遭到歧视——被指责为"娘娘腔"。

男权制度直接制造出了"体毛羞耻"。人类的体毛象征着身体的成熟，而腋下散发出的味道与身体分泌的荷尔蒙相关，于是腋毛便被赋予了诱发性欲的象征意味。所以从本质上来说，毛发禁忌是一种情欲禁忌。约翰·伯格（John Berger）在《观看之道》中有一段论述，认为"毛发涉及性能力与激情，唯有减弱女人的性激情，才能使观赏者感到自己独占这份激情"。伴随着西方工业革命，众多女性走出家庭开始工作，跳出了作为男性私有财产的身份，同时也意味着她们的身体和性魅力从家庭场域进入了公共空间。男权结构下的男性凝视并没有因此而消弭，就如乔治·巴塔耶（Georges Bataille）所说，"禁忌本身就是种战栗不安"。

> 男人的眼光总在这儿那儿游走，就像老虎的眼睛，搜寻中的探照灯，而我们的诱惑当真会让他们失去判断力——我们或纤瘦或肥壮、形状姣好的双腿，或优美或骨感或丰润的双臂，或白里透红或斑斑点点的肌肤，或鬈曲或闪亮的头发，或毛糙蓬乱或如枯草般的细发辫——是什么样的诱惑无关紧要，但必须遮挡起来，不被那些眼睛看到。不管我们的体型或五官是什么样子，反正都是陷阱，都是诱惑，哪怕我们并不想那样。
>
> ——玛格丽特·阿特伍德（Margaret Atwood）

体毛不仅体现出男性凝视与男权社会对女性身体的规训，同时还凸显出女性群体内部的"东方主义"与种族议题。《卫报》的印度裔记者普里亚·海拉–汉克斯（Priya Khaira-Hanks）曾借用《动物农场》中的名句写道："所有的体毛生而平等，但有些体毛更加平等。"不同于西方的白人女性，中东地区、拉美地区的许多女性通常有着更为浓密的体毛。她们要日常性地面对来自男性的审美压力，也被白人（中产）女性主导的"女性叙事"边缘化。

2014 年，研究人员查看了 2895 位女性的面部高清照片。他们发现，平均来看，在所有人种中，白人女性的面部毛发最少，而亚洲女性最多。但族群与此也有重要关联——例如，意大利白人女性样本的面部毛发比英国白人女性的多。甚至有研究企图证明，精神狂乱的女性面部长毛发的概率更高，这些女性类似于那些"劣等种族"。

种族和性别两大课题往往相互交织——大众媒体惯将黑人描绘成男性化的种族，而将亚洲人描绘成女性化的种族。

2.社交媒介中的"毛发自由"运动

女权倡导者开始将不刮体毛视为女性身体自主的象征，保留体毛开始成为女性自主意识觉醒的符号。直到今天，小小的体毛仍然为女性追求平权代言，为身体的先锋性、自由性代言。

2016 年，法国姑娘们开始在推特上捍卫自己毛发的自由。以"公主也有体毛"为口号的反对女性体毛羞耻的活动轰轰烈烈地展开了。英国社交网站的"体毛俱乐部"账号鼓励女性们积极晒出自然的身体。美国甚至还兴起了 Armpits 4 August 运动，鼓励女性们不剃体毛，以此来为慈善机构筹款。美国亚利桑那州立大学的官方网站报道称，该校有一位教授做出了女学生在 10 周之内不剃腿毛与腋毛就能获得额外学分的规定。

"不剃毛"运动风潮也从国外刮到了中国。微博上一个名为"女生腋毛不拔大赛"的热门话题曾获得了 885 万人的关注。有网友称："谁说男生不剃毛就很有男人气概，而女生不剃就不行？没有必要为取悦男性而改变女人身体。观念需要倡导，为女性健康扩散！""我剃不剃腋毛完全是我自己的选择，对我来说，体毛是给女性另一个机会去进行选择。"

人的第二性征，诸如体毛，不应成为"僭越"和"越轨"的标尺。审美是一件很自由的事情。它不该被他者定义，它只属于你自己。保持自然，也可以再加工；可以展示，也可以保持私密。你的身体，你做主。

思考与讨论

1.你认为舆论有性别吗？如何理解舆论战中的"有小女孩者胜"？

2.什么是网际权力？网际性别对立的原因是什么？有解决方案吗？

3.什么是强暴文化？"受害者有罪论"的本质是什么？当你遇到相关的舆论事件时，你会如何行动？

4.试着用贝氏测试法去衡量你最近看过的电影，看它们能不能通过测试。

5.列举流行音乐中为性别发声的案例，试着讨论性别话语传播的多重路径。

6.如何理解身体是"制度、话语和肉体的现实"这句话？

7.身体媒介的"社会性叙事"和"自传性叙事"作为身体权力的微观政治，如何与社会宏观政治进行博弈？

8.毛发禁忌的本质是什么？你又是如何看待毛发的"东方主义"与种族议题的？

第八章　东方文本中的话语制造与性别叙事

　　从古流传至今的性别话语与叙事在媒介发达的大众传播时代，把历史语境转化成了当代的文化关系。

　　在文化媒介化背景下，话语和命名都是权力之源。汉语作为表意文字，其造字及语言实践将男女的生理差异和社会分工意义囊括在内，体现出显而易见的男性话语中心化现象。对广义的文本①，包括语言文本、视听多媒体文本等一系列符号编码的批判性思考，能够帮助我们理解以性别名义确定的东方叙事文本，是如何授权男性多于女性的；而女性又是如何在话语的突破性实践中，打破男权"元语言"，弥补文化权力的缺席，从而具有了性别革命的意义的。

　　接下来的章节将立足于中国古代诗词、小说、神话传说、民国刊物、中西译文、网络文，从性别流动、性别凝视、性别革命、性别权力等方面，聊一聊东方文本中的话语制造与性别叙事。

第一节　古代诗词中的性别流动："男子作闺音"现象

　　在漫长的中国古代男权社会的历史中，女性在政治、文化上获得的成就相比男性微乎其微，其成就的历史流传度相较男性也比较有限。在以诗词为主要体裁的中国古代文坛，女性文人凤毛麟角。无论文学表达体现的是壮

---

① 文本是人类文明发展到一定阶段，为了满足更系统准确地传达和沟通的需要而创造的一种符号系统。随着符号内核的不断扩充，文本的含义从原本的语言文字拓展到了诸如视觉文本、音乐文本、游戏文本等更为宽泛的层面。

丽豪放之阳还是柔媚婉约之阴,这些表达大都出自在文坛占主导地位的男性之手。

中国古代诗词中有一种"男子作闺音"的特殊艺术现象,即男性文人假托女性的身份、口吻,进行文学创作。清代学者田同之的《西圃词说·诗词之辨》曾对这一创作现象进行过概括:"若词则男子而作闺音,其写景也,忽发离别之悲。咏物也,全寓弃捐之恨。无其事,有其情,令读者魂绝色飞,所谓情生于文也。"

"男子作闺音"的艺术现象由来已久。追溯其源头,中国最早的诗歌总集《诗经》中就有思妇诗和弃妇诗,如大家所熟知的《卫风·伯兮》《卫风·氓》等。虽然这些无名作者是否为男性已没有办法考证,但我们却可以把这些闺中诗看作后代"男子作闺音"的滥觞。继《诗经》之后,出现了以屈原为代表的楚辞作家。屈原奠定了"香草美人"的文学传统。其不朽名篇《离骚》中的抒情主人公屡屡以美人自喻,如:"众女嫉余之蛾眉兮,谣诼谓余以善淫。"后代习用的"为美人以怨王孙"的表现手法就源于此。归结到我们既定的话题上来,这也是作者可考的"男子作闺音"的最早例证。

汉魏六朝时期,司马相如的《长门赋》、曹丕的《燕歌行》、曹植的《寡妇诗》《妾薄幸》《弃妇诗》等都是典型的"男子作闺音"作品。发展到唐代,"男子作闺音"的作品蔚为大观。其中一部分为闺怨诗,如李白的《子夜吴歌·秋歌》、杜甫的《捣衣》、杜牧的《寄远》等;一部分为宫怨诗,《班婕妤》《婕妤怨》《长门怨》《长信秋词》之类的作品俯拾皆是。词中"男子作闺音"的作品也比比皆是。代表词人如温庭筠、冯延巳、晏殊、欧阳修、范成大、辛弃疾等。这类作品打破了男女界限,性别意识相对是淡化的、模糊的,或者说是彼此互通的。品鉴这类作品,对我们深入了解与把握性别文化不无裨益。此处,我们谨以两首唐诗为例,略作解析。

中唐诗人张籍有《节妇吟·寄东平李司空师道》传世:"君知妾有夫,赠妾双明珠。感君缠绵意,系在红罗襦。妾家高楼连苑起,良人执戟明光里。知君用心如日月,事夫誓拟同生死。还君明珠双泪垂,恨不相逢未嫁时。"

张籍曾任水部员外郎、国子司业等职,所以世称"张水部""张司业"。他是中唐新乐府运动的积极支持者与推动者。他还是韩愈的大弟子。不过,在韩孟诗派与元白诗派分庭抗礼的中唐诗坛上，他的创作风格反倒更接近元白诗派。

《节妇吟·寄东平李司空师道》是他最脍炙人口的作品。当时有个名叫李师道的大军阀，官居平卢淄青节度使、拜检校司空，割据一方，拥兵自重。为了实现更大的窃取国柄的图谋，他想收买、拉拢一批有影响力的文人来为他树碑立传、涂脂抹粉。张籍是他试图收买的目标之一。为官清正、守志不阿的张籍一眼就看穿了他的狼子野心，不愿与他同流合污，更不愿为虎作伥，但又顾忌此人心狠手辣，所以拒绝时只能曲折其意、委婉其辞。他巧妙地自托为一位从一而终的贞节女子，用诗歌表达了自己不愿随波逐流、保持个人操守的决心以及对不当利益引诱的坚决拒绝。

诗中的"妾"是作者自喻，"君"则喻指李师道。开头两句"君知妾有夫，赠妾双明珠"，是说对方明明知道自己已经成婚，是名花有主的人，却还要以"双明珠"相赠，显然是别有用心、不怀好意的。"感君缠绵意，系在红罗襦"两句是说：尽管如此，我有感于你情深义重，就暂且把这不该接受的礼品收下吧；你看，我还把它系在了丝绸短袄上，足见我对你的馈赠还是很重视的。可如果你还有更进一步的想法，那也是不可能得逞的。因为我已为人妇，而且我的夫家既富且贵，所以我不可能被你所诱惑。"妾家高楼连苑起，良人执戟明光里"两句就渲染其夫家的富贵：住的是高楼大厦，夫君是皇帝的贴身侍卫，深得圣宠。在这里，"良人"指夫君，"明光"指汉武帝的明光宫，乃借汉喻唐。言外之意是，我这种身份的女子你也敢勾引，未免也太胆大妄为了吧？"知君用心如日月，事夫誓拟同生死"两句的意思是，我知道你的用心如同日月般光明磊落，但我一女不事二夫，早已立下与夫君同生共死的誓愿。诗人深知对方心怀鬼胎，却故意不予说破，为对方留有余地，这就是语言艺术了。最后两句"还君明珠双泪垂，恨不相逢未嫁时"两句是说，既然我不能背叛夫君，转投你的怀抱，那我只好把明珠还给你，但我内心也深感遗憾，以致珠泪暗垂，只恨没能在待字闺中时遇见你。也就是说，诗人用"你是我在错误的时间遇到的对的人"这样的措辞，既把自己的意向表达得非常清楚、非常坚决，又不至于冒犯对方的虎威、挫伤对方的自尊，能起到软化对方、以柔克刚的作用。这是"男子作闺音"的一大妙处。

朱庆余的《近试上张籍水部》是一首七言绝句："洞房昨夜停红烛，待晓堂前拜舅姑。妆罢低声问夫婿，画眉深浅入时无。""张籍水部"就是前一首诗的作者张籍，当时在朝廷中任水部员外郎。而朱庆余则是即将要参加进士考试的一位举子。

唐代"以诗取士"的制度，促致"行卷"①之风盛行，《近试上张籍水部》便是一首行卷诗，朱庆余在诗中以新嫁娘的口吻向张籍投石问路。

这位新嫁娘前一晚刚入洞房成亲，天亮后要到堂前去拜见公婆。请大家注意，这里的"舅姑"是指"公婆"。为了给公婆留下最佳印象，她精心梳妆打扮，然后悄声询问夫婿：我的妆容如何？眉毛画得合不合乎时尚？唐代经济相对繁荣，百姓生活相对富裕，美容业也相应发达。当时经常举办全国性的美容大赛，有时还组织画眉这样的单项比赛。据说唐朝人曾经评选出最为俏丽的10种画眉技法，编成《十样眉》一书，该书畅销于全国。这位新嫁娘应该也是一位深谙画眉技法的潮女。

但这里显然有其弦外之音：作者实际上是以画眉技法比拟文章技巧，试探着向张籍打听，自己的诗歌创作水准是否达到了录取标准？采用这种"男子作闺音"的比拟手法，较直截了当地询问好处多多：不仅显得婉转、含蓄、诗意浓郁、耐人寻味，而且可以避免直奔主题的尴尬。

张籍读后激赏，回赠一首："越女新妆出镜心，自知明艳更沉吟。齐纨未足人间贵，一曲菱歌敌万金。"意思就是，放心大胆地参加考试，以你的卓绝才华，我看是高中无疑的，你就不要顾忌出身贫贱、没有背景了。两人一唱一和，把"男子作闺音"的表现手法运用到了极致，达到了引人入胜的艺术效果，而这样的作品当然也可以成为我们观照古代性别文化的生动而又丰富的文献资料。

但从性别书写与形象传播的角度看，古代诗词中的"男子作闺音"，与其说是一种文学艺术现象，不如说是男权社会的权力关系在文学艺术上的映照，同时也是古代女性缺乏书写空间与话语权的表征——即使在本该由女性书写的领域，女性也由男性代言。因此，"男子作闺音"存在两面性。从积

---

① 行卷是一种自我推销的手段，考生将自己的文学创作抄写在卷轴上，呈献给在社会上、政治上和文坛上有地位的人，请求他们向主持考试的主考官推荐，从而增加自己及第的希望。

极方面讲，男性诗人通过细腻的笔触模拟或描绘女性的情感世界，使之能够以一种更被男权社会接受的文化艺术形式被记录和传播，因而当时与后世社会在某种程度上对女性的心理，如思念、哀怨等情绪有了更多认知，提升了女性情感在文学领域的能见度。但其消极方面也很明显，因为男性在模拟女性话语时，不可避免地带有男性视角的主观臆断。男性诗人往往按照自己对女性的理解和想象来进行创作，会对女性形象进行性别刻板印象化的塑造。比如，在很多诗词中，女性只是等待男性垂怜的深闺怨妇，真正的女性的自我意识和个体需求被忽略，从而固化了社会对女性的偏见，压抑了女性自己发出真实声音的机会，在一定程度上剥夺了女性的话语权。

第二节　古代叙事文本中的性别凝视与厌女意象

中国古代叙事文本中出现的女性形象，多为男权凝视与男权话语制造的产物，呈现出大量性别二元对立的厌女意象，并在广泛传播中影响深远。

一、男权凝视下的中国古代四大美女形象

西施、王昭君、貂蝉、杨玉环是中国古代男性语义系统创造出来的四大美女，她们是古代男性文本根据男性经验创造的对象性形象，是被男权价值体系物化的女性。四大美女与男性的审美理想高度契合，这种契合首先体现在容貌上。"沉鱼西施""落雁昭君""闭月貂蝉""羞花玉环"这四个形象在传播过程中，成为男权审美凝视的刻度。男性语义系统用"沉鱼""落雁""闭月""羞花"分别指四大美女之美，这四个词在很长的时间里成为汉语中对女性容貌之美的极致表达。

（一）被物化的中国古代四大美女

"沉鱼""落雁""闭月""羞花"四个词通常连用，即"沉鱼落雁，闭月羞花"。如在元代南戏《宦门子弟错立身》中，官宦子弟完颜寿马赞女艺人王金榜："可叹你沉鱼落雁之容，闭月羞花之貌。"又如在汤显祖《牡丹亭·惊梦》中亦有这样的表述："沉鱼落雁鸟惊喧，羞花闭月花愁颤。"

1. 沉鱼西施

"沉鱼""落雁"两个词都出自庄子。《庄子·齐物论》说:"毛嫱、丽姬,人之所美也;鱼见之深入,鸟见之高飞,麋鹿见之决骤,四者孰知天下之正色哉?"毛嫱、丽姬是天下人公认的美女,鱼见了躲到水底,鸟见了飞得高高的,麋鹿见了撒腿就跑。但庄子又说:"四者(人、鱼、鸟、麋鹿)孰知天下之正色哉?《辞源》"沉鱼落雁"条说:"庄子原意谓鱼鸟不辨美色,惟知见人惊避,后人变为形容妇女貌美之词,并改'鸟飞'为'落雁',遂有'沉鱼落雁'之语。"也就是说,鱼鸟见人躲避乃人之常情,"沉鱼落雁"最初并不是被用来形容美人的。

而且"沉鱼"本来是说毛嫱、丽姬的,并不是西施的专属。但西施肯定是当时公认的美女,先秦诸子如管子、孟子、韩非子、庄子、墨子等都曾在作品中提到过西施。比如《管子》里有"毛嫱、西施,天下之美人也"的表述。"沉鱼"成为西施的标签,原因大概有二:一是西施生活的空间系江南水乡;二是她生活的年代和毛嫱、丽姬接近。后来,亦有大量文字记载和描述拥有"沉鱼"之容的西施,如唐代诗人宋之问的《西施浣纱篇》写西施之美说:"鸟惊入松萝,鱼畏沉荷花。"

为了维护西施极度契合男权审美的美人地位,男性文本还创造了一个与其相对的形象——丑女东施。《庄子·天运》:"西施病心而颦其里,其里之丑人见而美之,归亦捧心而颦其里。其里之富人见之,坚闭门而不出;贫人见之,挈妻子而去之走。彼知颦美,而不知颦所以美。"这就是"丑人效颦"的故事,后来因宋代的《太平寰宇记》记载诸暨有西施家、东施家,后人穿凿成"东施效颦"。不符合男权审美的"丑女"或"东施"作为女性审丑符号,一直被揶揄。

2. 落雁昭君

在《庄子·齐物论》中,庄子说的"鸟飞"是说鸟并不识得人之美,见了人受到了惊吓,就飞走了。之后"鸟飞"变成了"落雁",而落雁昭君的美貌是在她为男权社会的利益做出牺牲的前一刻才被发现的。《后汉书·南匈奴列传》有载:"昭君丰容靓饰,光明汉宫,顾景裴回,竦动左右。""竦动左右",说明昭君美得令人震撼。

昭君出塞的典故一直被后代吟咏、叙述和传播。昭君永别故乡，远嫁匈奴，于悲伤中在马上拨起了琴，幽怨的琴声飘到空中，被大雁听到。大雁看到行进在大漠中的女子，为她的美丽所震惊，忘记振动翅膀，就掉下来了。将"落雁"与"昭君"关联在一起，很可能是因为昭君出塞的路途中时有大雁西北飞，于是在昭君的故事文本里就出现了"落雁"的意象。后来，"落雁"在昭君的故事文本中广为传播。如王安石的《明妃曲》："寄声欲问塞南事，只有年年鸿雁飞。"马致远在杂剧《破幽梦孤雁汉宫秋》中围绕"孤雁之哀鸣"，写出了面对冷衾孤灯的汉元帝对王昭君的无限思念。

3. 闭月貂蝉

曹植的《洛神赋》写洛神道："髣髴兮如轻云之蔽月。"这里的"蔽月"是遮蔽的蔽，是说云朵遮住了月亮，这是自然现象。后来的"闭月"变成了关闭的闭，是说月亮看到美丽的貂蝉便害羞得躲起来了，这就是超自然的现象了。

貂蝉最早出现在文本中时没有容貌特征，连名字都没有，只有一个身份——侍婢。《后汉书·吕布传》记载："（布）私与侍婢情通，益不自安。"后来的叙事文学逐渐丰富了她的容貌和经历。在《三国志平话》中，"貂蝉"的名字首次出现。在《三国演义》第八回当中，貂蝉"自幼选入（王允）府中，教以歌舞，年方二八，色伎俱佳"。也就是说，貂蝉上过歌舞培训班，具备以"色"和"伎"给男性带来欢娱的资本与技能。

将貂蝉与"闭月"相关联，和貂蝉拜月的传说有关。传说貂蝉有一次在后花园拜月，清风徐来，一朵浮云正好把月亮给遮住了，又正好被王允看到了，于是王允说，真是闭月之貌。元代的《三国志平话》和杂剧《锦云堂暗定连环计》《关大王月夜斩貂蝉》都写到了貂蝉拜月的故事。

4. 羞花玉环

杨玉环是唐玄宗的贵妃。《新唐书·杨贵妃传》里写："太真姿质丰艳，善歌舞，晓音律，智算过人。每每情盼承迎，动移上意。"白居易在《长恨歌》中也极写杨氏之美："天生丽质难自弃"；"回眸一笑百媚生，六宫粉黛无颜色"。

据说杨玉环在没有得到君王宠幸时，某天她和姐妹们去花园散心，花看见她竟然卷起了花瓣。这件事传到了唐玄宗耳朵里，他评论道：真羞花之貌啊！有网友猜测，杨玉环应该是在傍晚时分去看睡莲了。

"羞花"或"花羞"是古人用来夸女人的高频词。李白诗《西施》说："秀色掩今古，荷花羞玉颜。"《新五代史》中说（后唐明宗）淑妃王氏面目俊美，号"花见羞"。宋代曾巩《明妃曲》夸王昭君："蛾眉绝世不可寻，能使花羞在上林。"

杨玉环长得丰腴圆润，她的美与唐之前"楚王好细腰，后宫多饿死"，"樱桃樊素口，杨柳小蛮腰"的美女标准大相径庭。当然，丰腴圆润的杨玉环入选美女之列，并不是由女性主导的，而是由当时社会文化的更替以及由此带来的男性审美取向的转变所导致的。"环肥燕瘦"，骨感与丰润，哪个更美？男人说了算。唐朝男人说，女子丰润好看，杨玉环便在四大美女中占了一个席位。这说明在男权文化语境下，美女只有取得男性社会的认同，她们作为符号的传播才具有权威性和显著性。

西施、王昭君、貂蝉、杨玉环是古代男性语义系统创造出的美女形象，这些负载着男性的欲望、寄托着男性审美理想的美女形象的基型一经确立，就频繁而持久地被男性文学叙述和传播着。

（二）被功能化的中国古代四大美女

四大美女作为男性凝视下中国古代美女形象的基型，不仅因为她们具有沉鱼、落雁、闭月、羞花之貌，更因为她们具备缺少独立人格、逆来顺受、任人摆布的特性。在古代叙事文本中，四大美女是被功能化的，他们是男人献祭给各种利益的牺牲品。下面我们来看看在古代叙事文本中，西施、昭君、貂蝉和杨玉环是如何被功能化的。

1. 美人计工具西施

在古代四大美女中，西施是最早作为被功能化的美女出现在文本中的，她是美人计的核心工具。

《国语·越语》及《史记·越王勾践世家》等文本都没有将西施和美人计关联在一起的叙述，直到《吴越春秋》以小说家笔法，演绎吴越之战中以西施为关键角色的美人计故事：越国大夫文种向勾践献"称霸天下之九术"，其中一个办法就是"遗美女以惑其心而乱其谋"，即送美女给夫差，让他玩"物"丧志。

之后，西施以美色助越国灭吴国的典故，不断被叙述和传播。典型的如明代梁辰鱼的传奇《浣纱记》写范蠡向勾践举荐未婚妻西施，建议用美人计灭吴国。离别前西施和范蠡倾诉不舍，一人持一半作为定情物的溪纱，互道珍重，两不相忘——听起来很感人。西施出色地完成了间谍任务，勾践灭了夫差。这个戏的结局看起来很美好，范蠡志得意满地唱："自家范蠡，辅我弱越，破彼强吴；名遂功成，国安民乐；平生志愿，于此毕矣。"西施有点自卑，说这么多年"苟合吴王，摧残风雨"。但是范蠡一点都不嫌弃西施，对西施说"我实霄殿金童，卿乃天宫玉女"，要和西施"结三生未了之姻"。于是，范蠡和西施欢欢喜喜地乘船远游了。结尾说"唯愿普天下做夫妻都是咱共你"，貌似很美好，但无论叙述策略如何变化，都无法改变西施被功能化的本质。

2.和亲礼物王昭君

《汉书·匈奴传》提到王昭君，就一句话："（汉）元帝以后宫良家子王墙（嫱）字昭君赐单于。"也就是汉元帝把王昭君作为礼物送给了单于。

《后汉书·南匈奴列传》的记载比《汉书·匈奴传》丰富了些："（王）昭君，字嫱，南郡人也。初，元帝时，以良家子选入掖庭。时呼韩邪来朝，帝敕以宫女五人赐之。昭君入宫数岁，不得见御，积悲怨，乃请掖庭令求行。呼韩邪临辞大会，帝召五女以示之。昭君丰容靓饰，光明汉宫，顾景裴回，竦动左右。帝见大惊，意欲留之，而难于失信，遂与匈奴。生二子。及呼韩邪死，其前阏氏子代立，欲妻之，昭君上书求归，成帝敕令从胡俗，遂复为后单于阏氏焉。"

匈奴呼韩邪单于请求与汉朝和亲，汉元帝答应送五个宫女给他。呼韩邪单于希望借此建立与汉朝的友好关系，而汉元帝也希望用这五个宫女拉拢匈奴。汉元帝和呼韩邪单于为了维护他们及其集团的利益，就把王昭君连同另外四个宫女作为高级礼物处理了。

昭君出塞的故事也是历代文人吟咏不倦的题材，后来有些作品基于男性经验，把昭君出塞写成昭君自愿的选择。比如元代马致远的《破幽梦孤雁汉宫秋》就凸显了王昭君自我牺牲的姿态："妾既蒙陛下厚恩，当效一死，以报陛下。妾情愿和番，得息刀兵，亦可留名青史。"

3.连环计工具貂蝉

和西施、昭君被功能化一样，貂蝉同样被男性语义系统强加了顺从无私的"美好"特性。话本《三国志平话》、小说《三国演义》以及元明以来的貂蝉戏（如元杂剧《董卓戏貂蝉》《锦云堂美女连环计》《关大王月夜斩貂蝉》、明传奇《连环计》）中的大多数作品都津津乐道于貂蝉甘愿受男性支配的姿态。

如在《三国演义》中，貂蝉是汉献帝的司徒王允蓄养的歌妓。王允面对董卓擅权的局面，坐不安席。貂蝉见状，对王允说："（大人）倘有用妾之处，万死不辞。"（请注意此处是貂蝉率先对王允做出承诺）。王允听后就想，董卓和他的义子吕布二人都好色，貂蝉又自愿充当间谍，于是就实施了连环计。他先将貂蝉许给吕布，在吕布还没来得及迎娶之时，又将貂蝉献给董卓，这样就使董卓、吕布父子反目成仇了，结果吕布一戟刺死了董卓。

在以古代四大美女为典型的文本中，操控着语义系统的男性作家以及文本中的强势男性，如王允、汉元帝等，总是释放着他们随意支配女性的欲望。《三国演义》呈现的是一个男性世界，女性处于结构性缺失的地位。而貂蝉得以出现在男人们的舞台上，正是因为她美丽绝伦的外貌和自愿被男人功能化的姿态。

4.替罪工具杨玉环

由于白居易的《长恨歌》、陈鸿的《长恨歌传》和洪昇的《长生殿》等作品的渲染，后人常常为杨玉环和唐玄宗之间的浪漫爱情所感动。但这些年来，越来越多的媒介文本开始关注杨玉环功能化的悲剧意义。如电影《妖猫传》讲述了妖猫引领白居易，借用他的视角和巨笔去找寻、书写杨贵妃死亡的真相。陈凯歌导演将政治和朝廷对一位女子的残害包装成一个悬疑故事。挚爱杨贵妃的妖猫作乱，上至皇帝，下至宫女，凡是害了杨贵妃的，都被它追责、逼疯甚至绞杀。妖猫的报复是对唐帝国的控诉：这个以美为尊、以诗为王的朝代，竟让一个弱女子来当替罪羊——盛时，她是繁华的象征；衰时，她是罪恶的源头。

如果你读过白居易的《长恨歌》，便会知道西施、昭君、貂蝉的悲剧性同样体现在杨玉环身上。"渔阳鼙鼓动地来，惊破霓裳羽衣曲。九重城阙烟尘生，千乘万骑西南行。"安史之乱爆发了，必须找一个人来承担罪责。"甩锅"给"回眸一笑百媚生，六宫粉黛无颜色"，害得唐玄宗"春宵苦短日高起，从此君王不早朝"的杨玉环，最是容易。于是"六军不发无奈何，宛转蛾眉马前死"，杨玉环被赐三尺白绫，香消玉殒于马嵬坡，将士们欢欣鼓舞，杨玉环也完成了为安史之乱"背锅"的功能。

总之，沉鱼西施、落雁昭君、闭月貂蝉、羞花玉环都是男性凝视下被功能化了的美女，她们是中国古代男性对女性的支配欲在文本中的隐喻。

（三）男权凝视下被毁灭的四大美女

张岩冰在《女权主义文论》里说："传统的文学史是一个由一个个的'文学经典'汇成的男性文学的历史，这些经典将男性文本和男性经验作为中心，处处显露出对女性的歧视，甚至是憎恨。"中国古代男权文化隐含"厌女症"。厌女症在中外文化史上都是一种有着很深历史渊源的文化观念。亚里斯多德在《诗学》中声称："妇女较为低劣，奴隶十足下贱。"中国古代也有如出一辙的论调，孔子《论语·阳货篇》中有"唯女子与小人难养也，近之则不逊，远之则怨"这样的论述。当然，孔子的本意应该不是骂所有女子的，朱熹《论语集注》将"女子与小人"解为"臣、妾"。汉孔安国注疏《尚书》："役人贱者，男曰臣，女曰妾。""臣、妾"的意思就是家里的男女仆人。钱穆《论语新解》说："此章女子小人指家中仆妾言，因其指仆妾故称养。"问题是，孔子的这句话后来成为很多男性攻击女性的利刃。

在男权意识和男性经验的观照下，中国古代叙事文本产生了一系列的"祸水"女性形象。这类形象一方面是古代社会男权文化强加于女性的一种错误定位，另一方面反映了男性对女性的憎恨。四大美女中的西施、貂蝉和杨玉环都可以被纳入"祸水"女性形象系列。在男性文本中，美女既是男人眼里的"尤物"[①]，又作为"祸水"成为男人的梦魇，因为在男性经验里，作为"祸水"的美女会消损男人的身体，磨灭男人的斗志，使得男人们互相残杀。而且，美女既然是"祸水"，就注定没有好下场。

西施作为美人计的主角第一次出现在文本中，就是被吴国人沉江而死。后来的叙事文本才演绎出西施和范蠡的爱情故事，有的还给了大团圆结局，

---

① "尤物"一词典出元稹的《莺莺传》，指因过分美丽而会给男性带来灾祸的女性角色。

如明代梁辰鱼的传奇《浣纱记》就让西施和范蠡成了一对神仙眷侣。

貂蝉在《三国演义》中使得董卓和吕布窝里斗，董卓身首异处，而作者还将后来吕布的失败归咎于包括貂蝉在内的妻妾："（吕布）听妻妾言，不听将计"，终致枭首。吕布被杀时，作者有一句交代："（曹操）将吕布妻女载回许都。"想必其中就有貂蝉。在古代一些男性看来，这样的结局也许对作为"祸水"的女人太宽容了，所以后来的男性文本就改变了叙述策略。明传奇《连环计》就写董卓死后貂蝉逃回王允府，后与吕布结为夫妻，再后来曹操派关羽抓吕布，貂蝉向关羽献媚，关羽怒而斩貂蝉。还有的斩貂蝉戏编得很离奇，说关羽看到貂蝉，心也软了，手也软了，闭上眼，青龙偃月刀不由得从手中滑落，那大刀刚好就倒在貂蝉身上，待关羽睁开眼，貂蝉已经死在刀下了。这样的叙述既保全了关公的英雄名号，又让作为"祸水"的貂蝉死了。这不禁让人联想起《封神演义》。妲己被擒后，她的美貌让行刑的刽子手手脚发软、无力行刑，最后只能由定力超强的姜子牙亲自上阵，砍了妲己。而之后的元杂剧《连环计》不仅不让貂蝉去死，还让她享受荣华富贵。1994 年的电视剧《三国演义》则将她刻画成一个重情义、有正义感的女性，在展现她美貌的同时，更突出了她的勇敢和智慧，其最后的结局也变成了"随清风而去"，获得了自由和清明。

史书中的杨玉环在安史之乱爆发后就作为"祸水"被男人们清算了。在唐朝及其后的古代叙事文本里，杨玉环大多以"祸水"形象出现。以白居易的《长恨歌》为例，作品开头写杨玉环"天生丽质难自弃，一朝选在君王侧。回眸一笑百媚生，六宫粉黛无颜色。春寒赐浴华清池，温泉水滑洗凝脂。侍儿扶起娇无力，始是新承恩泽时"，这是作者的叙述策略。紧接着又写："春宵苦短日高起，从此君王不早朝。"这里隐含了作者的叙述立场：安史乱起，唐玄宗自然是有责任的，但天生丽质的杨玉环对唐玄宗来说是挡不住的诱惑，所以最大的问题是杨玉环太美了。一直以来，我们对《长恨歌》都采取一种赞同性阅读的态度，其结果是我们忽略了作品对杨玉环所采取的不公正的叙述立场。

中国古代四大美女西施、貂蝉、杨玉环大多因为承担"祸水"的罪责而遭到毁灭，成了中国古代男权文化中"厌女症"的标志性符号。但王昭君作为男权政治的牺牲品，也难逃被男权文化毁灭的结局。她作为和亲礼物被送给呼韩邪单于，到匈奴之地生了两个儿子。呼韩邪死后，前妻儿子继位，匈奴有"父死，妻其后母"的风俗，昭君对此很排斥，于是上书汉朝朝廷请求返回。这个时候已经是汉成帝了，汉成帝诏令她入乡随俗，说你还是老老实实地待在匈奴，好好做你继子的老婆吧。于是，王昭君就成为下一个单于的皇后了，在约 36 岁时就香消玉殒，郁郁而逝。

当然，文学史上还是有几个作者能跳出男权话语系统，为美女说几句公道话的。晚唐诗人罗隐《西施》一诗说："家国兴亡自有时，吴人何苦怨西施；西施若解倾吴国，越国亡来又为谁？"罗隐还有《帝幸蜀》："马嵬山色翠依依，又见銮舆幸蜀归。泉下阿蛮（即阿瞒，指唐玄宗）应有语，这回休更怨杨妃。"当黄巢起义军破潼关、进长安，唐僖宗奔成都之时，唐玄宗若泉下有知，大约会吼叫：这下你们不能怪我的环环了吧？罗隐是不赞成嫁祸于女人的，这是很难得的。

古代的中外男性文本在"祸水"论上是趋同的，然而在对美女的叙述态度上却是有差异的。我们可以比较一下荷马史诗《伊里亚特》中的海伦与中国古代叙事文本中的貂蝉、杨玉环。在《伊里亚特》中，特洛伊王子帕里斯出使斯巴达王国，和该国的王后希腊美女海伦产生了感情，继而劫走了海伦，由此引起了希腊诸邦和特洛伊长达 10 年的战争。但在荷马史诗中，无论是希腊诸邦还是特洛伊的英雄们都没有怪罪海伦，当帕里斯和墨涅拉奥斯决斗时，"特洛伊的长老们看见海伦走来。海伦是那样的美丽，连这些长老都兴奋地看着她，并且在说：'不，不能谴责希腊人和特洛伊人为这样一个美丽的女人而进行一场流血斗争。她的美丽和不朽的女神相似。'"特洛伊英雄赫克托尔死时，"海伦也在哭赫克托尔。她从未听到过他的责备的话，也没有受过他的侮辱。温和的赫克托尔经常真心替她解围，由于他的说情，其他人也没有侮辱过她。"而希腊士兵也不像唐玄宗的御林军那样"厌美"，他们都为海伦的美貌倾倒，心甘情愿地浴血战场。战争结束后，斯巴达国王领着美丽的海伦——"不贞"的妻子幸福地回家了。这一有趣的比较阅读，让我们看到：在中国的古代叙事文本中，男性的"厌女症"更为严重。

二、《水浒传》中的性别书写

《水浒传》作为中国古代一部典型的男性叙事文本，其以男权视角对女性形象的描写及其呈现出的女性观都值得讨论：其一，作者构筑的梁山泊英雄世界是一个排斥女性的男性世界；其二，《水浒传》采取了性别二元对立的书写方式。

（一）梁山泊：一个排斥女性的男性世界

《水浒传》中的女性约有九十余人，其中较多的是没有面目、没有语言、没有性格甚至没有姓名的女人，她们在书中一闪而过，是在基于男权话语和男性经验构筑的男性英雄世界中无足轻重的角色。

男性和女性共同构成了人类社会并共同创造了人类的精神文明和物质文明，但在中国封建社会，男性掌握着绝对话语权，女性始终处在被奴役、被支配的无权状态。众多的中国古代叙事文本直接或间接地叙述了中国古代女性无权或弱权的生存状态，当然，这里存在着两种不同的叙述立场：有些作家带着一种悲悯的情怀书写女性被奴役、被忽视的生存状态，比如关汉卿；而另一些作家则基于强烈的男权意识来书写女性，并且在文本中表现出对女性悲惨命运的冷漠，如《水浒传》的作者①。

《水浒传》构筑了一个由 108 位好汉组成的英雄世界——梁山泊。好汉们"不怕天，不怕地，不怕官司，论秤分金银，异样穿绸锦，成瓮喝酒，大块吃肉"，他们杀富济贫，冲撞州府，替天行道。但在这个英雄世界中，女性基本处于结构性缺失的状态。梁山泊第二任头领晁盖"最爱刺枪使棒，亦自身强力壮，不娶妻室，终日只是打熬筋骨"。其他如鲁智深、武松、杨志、刘唐、李逵、史进、雷横、李俊、张横、阮小五、张顺、阮小七、石秀、燕青、童威、童猛、时迁等壮年男人都是不近女人的。即使是那些有妻室（或者身份不是妻室的女人）的梁山英雄对他们的女人也常常是视若不见的，和那些没有妻室的英雄一般"最爱刺枪使棒""打熬筋骨"。

当作媒的王婆要把"花容袅娜，玉质娉婷"的阎婆惜撮合给宋江，宋江"初时不肯，怎当这婆子撮合的嘴撺掇，宋江依允了"，宋江"初时夜夜和

---

① 《水浒传》是集体创作的成果，作者不是某一个人。关于写定者，目前有四种说法：一曰罗贯中撰，二曰施耐庵撰，三曰施耐庵撰、罗贯中编，四曰罗贯中撰、施耐庵编。

婆惜一处歇卧，向后渐渐来得慢了"。宋江很快冷落了阎婆惜，这是为什么呢？作者有两句很有趣的解释："原来宋江是个好汉，只爱学使枪棒，于女色上不十分要紧"，"宋公明是个勇烈大丈夫，为女色的手段却不会"。病关索杨雄才 29 岁，是一名狱卒，热心公务，不问家事，心中全无花容月貌的妻子潘巧云。花样年华的阎婆惜、潘巧云受到冷落，她们不甘于现状，最终沦为人人喊诛的"荡妇"。

八十万禁军教头林冲和娘子是对恩爱夫妻。第八回林冲刺配沧州后，作者书写了以林冲为核心人物的一连串事件：野猪林被害，得鲁智深相救；柴进处受礼遇，与洪教头比武；沧州城得李小二夫妻报恩，被调往草料场；山神庙避风雪遭险，得柴进相助，夜奔梁山……待林冲历经曲折，坐上梁山泊的第四把交椅时，作者就用一句话暂时结束了林冲的故事："从此五个好汉在梁山泊打家劫舍，不在话下。"作者写着写着好像忘记了林冲是有娘子的人，更加忘记了林冲是宠妻的好丈夫。后来的情节是，晁盖成了梁山泊的首领，梁山泊 11 位好汉坐定，可是《水浒传》依然没有关于林冲娘子的片言只语。直到"林冲见晁盖作事宽洪，疏财仗义，安顿各家老小在山"，才"蓦然思念妻子在京师，存亡未保"，遂遣人下山去接忘记了很久的娘子。此处的"蓦然"乃关键，不可作泛泛语读。这种有悖人情的叙述显然基于男权制语境下的男性经验。

大英雄李逵更是对女性有种匪夷所思的排斥乃至憎恨。《水浒传》第三十八回，李逵和宋江、戴宗、张顺在江边的琵琶亭饮酒畅谈，一个卖唱女的歌声打断了李逵的话头。唱歌有错吗？何况人家卖唱女也是为了生存。换作正常人，如果嫌吵，那就赶出去了事。可是，李逵却"怒从心起，跳起身来，把两个指头去那额上一点，那女子大叫一声，蓦然倒地"。值得玩味的是，作者对李逵这种"怜香惜玉无情绪"的所谓"英雄气概"很是欣赏。第七十三回，李逵在四柳村砍死了狄太公的女儿和她的情人王小二，还要狄太公感谢他。第七十三回，李逵冲到忠义堂，"睁圆怪眼，拔出大斧，先砍倒了杏黄旗，把'替天行道'四个字扯做粉碎"。他为什么如此暴怒？因为他错以为他的宋江哥哥是"酒色之徒"，竟然干起了抢夺民女的勾当。看李逵是如何痛骂宋江的："我当初敬你是不贪色欲的好汉，你原来是酒色之徒：杀了阎婆惜，便是小样；去东京养李师师，便是大样。"

在《水浒传》的作者看来，英雄必须是远离女人的——矮脚虎王英、小霸王周通以及双枪将董平是极少数的例外，而且是相对次要的人物。如果贪恋女色，作者就让他付出代价，以此告诫世人，玉麒麟卢俊义、神医安道全的遭遇即为佐证。在对女人的态度上，作者有意识地将风流的西门庆、猥琐的王道人、淮西反贼王庆、仗势欺人的高衙内等恶人和英雄极端地对立起来。这些恶人终有恶报：西门庆和王道人先后丧生在武松的刀下；王庆因贪花恋月惹了官司，不得已沦为山贼，最终被枭首示众。《水浒传》在男性对待女性的态度及由此引发的后果上也是二元对立的。

（二）《水浒传》二元对立的女性书写

《水浒传》构筑的男性英雄世界并非完全没有女性，108 个梁山英雄中尚有 3 位女性，分别为"一丈青"扈三娘、"母大虫"顾大嫂、"母夜叉"孙二娘。第一位貌美，且其在整本书中几乎一直被作者设置为"失语"状态，直到第九十八回才说了仅有的一句话，共计 11 个字。后二位的绰号，和"及时雨""玉麒麟""智多星""小旋风"，再不济也是"九纹龙""插翅虎"这样的男性英雄的名号相比，体现出作者的"厌女"倾向。

《水浒传》无可回避地写到了女性，而《水浒传》作者基于男权话语和男性经验，对女性形象采取了二元对立的书写方式：非善即恶，非美即丑。《水浒传》中的女性形象可以被简单分为三大类：一类是坏女人，一类是好女人，一类是性别异化的女人。

1.《水浒传》中的"坏女人"

108 将中的扈三娘作为"英雄群像"中的一员，在整部小说中一直呈现出"失语"的状态。她只说了一句话，就是大骂另一位女将琼英"贼泼贱小淫妇儿"，这句话可以说是封建男权文化贬低女性的极具代表性的台词。

拓展资料：《水浒传》中的扈三娘大骂琼英

第九十八回，宋江和田虎对阵，田虎阵里跑出一个少年美貌的女将琼英。王英见是个美貌女子，"捺不住意马心猿，枪法都乱了"。琼英一戟刺中矮脚虎王英的左腿，扈三娘看见丈夫受伤，大骂道："贼泼贱小淫妇儿，焉敢无礼！"

扈三娘这句话有"贼妇""泼妇""贱妇""淫妇"等多重内涵。《水浒传》中最多的女性就是所谓的"贼妇""泼妇""贱妇""淫妇"，都是"坏女人"。不守妇道、红杏出墙，即"淫"，这是坏女人的首恶。《水浒传》中有姓名、有面目、有性格的年轻女性较多是这种坏女人，尤其是有几分姿色的女人，不少都有此恶。在《水浒传》中，最出名的女性形象是阎婆惜、潘金莲和潘巧云等"淫妇"。这些基于男权话语和男性经验塑造的女性形象充斥着厌女特色，其书写模式通常由"淫"向"恶"转变，用作者的话说是"淫毒皆成一套来"。但后世改编的影视作品或多或少地对原作进行了解构，创作者赋予这些女性更多的悲悯和女性主体意识萌芽的可能性。

在《水浒传》中，女人的坏还表现在心术不正、薄情寡义、贪图小利等方面。老年妇女王婆、阎婆，孟州张都监的妾玉兰，清风寨知寨刘高妻，李鬼妻，潘巧云的丫鬟迎儿，勾栏艺人白秀英，高唐州知府高廉的夫人殷氏，玉麒麟卢俊义的妻子贾氏，九纹龙史进的情妇，东平府妓女李瑞兰，勾引王庆的娇秀和她的侍婢等都属于此类。

2.《水浒传》中的"好女人"

秦始皇三十七年行幸天下，曾经在泰山、会稽等处刻石，申令女子必须守节。汉代刘向的《列女传》、班昭的《女诫》、唐代宋若昭的《女论语》、陈邈妻郑氏的《女孝经》等典籍强调女人必须守节。宋中叶以后，整个社会对女性贞节的要求越来越严苛，特别是在"二程"和朱熹这样的理学家的加持下，社会对女性守节这种反人性的苛求到了无以复加的地步。

以维护男权为核心的封建礼教一方面漠视女性的自身价值和社会价值，另一方面对女性提出了诸如"从一而终"的各种苛刻的非人性要求。这些价值观在《水浒传》中展现得淋漓尽致，书中的"好女人"被粗暴地等同于"守贞节的女人"。

比如，琼英是《水浒传》中唯一的既天生丽质又勇敢英武且修成善果的女人。因为她被作者塑造成一个守贞节的女人，是作者心目中的好女人。琼英因为守节，所以得到了作者的善待。她生下了一个面方耳大的儿子，取名叫张节。此后丈夫张清战死沙场，琼英守节未嫁，独自抚养孤儿成人。张节长大后因立战功而得封官爵，于是奏请朝廷表彰其母贞节。作者总结陈辞："此是琼英贞节孝义的结果。"

除了琼英，用生命守住贞节的林冲娘子也承载了作者对"好女人"的期待和要求。其将林冲与娘子描述为恩爱夫妻，但当林娘子受高衙内调戏，他救下她的第一句话是："可曾被这厮玷污了？"林冲被发配沧州，临行前为娘子的出路考虑，写了休书，林娘子为自己辩护："丈夫！我不曾有半些儿玷污，如何把我休了！"这依然符合作者及那个时代对"好女人"的要求和想象。

3. 《水浒传》中性别异化的女人

《水浒传》还写了一类女人——性别异化的女人，即梁山泊中的三位女英雄："一丈青"扈三娘、"母大虫"顾大嫂、"母夜叉"孙二娘。其中顾大嫂和孙二娘的性别界限是不清晰的，甚至可以说是被性别异化的。

首先，她们基本没有女性的外貌特征。书中描写孙二娘："下面系一条鲜红生绢裙，搽一脸胭脂铅粉，敞开胸脯，露出桃红纱主腰，上面一色金钮。"这几句写孙二娘的衣着，接下来继续写："眉横杀气，眼露凶光，辘轴般蠢坌腰肢，棒槌似桑皮手脚。厚铺着一层腻粉，遮掩顽皮；浓搽就两晕胭脂，直侵乱发……钏镯牢笼魔女臂，红衫照映夜叉精。"顾大嫂长得也是"眉粗眼大，胖面肥腰"。

其次，她们的心理特征和行为举止也被异化为男性的了。第二十七回回目的前半句是"母夜叉孟州道卖人肉"，《水浒传》将孙二娘书写成性情残暴的女性。"母大虫"顾大嫂开酒店，杀牛开赌，武艺高强，二三十人近她不得。她脾气暴躁，举止性格如同男人，"有时怒起，提井栏便打老公头；忽地心焦，拿石碓敲翻庄客腿。生来不会拈针线"。若不是作者在书中交代清楚她们是女人，读者难以从她们的容貌、性格和言谈举止中识别出她们的性别。

（三）《水浒传》的厌女特征

《水浒传》对性别的二元对立书写，呈现出强烈的厌女特征。其作者更是"女人祸水论"的忠实拥趸。

梁山好汉上梁山，主要原因是"官逼民反"，次要原因恐怕是"红颜祸水"：作者通过林冲娘子、阎婆惜、潘金莲、卢俊义妻贾氏、潘巧云等形象为"女人是'祸水'"这一男权文化观念做了注解。

林冲上梁山属于"官逼民反"的模式，但是林冲娘子的花容月貌却是林冲祸端的根由。而宋江、武松和杨雄等好汉上梁山的直接原因便是阎婆惜、潘金莲和潘巧云这些"祸水"风流俊俏、淫荡不轨。"玉麒麟"卢俊义有钱有势、仪表堂堂，可是他的夫人贾氏依然被设置为与管家李固有私情的不合理人设。待卢俊义落草梁山泊，贾氏更是为了侵吞卢家的财产，伙同李固告发卢俊义，设法置自己的丈夫于死地。"九纹龙"史进的相好东平府娼妓李瑞兰以及妓院虔婆告发了史进。王庆被童贯的侄女、蔡京的孙媳妇娇秀勾引（王庆不是英雄好汉，所以面对美色的诱惑不能做到坐怀不乱），从此一步一步沦为"反贼"。而娇秀的侍婢得了贿赂便助纣为虐，同样是"祸水"。

《水浒传》的作者唯恐书中对"祸水"形象的描摹起不到警示作用，在叙述过程中时不时自己站出来为他的叙述目的做注释，以说教的姿态告诉读者"女人是'祸水'"——"看官听说，原来这色最是怕人（第二十一回）。"卢俊义被贾氏告发时，作者亦告诫读者："不亲女色丈夫身，为甚离家忆内人？谁料室中狮子吼，却能断送玉麒麟（第六十二回）。"作者在书中呼吁：各位看官注意了，你们要远离这些女人，她们是"祸水"啊。

在《水浒传》的作者看来，因为这些女人是"祸水"，所以她们就该死。阎婆惜的结局是身首异处；潘金莲、潘巧云则是被武松和杨雄公开处决，而作者在行文中甚是赞赏武松和杨雄的所谓"英雄气概"。

后人说"少不读《水浒》"，这句话是有一定道理的，除了有些情节过于暴力，其展现了失之偏颇的性别观也是原因之一。

第三节　神话中的文本互涉与性别意识

神话是具体时空产生的集体想象，有固定的社会功能。除了构建共同体，神话还要传递人和人类生存的基本状态，以及精神意识。创作者秉持的思想观念不同，就有可能导致神话出现不同的版本，具有不同的意义，拥有不同的功能。同时这些版本会在文本互涉①（Intertextuality）中体现出一时一地的社会集体性别意识。

在东方神话故事里，仙女大都嫁给了穷人。这些穷人往往是孝顺的、善良的、任劳任怨的，符合男权社会结构下的主流价值观与美德，因此上天会给他们一个巨大的道德奖励——仙女。《天仙配》《田螺姑娘》《牛郎织女》，这些我们耳熟能详的故事，都是依照这样的范式展开的。不过，如今再读起那些神话，总有一种说不清的违和感。那些文本中所包含的性别意识的传播和流变开始受到关注，也因此出现了充满性别反叛意识的现代性解读与重构。

一、《牛郎织女》中的性别规训与禁锢

（一）牛郎织女传说的演变

牛郎织女最初是银河系的两颗星宿，那时他们的关系是平等的。民间丰富的想象力为他们建立了某种悲剧性的连接，这种连接在演变的过程中，凸显出男权话语体系下的性别规训。

东汉《四民月令》提到："七月七日，河鼓（牵牛星）、织女二星神当会。"

到了汉末，《迢迢牵牛星》说："迢迢牵牛星，皎皎河汉女。纤纤擢素手，扎扎弄机杼。终日不成章，泣涕零如雨。河汉清且浅，相去复几许？盈盈一水间，脉脉不得语。"

三国时，曹植《九咏》写："牵牛为夫，织女为妇。织女、牵牛之星各处河鼓之旁，七月七日乃得一会。"这是头一回有人把牛郎和织女列为夫妇。

到了魏晋南北朝时期，这个神话故事有了进一步的发展，人们开始解释牛郎和织女离别的原因。梁朝宗懔所著的《荆楚岁时记》引述了一段道书中

---

① 由传统文本改编的各种写作在文学批评中被称为"文本互涉"。

的怪异记载："牵牛娶织女，取天帝钱二万，备礼，久而未还，被驱在营室是也。"这个故事是关于织女与牛郎分开原因的最早记载：牵牛求娶织女，找天帝借了钱，之后久久不肯还钱，最终被天帝制裁。

《述异记》则对牛郎和织女的分离给出了另一种说法："天河之东有织女，天帝之子也。年年机杼劳役，织成云锦天衣，容貌不暇整。帝怜其独处，许嫁河西牵牛郎，嫁后遂废织纤。天帝怒，责令归河东，但使一年一度相会。"织女是天帝的女儿，主要负责织布成云。织女太忙了，以至于容貌不整。天帝可怜她，就把她许给了河西的牛郎。织女在婚后耽误了织布，天帝于是发怒，责令织女回到河东，并让他们夫妻一年只能见一回。这让牛郎和织女的故事成了"有情人不得相见"这一类题材的故事的鼻祖，表现出织女在男权社会被严重剥削的状况。

宋代诗人张耒在《七夕歌》中延续了这个说法："桥东美人天帝子，机杼年年劳玉指。织成云雾紫绡衣，辛苦无欢容不理。帝怜独居无与娱，河西嫁得牵牛夫。自从嫁后废织纤，绿鬓云鬟朝暮梳。贪欢不归天帝怒，谪归却踏来时路。但令一岁一相逢，七月七日河边渡。"南宋时期的《中吴纪闻》甚至收录着织女主动出手，用金篦划河，结果河水溢涌，牛郎无法渡河，两人遂相分开的故事版本。直到此时，"有情人不得相见"仍是牛郎和织女故事的主题。

到明朝万历年间，朱名世写了第一篇讲述牛郎织女故事的中篇小说《牛郎织女传》。小说开头的短诗与宋代《七夕歌》的情节梗概相似："最巧天河织女，玉皇配与牵牛。夫妇耽淫废职，东西贬谪云头。保奏七夕一会，鹊鸦即为代桥。士女纷纷乞巧，芳名流波阁浮。"但在此小说中，作者引入月老、王母等众多人物来推动故事情节发展。

随着时空的推移，在男权意识的投射下，牛郎织女的传说不断演变，逐渐出现各种版本。"织女洗澡，牛郎偷衣"的情节最初出现在清末一本根据说书人的讲述整理而成的小说《牛郎织女》中。牛郎在王母瑶池宫中见织女对他嫣然一笑，误以为神女有意，遂行孟浪之举，被织女举报到了王母处，遂被判贬至凡间。待其罚满重回天界，撞见几位仙女洗澡，心想"男女各别，不能亲近。一面想，一面走，不一刻到洗浴衣台，私下偷取仙女衣服放

237

在一旁，说也奇怪，恰巧是天孙织女之衣"，此处的牛郎俨然是一个屡教不改的惯犯形象。

民国时期，叶圣陶笔下的《牛郎织女》给了织女一丝"思凡"的自主性。在这个版本中，牛郎是在老牛的引导下与织女相遇的，并没有"织女洗澡，牛郎偷衣"的情节，织女也是自愿留在人间的。之后在各个版本的构建传播中，故事情节、人物名称、故事结局虽略有差别，但基本上都杂糅了清末的版本，演变成"牛郎与老牛相依为命—仙女下凡洗澡，牛郎偷衣与之结合—婚后男耕女织—仙女被带回天界—牛郎为爱与天界斗争"这样固定的情节框架。我们不难发现，在古代民俗文化领域的传说中，最符合底层男性心理结构的故事俗胜雅汰。

如果用今人的语境来复述这个故事，就可能是另一番模样了。网络上曾经有过一个这样的故事改编版本。

织女是一个来自繁华大城市（天庭），拥有事业单位编制的基层技术女工（小神仙）。这一天，她在和天庭里的姐妹们在享受完一周的"996福报"之后，打算利用周末的自由时间去郊外野游，逃离北上广，呼吸新鲜空气，感受自然风光。未曾想，几位女性却在集体洗澡时遭遇了牛郎这个小农的偷窥。他见织女长得漂亮，一时恶向胆边生，听从高人（自家老牛）的指点，直接偷走了织女返回大城市的交通工具（衣服），并在其后对织女进行了长期的监禁、剥削（让织女织布）和猥亵，甚至让织女为其孕育一对子女。

后来，大资本家王母娘娘察觉到天衣的产出量有所下降，待调查清楚事情原委后，便将织女强行抓回天庭，让她继续享受"996福报"。织女重回职场后，许是挂念孩子，又许是斯德哥尔摩综合征发作，特别想重回自己凡间的家庭。王母娘娘大概是为了提高员工工作的积极性，便默许牛郎织女二人可以在七夕鹊桥相会。

（二）男权制度下的欲望编码与性别暴力

在牛郎织女这个被反复传播和消费的神话传说里，我们可以看到男权制

238

度与男性凝视下的性别规训，以及女性在天庭职场与人间家庭的角色困境。

牛郎是一个"可取而代之"的人物，是男性群体对理想自我和男性意识的投射，是被男权建构和奴役的男性欲望所造就的最大公约数。他身上没有什么个性和差异性，甚至没有姓名，牛郎不过是一个基于职业属性的称呼。而这样一个男人，却被赋权成为征服"她者"的英雄。

织女，更是彻底无名。她没有主体性，而是被编码成的欲望符号，仅从以牛郎为代表的男性欲望中指认自身，是满足古代农村男性幻想的工具人。她作为一位仙女，却完全没有办法使用超能力解救自我，她被监禁、强暴、生育，给男人无偿劳作，还真心实意地爱上牛郎，真心实意地和牛郎在鹊桥相会。

这种性别暴力下的规训与异化，在中国历史上真实可见。

其一，逼污伎俩。中国传统社会的女子最重名节，一旦失了身或者被人看了身子，要么自尽以证明自己的贞操，要么以身相许，成全凌污者。牛郎就是利用这一点，让织女委身于他。

其二，拐卖强婚。乡村男子娶妻困难，而传宗接代又是第一要务。在诸多民风不开化的地区，拐卖、抢婚、骗婚等行为会得到整个村落的普遍认可，这会让身陷囹圄的女性无处可逃。有没有情感基础，是否符合人性，都不要紧，重要的是不择手段地让"仙女"一般的女子成为乡村男子的所有物，受他们圈禁，成为他们欲望与生育的工具。那些关于女大学生被拐卖到穷困山沟的新闻报道实际上包含着牛郎织女的故事母题。

拓展资料：相关媒介报道与影视作品

上映于 2007 年 11 月的电影《盲山》由李杨自编自导。该片以纪录片的形式讲述了女大学生白雪梅被拐卖到某山区，多次逃脱未能成功，多年后才被解救的故事。白雪梅的"越狱"成为贯穿影片的主线，在反衬周围的人和社会时也起到了独具匠心的寓意作用：揭示了山村社会的现状，揭示了山里山外人的心灵之盲。该片入围了第六十届戛纳国际电影节"一种关注"单元；2007 年，该片成为夏威夷国际电影节参赛片；2008 年获得第八届华语电影传媒大奖"百家传媒年度致敬电影"提名。

据导演李杨说，影片的选题来自他于 1996 年看到的一则报道。"当时全国妇联主席彭佩云流着眼泪参加了一次公审，受审对象是一名被拐卖的妇女。由于遭受欺压凌辱，她奋起反抗，结果触犯了法律。"随后，李杨走访四川了解被拐妇女的情况，通过对现实的艺术化升华，即将现实中的被拐妇女设置成女大学生，进而使影片中的人物及人性的冲突更加激烈。

2022 年 2 月，导演李杨表示为了扩大影片影响力，从而进一步打击拐卖妇女罪行，避免更多人陷入生命中的盲区，他放弃向盗版影片收取版权费。

其三，美化暴力，美化斯德哥尔摩综合征。令人战栗的是，以牛郎为代表的男权，对以织女为代表的女性，实施着一种全方位、立体化、彻底的剥削，不只是自由、肉体、子宫、劳动力，就连心灵也要在全景敞视的监狱里一起被剥夺。作为偷窥者、监禁者、强暴者和绝对统治者的牛郎，将牺牲一切的织女彻底变为被男权奴役的叙事客体。

从单纯的"被拆散隔河相望"，到后来"荒废正事遭受天谴"，最后成了"光棍逼婚，夫妻恩爱"——一个神话故事的演变历程，充斥着男权制度奴役、规训的色彩。这种结构主义下的神话叙事，将来自男性的凝视内化为女性自身的诉求。在这个性别意识冲突严重、价值观杂糅的荒谬文本中，男性话语权力得到了充分的体现。

（三）"天鹅处女"型传说架构中的性别意识

牛郎织女传说中"牛郎偷衣"的桥段，可以关联到世界民俗学中著名的"天鹅处女"型传说。"天鹅处女"型传说作为一种在全球盛行的口头传说，流行于欧亚大陆，也在北美洲、非洲等原住民文化区中实际存在。比如，在爱尔兰的凯尔特人中流传着"兰诺赫一个农夫的儿子看见三个天鹅姑娘在水里洗澡，他把她们的衣服藏起来，作为交换，她们中最小的一个嫁给了他"的故事。又如，德国民间故事《三只天鹅》与此异曲同工：一个鳏夫猎人在森林老人的指引下偷了天鹅少女的魔法衣服，并与她结婚；15 年过去了，他的妻子找到了她的衣服，便飞走了。再如，俄罗斯民间故事《漫游者》是芭蕾舞剧《天鹅湖》的变体。主人公米卡伊洛·伊万诺维奇去打猎，瞄准了一只白天鹅。白天鹅请求他不要伤害它的生命，然后变成了一个可爱的少女玛雅公主。米卡伊洛爱上了她。这类故事被研究民俗学、人类学、神话学的西方学者统一归类为"天鹅处女"型。在东方的神话中，仙女有时是仙鹤（比如日本的《鹤妻》）或孔雀；而在西方的神话中，仙女有时是披着海豹皮的海妖或是戴着羽毛帽子的人鱼等[①]。

在中国，关于"天鹅处女"型传说最早的记载可见于晋代郭璞的《玄中记》和干宝的《搜神记》（指《毛衣女》）。

> 豫章新喻县男子，见田中有六七女，皆衣毛衣，不知是鸟。匍匐往，得其一女所解毛衣，取藏之。即往就诸鸟。诸鸟各飞去，一鸟独不得去。男子取以为妇。积数年，生二女。后，使女问父，知衣在积稻下，得之，衣而飞去。后复以迎三女，女亦得飞去。

男子邂逅鸟变成的美丽女子，偷偷拿走女子的羽衣，使其不能飞走，只得做了男子的妻子。后来，妻子让自己的孩子向父亲问出羽衣的下落，最终披上羽衣，带着孩子飞走了。

在这个神话传说中，豫章男子通过利用"毛衣女"对赤身露体的羞耻感，控制了她的人生自由；在"毛衣女"拿回衣服后，男子的控制便失去了效力。《白虎通义》中写"夫有恶行，妻不得去者，地无去天之义也"；《唐律疏议·户婚》规定，"妻妾擅去者，徒二年"。这隐喻着在封建社会中，男性为了保持婚姻的稳固，以道德和法律的名义禁锢女性。但在恐吓与惩戒的重压之下，其实仍有众多逃离丈夫的女性。

男性对于失去后代与生育权的焦虑，也始终是他们内心深处挥之不去的阴影。事实上，自汉魏以来，频发的战争、瘟疫与动乱使得人口锐减，繁衍人口成为当时社会与宗族的首要议题。这个时期的姑获鸟传说讲述了"夜化鸟形、昼变人女"的姑获鸟因为没有子嗣，会蜕去羽毛变成美丽的女子，盗取人间的小孩当作自己的孩子来抚养的故事。晋代的人们担心姑获鸟会在孩

---

① 苏格兰传说中披海豹皮的海妖赛尔琪（Selkie），爱尔兰传说中戴羽毛帽子的人鱼麦罗（Merrow）等都属于"天鹅处女"。

子衣服上涂血做记号，从不将孩子的衣服放在外面过夜。而"毛衣女"的传说则更进一步，"毛衣女"身上的羽衣是女性在充满性别约束的凡俗社会与自由的异世界的连接点。"毛衣女"的传说像极了对封建婚姻结构中女性处境的隐喻——男性通过强迫婚姻来达到传宗接代的目的。

按照斯蒂·汤普森（Stith Thompson）撰写的《世界民间文学母题索引》，"天鹅处女"的传说含有三个母题：其一，仙女脱下羽衣变为人形；其二，某个男性通过偷仙女的衣服而与之结婚；其三，仙女因男人偷去了她的羽衣而被迫受制于他，她找到衣服后就离他而去。从中我们可以发现，"毛衣女"的传说已经具有了"天鹅处女"型传说的基本元素。而"窃衣"这一桥段，影响了其他民间故事，并最终与牛郎织女的故事相结合。

在敦煌石室出土的句道兴本《搜神记》中出现了一个类似的故事《田章》。

一个叫田昆仑的男子偷走了仙鹤变成的女子的羽衣。女子央求男子归还羽衣未果，遂与男子成婚。后来女子设计从婆婆那儿拿到羽衣，飞回天上。女子日夜思念自己的儿子田章，就和天上的姐妹下到凡间，辨出儿子，把田章接到了天庭。田章从小聪明过人，天帝又教给他许多法术。他在下到凡间之后，立刻凭借才能做了大官。

另外，在敦煌石室出土的古代藏文书中也有类似的故事——《金波聂吉新娘》。在这个故事里，穷小伙金波聂吉发现，每当自己外出干活儿回来时，就有饭菜被摆上了桌。经观察，做饭的原来是孔雀。于是，他把孔雀皮藏起来，并娶了孔雀化形的姑娘为妻。很明显，这个羽衣故事融合了"田螺姑娘"型故事的元素，但换汤不换药，这样的故事始终充斥着男权思维中一厢情愿的性别禁锢与意淫。

总而言之，"天鹅处女"型传说通常包括以下几个情节发展阶段。其一，仙女沐浴。故事通常描述一位仙女在野外沐浴，她的"法术衣服"（如羽衣）被她放在岸上。其二，男子的偷窃。一位男子偷窃了仙女的衣服，导致她无法返回天界，从而被迫与男子结婚。其三，仙女的生育与分离。仙女在与男子生育儿女后，设法找到被藏匿的衣服，穿上衣服后成功逃离。其四，男子的追捕与失败。男子在动物或宝物的帮助下，试图追捕仙女，但往往会遇到各种困难，最终可能因失败而永远与仙女分离。其五，仙女的逃脱与回归。仙女在成功逃脱后，可能会回来带走她所生的儿女。故事的结局是夫妻团圆还是永远分离，具体取决于故事的道德寓意和文化背景。

如果以"天鹅处女"型传说来架构牛郎织女传说的走向与结局，那就是：织女脱衣洗澡；牛郎偷衣，导致织女无法升天；织女被迫结婚生子，堕入男子权力之中；织女找到衣服升天，关系决裂——如果到此为止，去除结局的圆满性，牛郎织女故事的意义将远比七夕相会更具性别意识。

二、《青蛇》中的性别意识反叛

由传统文本改编的各种作品在文学批评中被称为"文本互涉"。叙述故事并非是独立事件，而是彼此互动的。对前一个文本的批评以及颠覆，反映了时代氛围和时代叙述者的意识形态及价值观念。本书将以《青蛇》对传统《白蛇传》的现代性改编为例，分析中国神话文本中性别意识的流变和传播。

（一）女性妖魔化符号中的蛇意象

很多人都知道，母系氏族时期的神基本都是女神，神话故事的发端也往往从象征生育的创造万物开始，比如女娲补天造人、盖亚是地球之母等。在父系氏族取代母系氏族之后，女神要么被打倒，要么被"收编"，比如盖亚和十二泰坦被奥林匹斯众神打败，女娲的传说则被添加了盘古开天地的故事背景。母系氏族曾经不约而同地用"蛇"作为女神的象征；但在父系氏族取代母系氏族之后，女神曾经的象征物基本都被妖魔化了，蛇也开始变得恶毒诡异，比如著名的美杜莎。随着女神的地位被不断压低，象征意义被不断改造，女性也遭受了不断的剥夺和压迫。

在中国，关于白娘子的传说底本颇多，这些底本基本可分为古典与现代两类。古典类传说来自明人冯梦龙《警世通言》中的《白娘子永镇雷峰塔》；也有说法是，白娘子的传说源自《唐人传奇》与《宋人话本》。在白娘子这个传说里，蛇妖逐渐从吸人精气的恶毒原型转变为承载男性欲望和审美的客体，并经由话本、小说、影视、话剧的接力，携带着民间的诸多想象一路流传。

事实上，在古典书写中，青蛇并没有立足之地。在《白娘子永镇雷峰塔》中，白蛇的侍女唤作"青青"，它甚至不是蛇，而是一条青鱼。比起许仙，青蛇几乎是可有可无的"布景"。直到 20 世纪 90 年代初，一边是赵雅芝、叶童主演的电视剧《新白娘子传奇》从台湾地区火到大陆，另一边是徐克导演将李碧华的小说《青蛇》改编成由王祖贤、张曼玉主演的同名电影《青蛇》，几乎在同一时间，在传统与现代过渡的电光石火中，青蛇得以从一个"布景"变成了更具性别意识的"同谋"甚至"叙事主体"。至此，白娘子的传说才有了现代意味。

电视剧《新白娘子传奇》和电影《青蛇》（海外版）的海报

《新白娘子传奇》的"新"体现在叶童女扮男装的出演上。该剧象征性地去除了许仙作为男子实质的欲望与性情。回头再看，让人不免觉得这是白蛇和青蛇两位来自妖界的姐姐，为了免除人间"女子不能独立门户"的麻烦，找了一位生理性别为男的"姐姐"当掩护，越界愉快生活的故事。

与一般同期的女性作者不同，李碧华非常擅长用男性特征与男性角色来映衬女性的社会地位与女性的文化话语。她的作品冲突集中、戏剧性强，非常适合被改编成影视作品，具有极强的传播因子。因而，电影《青蛇》是性别意识更为激进的一种表达，其中的女性主义观念和文本的现代性，与白娘子的传说原型有着显著的差异。

（二）《青蛇》中的性别反叛

电影《青蛇》颠覆了原传说的主体视角，将青蛇放置于主角位置进行故事叙述，既从旁观和清醒的角度展开了对白蛇故事的叙述，也从自身——一个没有被传统社会浸染过的"非女性"的"他者"眼光，展开了对人性图景的探索。

在《青蛇》伊始，传统文本中白蛇收服青蛇的斗法桥段被彻底略过。在电影中，白蛇和青蛇出身青城山下紫竹林，同修 500 年，她们之间拥有类似姐妹却又超越单纯姐妹的情感，这既是对青蛇身份的赋权，也是对"十年修得同船渡，百年修得共枕眠"的撕裂。

1. 解构传统白蛇被驯化的历程

该电影作品借由青蛇的视角，解构了传统文本中白蛇对许仙由报恩到产生爱情，继而变成贤妻的驯化历程。从青蛇问白蛇为何选择许仙"做丈夫""学做人"，白蛇回答"人老实才好过日子"起，我们就能看清白蛇对许仙不再是传统男性视角下的报恩和因慕色而一见钟情。白蛇有自己独立的需求和目的，即借由一段凡俗的婚姻接受传统文化定义的女性身份，以"被驯化"为代价来换取一张超脱妖界的"人间绿卡"，并获得财产和美好生活。一切与传统男权社会对女性定义相左的特质，都被归属为妖性。白蛇藏匿起妖性，完成从女妖到世俗女性的身份转变。她在"被驯化"的过程中其实掌握了隐蔽的反向操控技巧，用看似没有边际的情网索取固定的身份回报。

2. 解构许仙的性别身份

电影里，同样被解构的还有许仙的性别身份。"老实"是他无力在男权社会价值标准下实现自我的面具，他对白蛇的意图心知肚明，所以反附庸于积极接受传统文化定义并进行"自我驯化"的白蛇。他无法像法海那样直取阳谋，只能以不受人类文化范式束缚的青蛇为出口。在情感上背叛白蛇，似乎也暗示着他对依附于女性的反向价值观的反叛。

3. 解构传统家庭符号

传统家庭符号也是《青蛇》解构的重点。在传统民间传说中，白蛇与许仙建立的家是稳固且温馨的，青蛇的角色是充当背景板的丫鬟。到了电视剧《新白娘子传奇》中，出现了许仙的哥嫂等家人角色。然而在《青蛇》中，象征男权结构的家是由白蛇幻化出来的；家庭成员从男女两角平衡变成三角制衡，传统女性意识中的理想家庭被解构了；再加上外部的法海，《青蛇》构成了更为隐晦的四角关系。当法海毁掉了白蛇通过法术构建的亭台楼阁，许仙痛哭流涕惊呼，似乎暗示着借由不为传统所接受的女性意识所创造出来的物质和精神价值最终在男权的内外夹击下消解，而男性依附于女性的反向价值观也会被男权社会狠狠摧毁。

相比较自我驯化、修炼成人的白蛇，作为一只不想做人的妖，青蛇始终保持着强烈的自我意识，男性只是她的生命体验之一，男性占主导的人类社会也仅仅是她反观自我的镜子。青蛇更喜欢原形毕露地生活，也无所谓用家庭去成就做人的空间，所以她将与白蛇共修 500 年的姐妹情放在高于人类社会主流异性恋"百年共枕情"的位置上。

4.对男性凝视下"尤物"的反叛

如果说白蛇是传统男性视角下贤妻良母式的理想女性形象，那么电影中的青蛇显然更接近令男性且喜且惧的"尤物"（"尤物"可以说是古代男性文本最典型的创造词）。她妖娆艳丽、风情万种，挑战世俗伦理，反叛男权文化传统，破坏白蛇与许仙的关系，迷惑禁欲天神法海。但与传统文化对"尤物""祸水"进行批判不同，电影以青蛇自身的天真美好反衬出男性角色的不堪，是对传统男性视角下"尤物""祸水"女性身份观的尖锐讽刺。

5.复杂的四角关系对性别二元对立的反叛

《青蛇》中的女性角色和男性角色是彼此性别意识与欲望的投射。如李碧华的原著中所写："每个男人，都希望他生命中有两个女人：白蛇和青蛇。同期的，相间的，点缀他荒芜的命运"；而"每个女人，也希望她生命中有两个男人，许仙和法海。法海是用尽千方百计博他偶一欢心的金漆神像，生世仃候他稍假词色仰之弥高；许仙是依依挽手，细细画眉的美少年，给你讲最好听的话语来熨帖心灵"。

然而在电影《青蛇》的文本中，这样还不够，还要传递出"万物本性皆是阴阳并存"的完整性。所以，白蛇因为过于女性化而失之生动，法海因其过于刚烈而失之灵动，而青蛇则被赋予豁达澄明的本性，这既来自年少，也来自性情之中反叛传统二元性别气质的挥洒大气。许仙亦二元合相，虽然人性懦弱，却成为其余三人竞相追逐的对象。

值得一提的是，由《白蛇传》衍生出的日本蛇女的故事显然与中国民间对白蛇的憧憬不同，日本蛇女大多是恶毒的、决绝的、罔顾人伦的，一旦妖之身份被识破，便大开杀戒，几乎令男主角家破人亡。这一方面颇有日本战国恶女的特质，另一方面似是青蛇和白蛇的合体，既彰显强烈原始的性别意识，又隐隐闪现着现代性。

总的来说，电影《青蛇》脱离了古典文本的教化语境，传递出更为广泛与深刻的性别思考，在精湛的叙述传播中，还原了女性精神的自我发端与性别意识的社会塑造。"西湖水平，江湖不起；雷峰塔倒，白蛇出世"这样的客体结局，早在青蛇的主体反叛中被彻底改写了。

第四节　民国刊译文本中的性别革命

在民国时期的中国，广播、电影等其他媒体形式尚未成为一种普遍的传播方式，报刊在社会中依然具有普遍的影响力，是公共舆论空间的主要构成部分。在民国自由的风气下，女性不仅是大众传媒的表现对象和受众，也逐渐成为一些报刊的掌控者。知识女性在传统的女儿、妻子、母亲角色之外，开始以现代身份进入话语解放的进程。

一、民国上海女性刊物中的性别革命

上海的《天地》杂志作为中国现代传媒史上少有的完全由知识女性掌握支配的媒体之一，在当时一大批谈天说地的期刊中脱颖而出。《天地》由苏青任主编，由沪上各位活跃的知识女性撰稿，她们写天地，更写现实中的女性。梁文若盛赞《天地》为"一本女界足以引以为豪的刊物"，并将其和当时上海另一本最好的杂志《古今》相提并论。

《天地》之所以影响力大，主要是因为它拥有两位重量级的女性作者：一位是苏青本人，另一位是张爱玲。《天地》完全由女性掌握和支配的特色使得张爱玲和苏青在对中国文化、中国女性生活的表现上有很大的施展空间，并传达出独立且掷地有声的新性别观。

张爱玲在《天地》上发表过《公寓生活记趣》《烬余录》《童言无忌》《私语》《我看苏青》《谈女人》等诸多重要的散文，足见她对《天地》的器重。此外，她还为《天地》画了第十一期到第十四期的封面和内页插图。苏青对自己主编的《天地》自然颇为重视，在《天地》上发表了不少重要文章，如《谈女人》《救救孩子!》《谈婚姻及其他》等。张苏二人合称《天地》最响亮的

"双声"。

纵观张爱玲发表的散文，其中有多篇有关个人成长的记忆，展示了中国现代知识女性艰难成长的个案。比如，张爱玲曾描述过她童年时女性意识觉醒的痛苦。

> 领我弟弟的女佣唤做"张干"，裹着小脚，伶俐要强，处处占先。领我的"何干"，因为带的是个女孩子，自觉心虚，凡事都让着她。我不能忍耐她的重男轻女的论调，常常和她争起来……她能够从抓筷子的手指的地位上预卜我将来的命运，说："筷子抓得近，嫁得远。"我连忙把手指移到筷子的上端去，说："抓得远呢？"她道："抓得远当然嫁得远。"气得我说不出话来。张干使我很早地想到男女平等的问题，我要锐意图强，务必要胜过我弟弟。

又如，母亲对她继续学业的疑问。

> 我补习预备考伦敦大学。在父亲家里孤独惯了，骤然想学做人，而且是在窘境中做"淑女"，非常感到困难。同时看得出我母亲是为我牺牲了许多，而且一直在怀疑着我是否值得这些牺牲。我也怀疑着。

再如，在嫁人和继续学业之间的抉择。

> 中学毕业后跟着母亲过。我母亲提出了很公允的办法：如果要早早嫁人的话，那就不必读书了，用学费来装扮自己；要继续读书，就没有余钱兼顾到衣装上。

这些文字从张爱玲个体成长的视角记录了中国女性从传统迈向现代的艰难，以及女性意识觉醒的可贵。另外，在一些记录都市生活的文章中，张爱玲也以女性特有的细腻眼光，描述出女性独自生活的另一面，与女性主义运动第二次浪潮和第三次浪潮的目标形成了跨时空的应和——"创造一种女性自己的生活方式，将结构性变化融入具体的物质生活"。如在《公寓生活记趣》中，她写像孩子回家般的"电车回场"；在《烬余录》中，她写女学生在炮火连天中还想着冰淇淋和唇膏。她将历史上倾城的大背景书写成生命的细节，举重若轻地呈现出女性独有的历史认知和生活感悟。

苏青则和张爱玲一起对中国男性中心文化进行了批判，诉说男权社会下新旧女性的不易。

《天地》第六期发表了二人的同题文章《谈女人》，文风大胆，相得益彰，即使在当今社会，也都是颠覆性极强的革命性言论。张爱玲言："人取悦于人的方法有许多种。单单看中她的身体的人，失去许多可珍贵的生活情趣。以美好的身体取悦于人，是世界上最古老的职业，也是极普遍的妇女职业。为了谋生而结婚的女人全可以归在这一项下。这也无庸讳言——有美的身体，以身体取悦人；有美的思想，以思想取悦人；其实也并没有多大分别。"而苏青则说："女人不能向男人直接求爱，这是女子的最大吃亏处；从此女人须费更多的心计去引诱男人……为女人打算，最合理想的生活，应该是：婚姻取消，同居自由，生出孩子来则归母亲抚养，而由国家津贴费用。"苏青甚至将"饮食男女，人之大欲存焉"改为"饮食男，女人之大欲存焉"，坦率地表达被男权社会压抑的女性欲望。

张爱玲直陈女性被塑造的历史："可爱的人品与风韵是可以用人工培养出来的，世界各国不同样的淑女教育全是以此为目标。"苏青则以亲身体验表达自己对中国现代女子教育的批判："我是个受过高等教育的女子，我知道中国的女子教育是怎么一回事。严格地说来，中国根本没有所谓女子教育……男生能够受他们所需要的男子教育，女生也能够受她们所需要的女子教育，这才叫作平等吧？……男生每周上五六小时的国文课，我们当然也跟着上。但是国文教材是什么呢？第一类是古文，说的都是从前男人社会的事……其间即使偶然有一二个女作家，如曹大家之类，她们也是代男人立言的。……至于第二类所谓新文学作品呢？对不住得很，也还是男人写给男人们看的……虽然他们也谈到妇女问题，提倡男女平等，替我们要求什么独立啦，自由啦，但代想代说的话能否完全符合我们心底的要求，那可又是一件事了。所以我敢说，读这类文章读出来的女生，她们在思想上一定仍旧是男人的附庸……"正如伍尔夫的观点"女人在提笔写作时，那些男性价值早已进驻其中"，苏青和张爱玲对知识女性可能陷入男性中心主义的书写，抱有极强的独立清醒的态度。

此外，苏青与张爱玲也为传统居家女子转型成现代女性的痛苦过程发声，指出在男权实质不曾彻底改变的社会中，女性面临着"不能太能干、不能太有学识，同时又要自食其力的矛盾"，于是只能活得更加虚伪。苏青针对负有双重责任、忍受双重痛苦的职业女性提出了如此观点：若遇到合意的人，自然是结婚，否则又何妨把性和婚姻分开来看；至于孩子问题，胆小的便避孕，有胆量的不妨坦然承认私生子而加以抚养与教育。"不需要婚姻""未婚生子"，这些前卫的观点虽为知识女性无奈的选择，却展现出极具性别意识的新锐性与革命性。

张爱玲和苏青以《天地》杂志为载体，将异于传统文化，也异于五四以来"出走论"的知识女性新声充分传播。她们用个人的成长遭际和亲身体验质疑五四的启蒙思想，质疑"出走"、质疑革命、质疑爱情、质疑现代教育，她们甚至质疑自我，以"女人一半在假正经，一半在假不正经"的强烈自我审视，毁坏着几千年来男性社会塑造的"圣女"形象。

《天地》杂志在女性依然为沉默的大多数的时代，赋予女性话语权和传播力。以张爱玲和苏青为代表的上海知识女性，以她们独具个性的声音、思想、生活方式，塑造出成熟、先锋、革命的女性形象，成就了一个女性刊物从无声到有声、知识女性身份从依附到独立、大众媒介互动从表面到深入的瑰丽时代。

二、中译姓氏中的性别观念

20 世纪六七十年代，文化女性主义就曾指出，在"翻译"这种跨文化的语言传播活动中，充斥着各式各样的性别隐喻，翻译一直深受男性中心论左右。当两种不同的传播符号相互转换时，翻译中介的意识、文化观念会伴随着语言媒介的传播而影响大众认知。

在各种文本的翻译过程中，我们会发现，文本名称、文本作者、文本人物姓名往往是不可绕开的问题。以中译姓氏来观照本节内容主题，我们能看到非常明显的性别意识和文化观。

在中国，姓氏一般没有明显的性别表征，性别命名一般发生在后面的名字中。但是从中译的外国姓氏来看，相同的拼写，在被转译成中文时却一度被赋予明显的性别特征和性别意义。《语言与性别歧视》一书提到，"名字并不重要，重要的是名字会带来的后果"。比如，Michelle 这个名字：当她是第一夫人时，被翻译成"米歇尔"；当她是娱乐甜心时，就被翻译成"蜜雪儿"。更多类似的情况发生在对姓氏的翻译中。"哈撒韦"（Hathaway）等同于"海瑟薇"，"阿尼斯顿"（Aniston）也可以是"安妮斯顿"，"阿佳尼"（Adjani）和"阿佳妮"没什么不同。

米歇尔·奥巴马（Michelle Obama）和蜜雪儿·菲佛（Michelle Pfeiffer）

此处以两位女明星的姓氏翻译为例。被中国观众所熟知的美国性感女星玛丽莲·梦露，其英文名全称是 Marilyn Monroe。在通常情况下，"Monroe"这个姓被翻译为"门罗"，例如男篮选手 Greg Monroe 被翻译为格雷格·门罗，美国第五任总统 James Monroe 被译为詹姆斯·门罗，他的女儿 Maria Hearst Monroe Gouverna 也被相应地译为玛丽亚·赫斯特·门罗·古文纳。而 Marilyn Monroe 中的"Monroel"却被翻译为"梦露"，从而使玛丽莲·梦露被打上了佳期如梦、眼波盈盈的性别凝视和欲望标签。实际上，现实中的玛丽莲·梦露独立、自我，热爱阅读，最爱的是詹姆斯·乔伊斯的《尤利西斯》。《巴士站》是她对"只会卖弄风情、毫无演技"的标签做出成功反抗的第一部电影，在影片中她把人物的绝望、孤独、迷茫诠释得淋漓尽致。

秀兰·邓波儿，英文名全称 Shirley Temple。她的姓"Temple"在中文里是"寺庙"的意思，用作姓氏时通常的中文译法是"坦普尔"。但这个姓在这位童星的命名中被换了种姿态——"邓波儿"，恰似一般小女孩儿的昵称，就像妞儿、双儿，叫来上口又亲昵，而非一个被赋予重大期望的大名。

西方翻译学者彼得·纽马克（Peter Newmark）曾指出，翻译文学作品中具有特殊含义的人物名称时，译者时常采用意译或在姓名中增加关于其含义的解释，从而在本土文化中构建角色形象，也让读者对角色更为熟悉。同样，在 20 世纪早期的中国，在两位西洋女性进入观众视野时，她们姓氏上的改动同样也是她们银幕角色构建的一部分：浪漫多情的"梦露"二字极适合那些金发碧眼、风情万种的电影角色；而"邓波儿"则暗合了经典小甜心的形象。但这种过分强调女性特征的翻译，加深了男性欲望投射下的女性刻板印象，在很大程度上割裂了女性真实的身份与主体意识的关联。这种命名甚至从银幕延伸到现实的自我发展限制上。事实上，玛丽莲·梦露在她的后期演艺生涯中，竭力想要挣脱其性感又天真的"金发美人"的角色窠臼；而成年后的秀兰·邓波儿涉足政坛，在杰拉尔德·福特（Gerald Ford）总统任期，担任礼宾司司长，成为第一位身居该职的美国女性，她再也不是中国影迷印象中的那个"邓波儿"了。

同样的境遇也发生在女性知识分子身上。当波伏瓦被介绍到中国时，她的姓被译作"波伏娃"。"娃"的女字旁明显具有"女娇娃"的即视感，"伏"与"娃"的组合更让人联想到一个柔弱女孩低眉顺眼的模样。伍尔夫的姓最初被翻译成"伍尔芙"。"芙"的花卉意象，明显为她的姓氏增添了温柔的女性气质。作为对 20 世纪的西方社会最具影响力的两位女性主义者，她们的中译名却被赋予了强烈的传统性别符号，与她们本身的气质大相径庭。

究其原因，一种说法是姓氏中译之所以过分强调女性性别，是因为在 20 世纪海外文化刚传入中国时，翻译界的主流指导思想是严复提倡的"信达雅"。因此，在翻译时不免更多地使用贴合中国传统观念和文化的字眼，让外国女性显得更像中国的"大家闺秀"。一种说法是，由于当时的中国人不习惯外国人姓名的冗长及其排序方式（姓在后、名在前），所以会更频繁地使用姓氏来替代全名，于是在姓氏中混入"女性"元素以避免一些误会。还有一种理想化的推测是，在 20 世纪初的中国，译介者也许希望通过这种强调方式，引发公众对这些外国作家性别的注意，让公众意识到女性也可以拥有伟大的思想，创作出伟大的作品，以此来激励中国女性。然而即便如此，从长远来看，这依然违背了女性主义打破传统性别意识和男权话语体系的传播策略。

正如鲁迅所讲："如果我们周家的姑娘不另姓绸，陈府上的太太也不另姓蔯，则欧文的小姐正无须改作妪纹，对于托尔斯泰夫人也不必格外费心，特别写成妥嬭丝苔也。"从实用性角度来看，翻译应该传递足够准确无误的信息，而"女性化"姓氏翻译则是在中性的姓氏中传递了多余的性别信息。从现代性别平等主义的视角来看，无论是男性还是女性，作为独立存在的个体，在更多的语境下，其性别无须得到刻意的强调。将"波伏娃"重译为"波伏瓦"，使"伍尔芙"的"芙"去掉了草字头，这些新的翻译正伴随着性别观念的不断演进而得到广泛传播。

接下来，我们以《海上花》的三个译名的对比来看女性的群像命名，也许能引发更多的思考。

在侯孝贤导演的电影文本中，"海上花"被翻译为"Flowers of Shanghai"。花，是极具传统性别特征的意象，这个直译没有过滤原有文本的男性视角，将文本叙事主体的女性形象和地位，放置在一层需要修辞转换的视觉美学中，营造出"愿君多采撷""花开堪折直须折"的氛围。

第二种翻译是"The Belles of Shanghai"，这是张爱玲的好友宋淇提出来的。但张爱玲不接受这个译法，她认为 belle 只是指良家美女，若用在《海上花》里的风尘女子身上，既不能表现出其独特的身份，也抹杀了两者之间在地位、特征等方面的巨大差别。

第三种是张爱玲的翻译。张爱玲的译名版本是特别的。她曾这样解释：吴语中对高级交际花的称谓是"先生"，读作"西桑"，西方人听了就误以为是"sing- song"。于是她将错就错，将书译名定为"The Sing-song Girls of Shanghai"，既直截了当地说明了文本的主要人物是女性，又表明了她们的独特身份和职业属性，不美化，不模糊，也不被男性中心的美学隐喻所左右。

《海上花列传》相关影视作品及原作

第五节　网络亚文化文本中的性别协商

网络亚文化文本时常被认作一种承载着觉醒的女性自主意识的文化形态，是女性或非性别二元对立者在网络空间中开展符号占有、解读和创作的话语形式。

一、耽美文本与性别话语改写

（一）耽美文化的兴起与话语形式

耽美文化兴起于 20 世纪 60 年代的日本，深受 19 世纪西欧唯美主义运动的影响。起初，耽美文化的主要目标为，"反对以暴露人性丑恶面为主的自然主义，追求找出官能美并陶醉其中的文学意义"；后来便逐渐代指同一性别的言情文本，并衍生出广播剧、插图、漫画、动漫、cosplay（角色扮演）、游戏、电影、电视剧等产品。现代意义上的狭义的耽美文化由此诞生。唯美、理想化、以女性视角进入，是耽美作品的主要特征。

到了 20 世纪 90 年代末，伴随着互联网技术的高速发展，社会化网络构建的媒介改变了信息传播的时空结构，轻易打破了地域、国界与文化的壁垒，一些日本的耽美畅销作品传入中国，如后藤信的《春风物语》、秋月透的《富士见二丁目交响乐团》、吉原理惠子的《间之契》等。互联网不仅为中国耽美亚文化的萌芽提供了丰沃的土壤，同时保证了其传播路径的畅通。中国作者开始在相关的互联网平台上创作、发表有别于日本耽美文学的新作品，并渗透广播剧、电视剧、网剧的制作生产，收获了巨大流量，创造了巨大市场，例如《镇魂》《陈情令》《山河令》等红极一时。

在传统性别气质与性别凝视不断解构的当下，以典型的女性审美诉求去构建女性话语空间，使耽美文化成为互联网环境下实现性别话语协商的重要环节。对大部分女性异性恋者而言，她们在生活中并没有太多机会去体会更为复杂的性别认同、多元的性别结构，而耽美文化无疑创造了一个性别身份更加多元化的试验空间。而网络去中心化的传播模式使具有双重反叛意味的耽美文化突破了"沉默的螺旋"，获得了"次公共领域"。在这种替代性的"公共领域"中，所有被拦阻在公共领域议程之外的性别颠覆或禁忌话题聚合成束，构成特有的女性话语和身份认同。

通过耽美文化，女性正试图改写男权文化下"男尊女卑""男强女弱"的话语体系，投射自我的情感与欲望。创作、观看、传播耽美作品的过程就是女性塑造、影响甚至是挑选男性的过程。在这一过程中，男性成为客体，女性借此将两性关系的支配权力抓在自己手里，挑战男权文化下的权力结构，通过"物化"男性的行动，反抗女性被"物化"的现实。

大部分喜欢耽美的女性，在创作和观看的过程中会有意识地塑造、选择势均力敌的恋爱双方，解构传统异性情侣"一强一弱"的形象特征，借此表达自己的立场，表现女性对平等、独立的社会地位的追求。诸如《镇魂》《杀破狼》《魔道祖师》等作品都塑造了势均力敌的两位男性主角的形象，两人携手同行、并肩作战。这种对传统男女两性性别气质规范的打破，使耽美作品构筑出一个性别气质多元化的世界。许多以往只出现在女性角色身上的特征、性格和技能，会集中体现在男性角色身上。例如《花容天下》里的男主角之一重莲因其绝世容颜而得到了"冠世美人"的称号。又如《云雀》《独钟》等作品中"人妻受"设定的男主角就继承了传统家庭妇女的气质，作品由此解构了男权社会长期形成的男女性别规范。

在耽美的世界中，性别、性取向、性别认同都是流动的，两位男人共同抚养孩子、组建家庭的桥段也时有出现。女性通过耽美文化质疑了传统性别分工，打破了传统性别规范，在文本上实现了性别话语的协商和新型建构。在此基础上，耽美文化对性别角色权力模式进行了新的探索。由于两个角色是同一性别，耽美作品与言情作品相比，角色间的权力关系更加对等。除去部分设定特殊的作品，耽美作品的主角双方在爱情中展现出更多的相互理解，更能相互体谅和支持，更能呈现并肩看大好河山的画面。不少女性由此代入自己理想的异性恋目标，希望这些特质能出现在自己的恋情中。同时，在耽美作品构建的纯爱世界里，许多作者在创作过程中有意无意地忽略了生育这一话题，由此脱离了家庭性别结构的种种束缚，展现了超越性别的自我构建特征。

（二）耽美文化的性别话语协商与局限

耽美文化的性别话语协商体现在不少异性恋者作者及受众借耽美文本表达对非异性恋者的理解和支持上，其中也有对跨性别人士的认同，但这种性别话语协商是有局限性的。

其一，耽美文本在其构建的性别理想主义乌托邦里，设定异质空间或者虚构世界（例如星际文、末世文），有意无意地规避了非异性恋群体受到歧视、厌恶的现实，与主流语境和现实存在一定的疏离。一些耽美文本甚至忘却了男权制的沉重，逃避男权社会的规训，以此获得暂时的自由与心灵的狂欢。这使得耽美文化的性别话语协商没有真正获得解构传统男权的力量。耽美爱好者绝大多数是女性，男性对这一文化的态度大多表现为误解和抗拒。"我不了解，这与我无关"，"我不理解，这不是变态吗"，主流文化和很多男性如此表达自己对耽美文化的态度。耽美文化依然是小众文化、亚文化，是迷糊的、被客体化的文化，身处其中的人小心翼翼地在自己与主流文化之间竖立一面高墙，拒绝对外沟通和交流。

其二，耽美文化本质上侧重美。男性凝视下的主流文学与影视建构了完美女性的气质与形象，也宣扬了大众普遍的择偶观——只有美丽、纤瘦的女性才"配"拥有美满的爱情。在耽美世界中，出于对男权社会所定义的女性的厌恶，"完美女性"被驱逐出自己的领地。但耽美文化又沉溺于自己构建出来的美色，赋予人物形象绝对出色的外貌，从而加深了对审美的另一种规训。

其三，耽美文化在一定程度上体现了女性群体潜意识中对女性性别身份的不认同。耽美文化反向凝视男性、书写男性，被有些学者看成是具有女权意识的话语反抗，是女性正视自身欲望和大胆追求欲望的尝试。然而，这一观点却无法解释为什么在深受女性喜爱的耽美文本中没有女性角色，即使有，也往往只是阻碍者与旁观者。在耽美爱好者社群的日常交流中，女性几乎不构成任何话题。耽美文化是女性缺席的女性文化。因此也有学者认为，这种缺席恰恰证明了在耽美文化中女性不曾真正拥有与男性对等的话语权。

用男性来替代一个女性的理想形象，似乎指向性别话语协商的唯一方式是将女性的意识保留，而将实体排除在外。耽美文化一方面赋予男性角色以女性的特征，另一方面又否定把男性角色女性化，这样的矛盾冲突反映出女性话语的困境，即我们把"女"这个性别的特征隐藏，用男性的身份在社会上行事，获得男性的力量、地位，从而得到社会的认同。而它的潜台词是，女性的能力是不被承认的，既不被女性自己承认，也不被社会承认。

法兰克福学派曾提出，和主流文化不同，小众的亚文化是为了给明日世界保存一片理想空间。耽美文化和其他亚文化一样，虽然不被主流文化和传统媒介全然接受，却是互联网背景下新型性别话语协商与重构的空间与机会，充满对性别意识、性别平等等诸多命题的勇敢探索。

二、ABO文本的去性别生育构写

（一）男权制社会的生育文本

在由网络文学大IP改编的影视剧中，不乏超乎常理的科幻或者仙侠故事，受众似乎并不介意其中的角色是否符合人类的生物性。然而一旦涉及性别倒置的生育角色安排，人们的理性就会竖起高高的旗帜，声嘶力竭地呐喊着"这是不能被接受的"，认为在这种"男人不再像个男人"的设定中，充满着对异性恋规范下生理性别与社会性别之间强制对应的恶意反叛。

男权制文化虚构出一个高大、庄严、威猛、勇敢、有智慧的男性英雄形象，一切不利于这个形象的要素都要被摒弃和抹掉。人们可以接受一个"完美男性"形象在拯救世界时因被击中腹部而呕吐，却不能接受他像个怀孕的小媳妇那样孕吐。当男权系统下的所有人（包括男女两性）将女性视为生育工具时，原本的生殖崇拜早已被生产（财权）崇拜所替代。"生育"不再被视为崇高与荣耀的代表。尽管只有女性可以生育，但是性与生育的实际权利却牢牢掌握在男性手中。一位女性能否生下或养育孩子要依靠她的丈夫或是父亲的裁决，也很少有男性参与女性的节育和避孕。生育就此与女性和柔弱捆绑了起来，"是否被支配"成为男性和女性最泾渭分明的界限之一，也成为男性唯恐避之不及的存在。在这样的背景下，男性生育的题材必然是反权威的。

贾舒在《因何而生：从性别文化视角看网络文学中的男性生育题材》一书的"无法回避的生育之痛"部分如此写道。

> 男权社会就将生育这个自然行为历史化了。所以在传统的男性文学中，那些"道德的"生育行为都披着神话（外衣），男权写作将其中令人难以忍受的疼痛悄无声息地隐匿在"承接香火"的喜悦中。我们不难想象那些在文学作品中经常见到的守候在门外的父亲，他们不需要亲眼见证分娩中的女性所经历的折磨，只需要带着"焦灼"的心来回不停地踱步，就可以听见婴儿响亮的啼哭，为他们带来子嗣得以繁衍的欣慰。

在可被选择的更具想象空间的文学形式，如科幻小说中，对男性生育题材的书写从一开始就展现出了女性主义特质。因为几乎所有书写这个题材的作者，都是出身良好、受过高等教育，并对女性主义有所了解和实践的。他们在开笔前就认真思考过相关命题，并在创作的过程中展现出十分强烈的目的性和较为深刻的探讨。

在相对自由的网络文学创作中，有作者开始试着将女性从生育的固定位置上解放，将男性纳入生育想象。男权社会对母亲应该为生育牺牲一切的鼓吹，让母亲丧失时间与空间及部分或全然的自我，继而深陷隐性的"性别歧视"。而资本社会又从母亲的这种牺牲中提炼出一系列焦虑，如身材焦虑、容貌焦虑、100分母亲[①]焦虑，用以构造出庞大的消费市场。而这样的歧视和焦虑在有关男性生育题材的创作中反过来被安置在男性身上。

比如，网飞的首部男性生育题材日剧《桧山健太郎的怀孕》将故事背景设定为男性可以怀孕生子。当男主角桧山健太郎意外怀孕，他的爱侣——女

---

① 100分母亲是指，事无巨细，对孩子无微不至，为孩子倾尽所有的妈妈。

主角濑户亚季听到消息后的第一反应是："孩子是我的吗？"之后，男主角向女主角提出结婚，可女主角还没有考虑过结婚的问题，于是推脱道："以后再说吧。"在两人的关系陷入尴尬之时，男主角的孕期反应也逐渐显现。一整天的孕吐，被折磨得不成人样，而老板却以为他在"摸鱼"，不断监视他。为了孩子，男主角不得不面对公司、社会的审视，放弃了原本梦想中的工作机会，还要忍受生产时的剧痛、周围人的指指点点……当他向女主角倾诉时，最终只换来了"抱歉"两个字。总之，女性怀孕时遇到的困境，在这部剧中，都被施加在男性身上。

（二）男性生育网络文学的接受与传播

网络文学中的男性生育题材是在男权制话语体系与新时代男女平等思想的夹缝之中成长起来的。如今，去知名文学网站晋江文学城搜索，男性生育题材的网文可以达到万部以上。

作为男性生育网络文学主要创作群体的女性作者，一方面希望尽可能在创作中传递出对性别平等的期待，另一方面却又不自觉地被男权制影响。这些作者笔下的男性角色会因为生育而怀疑自己的身份，认为生育过后的自己会成为一种残次品。但这些作者并不会将自己限制在传统性别制度和秩序的权威之中，所以不会让那些生育的男性耽于成为"劣等公民"的自卑，而是给予他们新的、独立完整的人生。在这个过程中，这些作者其实在试图摆脱男性给予女性的定义和标签，努力将人生掌握在自己的手中，成为自己期待中的模样。

越来越多的普通女性加入了写作的行列，以 80 后、90 后为主力，一部分 00 后也开始登上创作舞台。在创作之外，她们可以是任何行业的从业者，比如教师、学生、律师、医生……不论是职业女性还是家庭主妇，创作群体前所未有地扩大了。此外，网络文学没有关于写作方式和类型的种种限制，孤雄生殖①可以与异性生殖甚至无性生殖出现在同一时期。男性生育题材的写作已经打破了限制，从古风背景到现代社会背景，从原创到同人，男性生

---

① 孤雄生殖是一种生物学概念，指的是精子在没有卵子参与的情况下，直接发育。单性生殖可分为孤雄生殖与孤雌生殖两种。

育可以出现在文学创作的各个角落。其中，最有代表性的是ABO①文学。

（三）ABO文学的女性主体性建构

ABO文学在大多数情况下都以男性为主角。在ABO文学中，Alpha被赋予的属性正是男权制社会通过千百年来的文化侵蚀建构起来的男性特质。Omega身上那些对ta们来说似乎非常不利的特性，则是女性特质被无限放大的结果。例如，Omega对不同性别拥有较强的性吸引力，其较为虚弱、娇小、较高体脂率的身体使ta们的忍耐力强于Alpha和Omega；ta们还拥有较强大的生育能力，甚至可以自行生育并且繁殖后代。Beta在平时可以生育，在困难时期则可以成为劳动力帮助养育Omega的孩子。此外，ABO文学还有一些隐性设定，例如Alpha能够通过性行为对Omega进行标记，从而使得Omega成为ta的私有物。

ABO文学的设定突破了耽美小说的性别限制，在现实社会中泾渭分明的性别区分被取消在文本中。作者一面试图展现女性群体反对和抵抗这种性别秩序的力量，一面又极力刻画这种刻板的社会制度，旨在为读者提供一个复杂且具有争议性的世界设定，从而引导受众在严酷极端的性别政治和结构中去思考女性的身份焦虑问题。ABO文学呈现的社会性别特征、性别权力等级、性爱的动物本能等问题，其本质是对现实生活的一种夸张式表现，从某种程度而言也是现实的替代品，是人们用以寄托梦想的工具，从变革社会的理想到幽深的欲望都包含在文本中。

ABO文学中由鲜明的性别意识、严重的社会性别和生理性别倒错所带来的思维冲突，让受众沉迷思考，当男性成为生育的主体后，究竟会对他们自身的性别认知产生什么样的冲击；同时，受众也以此讨论新的性别角色期待。可以说，ABO文学去性别的构写成为性别革命的温床和女性主义理论的试验场。女性对自己处境的不满与对未来的期待都可以毫无保留地借由男性生育题材展现并传播开来，在大众还未将目光投向这个前沿的话题时，她们就已经开始在自己的角落中思考、畅想可能的男性生育社会图景。一部分男

---

① ABO是Alpha Beta Omega这一英文词组的缩写。2011年10月，ABO作为同人写作的一种特殊设定，被引入中文领域。这一特殊设定通过在男女性别的基础上虚构由Alpha、Beta、Omega组成的第二性别，将人类分为六类。其中Alpha和Omega可以分泌和感知信息素（一种有味道的化学物质），并使用其进行交流；而Beta却没有这种能力。

性受众则开始跳出传统男权制思维的怪圈，重新定义自己在两性关系中的角色定位和职能。男性生育题材从表面上看是女性自己主动抛弃了这个大众眼中的"拖累"并且将之强加给男性，但是通过作品我们可以发现，在男性生育题材网络文学中表现出"仇男"思想的只是极少数。与其说是女性抛弃了自己生育的特权，不如说她们是在分享，即通过男性生育题材网络文学，她们将女性体验过的痛苦和欢娱一同分享给了那个一直站在自己对面的群体。这种分享并不具有恶意，而是诚恳的、带着获取理解的渴望。所以，这类文学作品的作者十分乐意祝福自己笔下那些生育的角色，给予他们生育之后更多的温馨与幸福，为角色的未来，也为自己的未来打开一扇新的大门，门外是所有性别的人类都可以和谐共处的花园。

　　总之，在男性生育题材网络文学中的"男性"性别是被赋予的和可以改变的。这种文本类型的发展处于一个有趣的时间节点：在它之前流行和传播的是几千年的男权制传统文化；而在它的身后，则是未来科技和人类的发展倾向。尽管现在男性生育题材并不为大众所熟悉，但是这些站在历史转折点上的女性的思考是十分有意义的。在百年之前，儒勒·凡尔纳的科幻作品连接了想象和现实；而现在，我们亦有理由相信，男性生育题材的网络文学作品可以在思想观念的转变上承接我们的过去和未来。

思考与讨论

1.如何看待古代诗词"男子作闺音"对女性话语权的影响？

2.讨论七夕情人节故事原型中所包含的性别暴力母题。

3.如何理解"女性们应该和那些绑定归属于她们的女性空间、女性能力和女性欲望的偏见进行斗争"这句话？

4.《青蛇》文本是否传递出了"万物本性皆是阴阳并存"的完整性？

5.结合中国古代女性命运，讨论"祸水"的厌女本质。

6.选择中国古代四大名著中的一本，试着分析它是如何进行性别书写的。

7.网络亚文化文本如何反映当代年轻人的性别意识和话语构建？

参考文献

[1] Betty Friedan.The Feminine Mystique[M].New York:W. W. Norton&Compa-
     ny,2001.

[2] Christele Harrouk.联合国人居署于世界城市日公布《2020世界城市报告》
     [EB/OL].(2020-11-9)[2025-1-24].https://www.archdaily.cn/cn/951047/lian-he-guo-ren-
     ju-shu-yu-shi-jie-cheng-shi-ri-gong-bu-number-syck-mergekey-0x00000009b590b0-
     2020shi-jie-cheng-shi-bao-gao.

[3] Judith Butler,Elizabeth Weed.*The Question of Gender:Joan W. Scott's Critical Femi-
     nism*[M].Monroe:Indiana University Press,2011.

[4] Margaret Walters.*Feminism:A Very Short Introduction*[M].Oxford:Oxford University
     Press,2006.

[5] Mary Astell,Patricia Springborg.Astell:Political Writings[M].Cambridge:Cambridge
     University Press,2005.

[6] Mead M.*Male and Female:A Study of the Sexes in a Changing World*[M].New York:New
     American Library,1964.

[7] R. W. Connell.*Gender and Power:Society,the Person and Sexual Politics*[M].Palo Al-
     to:Stanford University Press,2018.

[8] R. W. 康奈尔.男性气质[M].北京:社会科学文献出版社,2003.

[9] Rachel Brownstein.Why Jane Austen?[M].New York:Columbia University Press,2011.

[10] Robert Nadeau.S/*He Brain:Science,Sexual Politics,and the Myths of Feminism*[M].
     Westport,Connecticut,London:Praeger,1996

[11] Robert Stoller.*Sex and Gender:The Development of Masculinity and Femininity*[M].

London:Karnac Books,1984.

[12] 阿曼达·蒙特尔.语言恶女：女性如何夺回语言[M].北京:北京联合出版社,2024.

[13] 埃莱娜·费兰特.那不勒斯四部曲[M].北京:人民文学出版社,2017.

[14] 埃莱娜·费兰特.碎片[M].北京:人民文学出版社,2020.

[15] 埃米娅·斯里尼瓦桑.性权利：21世纪的女性主义[M].上海:上海三联书店,2024.

[16] 艾里·克里南伯格.单身社会[M].上海:上海文艺出版社,2015.

[17] 奥古斯特·倍倍尔.妇女与社会主义[M].北京:中央编辑出版社,1995.

[18] 班昭.女诫[M].北京:中央民族大学出版社,1996.

[19] 包芳.人生不同阶段对性别文化的内化[J].河北大学学报（哲学社会科学版）,2007(1).

[20] 卜卫.媒介与性别[M].南京:江苏人民出版社,2001.

[21] 布莱恩·特纳身体与社会[M].沈阳:春风文艺出版社,2000.

[22] 蔡青梅.密尔女权思想及其影响研究[D].杭州:浙江大学,2012.

[23] 蔡元培.蔡元培先生言行录[M].济南:山东人民出版社,1998.

[24] 曹晋.媒介与社会性别研究：理论与实例[M].北京:清华大学出版社,2015.

[25] 曹雪芹,高鹗.红楼梦[M].北京:人民文学出版社1996.

[26] 畅引婷.对西方女性主义理论资源的辩证整合及实践意义[J].天津师范大学学报（社会科学版）,2006(7).

[27] 陈东原.中国妇女生活史[M].北京:商务印书馆,1928.

[28] 陈洪,乔以钢.中国古代文学与文化的性别审视[M].天津:南开大学出版社,2009.

[29] 陈珺.传教士与晚清女学[D].保定:河北大学,2000.

[30] 陈淇淇.新功能主义理论视角下的传媒与性别[J].大众文艺,2019(2).

[31] 陈顺馨,戴锦华.妇女、民族与女性主义[M].北京:中央编译出版社,2004.

[32] 陈廷一.宋庆龄全传[M].北京:中国社会出版社,2004.

[33] 戴锦华.性别中国[M].台北:麦田出版社,2006.

[34] 戴锦华.犹在镜中：戴锦华访谈录[M].北京:知识出版社,1999.

[35] 道润梯步.后汉书·南匈奴传[M].呼和浩特:内蒙古教育出版社,2022.

[36] 邓春兰.我请求北大开放女禁的经过[M]//朱有献.中国近代学制史料第3辑下册.上海:华东师范大学出版社,1992.

[37] 蒂姆·乔丹.国际权力：网际空间与国际网络的文化与政治[M].台北:韦伯文化事业出版社,2011.

[38] 段成利.论性别政治的终结[D].杭州:浙江大学,2013.

[39] 段玉裁.说文解字注[M].北京:中华书局,2013.

[40] 多琳·马西.空间、地方与性别[M].北京:首都师范大学出版社,2017.

[41] 恩格斯.家庭、私有制和国家的起源[M].北京:人民出版社,2003.

[42] 范红霞.基于性别视角的媒介暴力研究[D].杭州:浙江大学,2013.

[43] 范红霞.媒介眼中的"她者"图景与性别话语研究[M].杭州:浙江大学出版社,2017.

[44] 范小军.浅谈男性性权利在强奸罪中的法律保护[J].法制与社会,2011(11).

[45] 冯梦龙.警世通言[M].北京:人民文学出版社,1994.

[46] 弗吉尼亚·伍尔夫.达洛维夫人:伍尔夫作品[M].北京:北京十月文艺出版社,2021.

[47] 弗吉尼亚·伍尔夫.伍尔夫读书随笔[M].上海:文汇出版社,2012.

[48] 弗吉尼亚·伍尔夫.一间只属于自己的房间[M].上海:上海译文出版社,2023.

[49] 弗吉尼亚·伍尔夫.一间自己的房间[M].北京:中信出版社,2019.

[50] 盖笑松,王晓宁,张婵.走向双性化的性别角色教育[J].东北师大学报（哲学社会科学版）,2009(5).

[51] 干宝.搜神记[M].北京:中华书局,2022.

[52] 高乐田,费雪莱.朱迪斯·巴特勒的性别操演理论及其政治意蕴[J].湖北大学学报（哲学社会科学版）,2016,43(2).

[53] 高万隆.女权主义与英国小说家[J].外国文学评论,1999(2).

[54] 葛罗莉亚·玛丽·斯坦能.行动超越语言[M].呼和浩特:内蒙古人民出版社,1998.

[55] 龚明之.中吴纪闻[M].上海:上海古籍出版社,1986.

[56] 顾春花.一个女人的"越狱":评电影《盲山》[J].电影文学,2008(17).

[57] 郭俊红.天鹅处女型故事[M].北京:中国社会出版社,2010.

[58] 韩邦庆.海上花列传[M].北京:人民文学出版社,2014.

[59] 汉娜·阿伦特.人的条件[M].上海:上海人民出版社,2001.

[60] 何成洲.性别、理论与文化[M].南京:南京大学出版社,2010.

[61] 荷马.荷马史诗·伊利亚特[M].北京:人民文学出版社,2015.

[62] 赫伯特·马尔库塞.爱欲与文明:对弗洛伊德思想的哲学探讨[M].上海:上海译文出版社,2005.

[63] 黑格尔.法哲学原理:或自然法和国家学纲要[M].北京:商务印书馆,2011.

[64] 黑格尔.精神现象学[M].北京:商务印书馆,1979.

[65] 胡晶晶.三十年代《申报·自由谈》对女性意识的传播[D].合肥:安徽大学,2007.

[66] 胡适.大学开女禁的问题[J].少年中国,1918,1(4).

[67] 华莉斯·迪里.沙漠之花[M].桂林:漓江出版社,2012.

[68] 黄盈盈.性/别、身体与故事社会学[M].北京:社会科学文献出版社,2018.

[69] 吉丽娜.对女权主义受众理论的中国化思考[D].长春:吉林大学,2008.

[70] 贾舒.因何而生:从性别文化视角看网络文学中的男性生育题材[M].北京:中国社会科学出版社,2021.

[71] 姜波闻铭.论中国当代女性主义文学批评的困境[J].理论观察,2010(3).

[72] 角田光代.坡道上的家[M].杭州:浙江人民出版社,2020.

[73] 杰梅茵·格里尔.女太监[M].上海:上海文艺出版社,2011.

[74] 井上辉子,上野千鹤子,江原由美子,等.岩波女性学事典[M].东京:岩波书店,2002.

[75] 卡伦·霍尼.我们内心的冲突[M].上海:上海译文出版社,2018.

[76] 卡罗尔·吉利根.不同的声音:心理学理论与妇女发展[M].北京:中央编译出版社,1999.

[77] 柯尔伯格.道德教育的哲学[M].杭州:浙江教育出版社,2000.

[78] 克瑞斯汀·丝维斯特.女性主义与后现代国际关系[M].杭州:浙江人民出版社,2003.

[79] 邝丽莎.雪花和秘密的扇子[M].北京:人民文学出版社,2006.

[80] 莱斯莉·克恩.女性主义城市[M].上海:上海人民出版社,2024.

[81] 劳伦·埃尔金.漫游女子:徜徉在巴黎、纽约、东京、威尼斯和伦敦[M].北京:商务印书馆,2021.

[82] 乐史,王文楚.太平寰宇记[M].北京:中华书局,2008.

[83] 雷敬.浅谈"金赛性向"理论在社会生活中的适用价值[J].中国性科学,2020,29(2).

[84] 李碧华.青蛇[M].天津:天津人民出版社,2005.

[85] 李娟.我的阿勒泰[M].广州:花城出版社,2021.

[86] 李琦.传媒与性别:女性媒介的传播社会学阐释[M].长沙:湖南师范大学出版社,2008.

[87] 李小江.女性?主义:文化冲突与身份认同[M].南京:江苏人民出版

社,2000:39-40.

[88] 李岩.社会性别视阈下的"父权制"批判[J].武汉理工大学学报（社会科学版）,2016,29(3).

[89] 李银河.妇女：最漫长的革命[M].北京:中国妇女出版社,2007.

[90] 李银河.女性主义[M].上海:上海文化出版社,2018.

[91] 利斯贝特·范·祖伦.女性主义媒介研究[M].桂林:广西师范大学出版社,2007.

[92] 联合国教科文组织.媒体性别敏感指标：衡量媒体运行和媒体内容性别敏感的指标框架[M].北京:中国传媒大学出版社,2017.

[93] 联合国新闻.联合国妇女署：只有26个国家由女性领导[EB/OL].(2024-10-27)[2024-6-24].https://news.un.org/zh/story/2024/06/1129526.

[94] 梁辰鱼.浣纱记[M].北京:中华书局,1959.

[95] 林奕含.房思琪的初恋乐园[M].北京:北京联合公司,2018.

[96] 琳达·诺克林.为什么没有伟大的女艺术家？[M].桂林:广西师范大学出版社,2023.

[97] 刘锦清.露西·伊利格瑞女性主体性理论研究[D].桂林:广西师范大学,2019.

[98] 刘利群.社会性别视野下的媒介研究[M].北京:中国传媒大学出版社,2013.

[99] 刘利群.社会性别与媒介传播[M].北京:北京广播学院出版社,2004.

[100]刘宁元.清末北京最早的妇女报刊和团体[J].历史档案,2016(1).

[101]刘淑芳.女性主义科学认识论探究[D].南昌:南昌大学,2013.

[102]刘晓辉.后现代女性话语的解读：从媒介与女性关系的视角出发[D].济南:山东大学,2010.

[103]刘长星.从"自由"到"超越"：探讨《第二性》中女性解放的历程[J].传奇（传记文学选刊）,2010(8).

[104]卢梭.爱弥儿[M].北京:商务印书馆,2011.

[105]罗贯中.三国演义[M].北京:人民文学出版社,1998.

[106]罗贵祥,文洁华.杂唛时代：文化身份、性别、日常生活实践与香港电影1970s[M].牛津:牛津大学出版社,2005.

[107]吕红.简论西方女性主义批评[J].文教资料,2008(2).

[108]马冬玲.情感劳动：研究劳动性别分工的新视角[J].妇女研究论丛,2010(3).

[109]马克思,恩格斯.马克思恩格斯选集：第4卷[M].北京:人民出版社,2012.

[110]玛蒂尔德·拉雷尔.去他的父权制[M].北京:中信出版社,2023.

[111]玛格丽特·阿特伍德.使女的故事[M].上海:上海译文出版社,2020.

[112]玛格丽特·阿特伍德.证言[M].上海:上海译文出版社,2020.

[113]玛格丽特·米德.三个原始部落的性别与气质[M].杭州:浙江人民出版社,1988.

[114]玛丽·沃斯通克拉夫特,约翰·穆勒.女权辩护:妇女的屈从地位[M].北京:商务印书馆,2011.

[115]毛拉·甘奇塔诺.服美役:美是如何奴役和消费女性的[M].北京:北京联合公司,2024.

[116]孟悦,戴锦华.浮出历史地表:现代妇女文学研究[M].北京:北京大学出版社,2018.

[117]米歇尔·福柯.规训与惩罚:监狱的诞生[M].北京:生活·读书·新知三联书店,2003.

[118]米歇尔·福柯.权力的眼睛:福柯访谈录(修订译本)[M].上海:上海人民出版社,2021.

[119]闵冬潮.全球化与理论旅行:跨国女性主义的知识生产[M].天津:天津人民出版社,2009.

[120]南希·乔多罗.母职的再生产:心理分析与性别社会学[M].上海:群学出版社,2003.

[121]欧阳修,宋祁.新唐书[M].北京:中华书局,1975.

[122]欧阳修.新五代史[M].北京:中华书局,2015.

[123]澎湃新闻.全国妇联:2.7亿家庭中有三成已婚妇女曾遭家暴[EB/OL].(2023-10-7)[2020-11-25].https://www.163.com/dy/article/FSC5SEIR0514R9P4.html.

[124]澎湃研究所.女性友好城市十问[EB/OL].(2023-3-9)[2024-1-9]https://www.thepaper.cn/newsDetail_forward_22178049.

[125]乔蕤琳.女性主义的后现代转向与新型女性文化的建构[D].哈尔滨:黑龙江大学,2014.

[126]乔治·奥威尔.动物农场[M].上海:上海译文出版社,2018.

[127]邱吉青.国际社会视域中的女权主义研究[D].上海:上海交通大学,2015.

[128]任昉.述异记世说新语[M].长春:吉林出版集团,2005.

[129]芮塔·菲尔斯基.现代性的性别[M].南京:南京大学出版社,2020.

[130]萨特.存在与虚无:修订译本[M].北京:生活·读书·新知三联书店,2007.

[131]上野千鹤子,铃木凉美.始于极限:女性主义往复书简[M].北京:新星出版

社,2022.

[132]上野千鹤子.父权制与资本主义[M].杭州:浙江大学出版社,2020.

[133]上野千鹤子.努力就会有回报吗？：你们将面对的是一个不公、无解的世界 [EB/OL].(2024-10-7)[2022-10-13]./www.bilibili.com/opus/722775200040484963?jump_ opus=1.

[134]申富英.民族、文化与性别[M].北京:中国社会科学出版社,2007.

[135]盛莉萍.大众媒介领域女性性别身份的建构及其解构策略[D].西安:陕西师范 大学,2005.

[136]施耐庵,罗贯中.水浒传[M].北京:人民文学出版社,1997.

[137]世界经济论坛.2024年全球性别差距报告[EB/OL].(2024-10-7)[2024-9-14].https:// cn.weforum.org/agenda/2024/09/global-gender-gap-2024-what-to-know-cn/.

[138]斯蒂·汤普森.世界民间故事分类学[M].上海:上海文艺出版社出版,1991.

[139]宋岩.男性气质和女性气质的社会性别分析[J].中华女子学院学报,2010,22(6).

[140]苏珊·布朗米勒.违背我们的意愿：Men,Women and Rape[M].南京:江苏人民出 版社,2006.

[141]苏珊·法露迪.反挫：谁与女人为敌[M].台北:自立晚报,1993.

[142]孙汝建.汉语的性别歧视与性别差异[M].武汉:华中科技大学出版社,2010.

[143]孙雅.性别平等的人类命运共同体构建研究[D].哈尔滨:哈尔滨工业大学,2021.

[144]谭恩美.喜福会[M].北京:外语教学与研究出版社,2016.

[145]汤显祖.牡丹亭[M].北京:中华书局,2016.

[146]佟新.30年中国女性/性别社会学研究[J].妇女研究丛论,2008(3).

[147]佟新.社会性别研究导论[M].北京:北京大学出版社,2011.

[148]王红旗,孙晓琴.全本绘图山海经：海内外九经[M].武汉:武汉大学出版社,2011.

[149]王赳.女性主义者还是反女性主义者？：争议中的玛丽·沃德[J].浙江学 刊,2014(6).

[150]王军.女权主义对西方文学中女性形象的批判与拆解[J].吉林师范大学学报（ 人文社会科学版）,2008(3).

[151]王蕾.媒介·权力·性别：新中国女性媒介形象变迁与性别平等[M].北京:上海 交通大学出版社,2018.

[152]王琴.《中国妇女报》报道中的农村女性形象研究[D].南昌:南昌大学,2020.

[153]王晴锋.生存现状、话语演变和异质的声音：90年代以来的同性恋研究[J].青

年研究,2011(5).

[154] 王晓炜.性别角色理论研究进展[J].2014,12(3).

[155] 王妍.女性主义的受众解读[J].科教文汇,2008(1).

[156] 吴小英.科学、文化与性别：女性主义的诠释[M].北京:中国社会科学出版社,2000.

[157] 吴小英.性别研究的中国语境：从议题到话语之争[J].妇女研究论丛,2018,9(5).

[158] 吴攸.论玛丽·沃斯通克拉夫特的女性主义思想[J].外国语文,2014,30(3).

[159] 西尔维娅·费代里奇.凯列班与女巫：妇女、身体与原始积累[M].上海:上海三联书店,2023.

[160] 西蒙娜·波伏瓦.第二性[M].上海:上海译文出版社,2014.

[161] 夏洛特·珀金斯·吉尔曼.黄色壁纸[M].香港:八方出版社,2011.

[162] 香奈儿·米勒.知晓我姓名[M].上海:上海译文出版社,2019.

[163] 谢东华.女性主义治疗述评[J].心理研究,2010,3(5).

[164] 谢觅之.去博物馆买东西：大众审美与艺术传播[M].杭州:浙江大学出版社,2024.

[165] 辛西娅·卡特,琳达·斯泰纳.批判性读本：媒介与性别[M].北京:北京大学出版社,2008.

[166] 幸洁.性别表演：后现代语境下的跨界理论与实践[D].杭州:浙江大学,2012.

[167] 熊月之.晚清上海：女权主义实践与理论[J].学术月刊,2003(11).

[168] 徐彦之.北京大学男女同学记[M]//中华全国妇女联合会妇女运动历史研究室.五四时期妇女问题文选.上海:三联书店,1981.

[169] 杨凤,田阡.性别政治下的女性发展边缘化[J].思想战线,2006(1).

[170] 杨凤.新女性主义思潮的价值意义与理论困境[J].学术论坛,2009(4).

[171] 杨绛.我们仨[M].北京:生活·读书·新知三联书店,2003.

[172] 杨涛.1919年的湖南赵五贞事件[J].文史天地,2012(11).

[173] 叶嘉莹.性别与文化：女性词作美感特质之演进[M].北京:商务印书馆,2019.

[174] 伊恩·麦克尤恩.最初的爱情最后的仪式[M].南京:南京大学出版社,2010.

[175] 伊塔洛·卡尔维诺.看不见的城市[M].上海:译林出版社,2006.

[176] 伊藤诗织.黑箱：日本之耻[M].北京:中信出版集团,2019.

[177] 佚名.三国志平话[M].上海:上海古典文学出版社,1955.

[178] 易显飞,章雁超,傅畅梅.文化女性主义视域中的技术[J].东北大学学报,2014(3).

[179]尹旦萍.西方思想的传入与中国女性主义的崛起：新文化运动时期女性主义的思想来源[J].武汉大学学报（哲学社会科学版）,2004(4).

[180]袁珂.中国神话通论[M].成都:四川人民出版社,2019.

[181]约翰·加格农.性社会学：人类性行为[M].呼和浩特:内蒙古大学出版社,2009.

[182]岳纯之.唐律疏议[M].上海:上海古籍出版社,2013.

[183]岳丽.后现代女性主义探析[J].探索,2009(6).

[184]詹俊峰.性别之路：瑞文·康奈尔的男性气质理论探索[M].桂林:广西师范大学出版社,2015.

[185]张纯如.南京大屠杀：第二次世界大战中被遗忘的大浩劫[M].北京:中信出版社,2015.

[186]张京.“人民网”数据库2005年度性别议题新闻报道的传播监测报告（上）[J].湖南人文科技学院学报,2007(1).

[187]张敬婕.性别与传播[M].北京:中国传媒大学出版社,2009.

[188]张妮妮,康敏,李鸽.女性经验的生态隐喻：生态女性主义研究[M].北京:北京大学出版社,2018.

[189]张素玲.文化、性别与教育：1900—1930年代的中国女大学生[M].北京:教育科学出版社,2007.

[190]张文喜.性别和友爱政治的唯物史观之本质考察[J].学术研究,2019(7).

[191]张晓春.天地[M].上海:上海社会科学院出版社,2004.

[192]张艳红.“化害为利”的积极视角与“平民主义”的审美乐趣后现代女权主义的受众批判[J].北京电影学院学报,2005(3).

[193]张艳红.传媒批判视角下的女性商品化：探讨马克思主义女权主义对受众的看法[J].新闻爱好者（理论版）,2008(6).

[194]张艳红.女性主义视野下的媒介批评[M].北京:知识产权出版社,2009.

[195]章太炎.齐物论释[M].武汉:崇文书局,2016.

[196]赵南柱.82年生的金智英[M].贵阳:贵州人民出版社,2019.

[197]中共中央研究室,中共湖南省委《毛泽东早期文稿》编辑组.毛泽东早期文稿（1912—1920）[M].长沙湖南人民出版社，2008.

[198]中国妇女大百科全书[M].北京:北方妇女儿童出版社,1995.

[199]周炳琳.开放大学与妇女解放[J].少年中国,1918,1(4).

[200]周少四.女性主义媒介研究扫描[J].新闻知识,2007(6).

[201]朱迪斯·巴特勒.消解性别[M].上海:上海三联书店,2009.

[202]朱迪斯·巴特勒.性别麻烦：女性主义与身份的颠覆[M].上海:上海三联书店,2009.

[203]朱丽亚·伍德.性别化的人生：传播、性别与文化[M].广州:暨南大学出版社,2005.

[204]宗懔.荆楚岁时记[M].北京:中华书局,2018.

[205]邹振东.弱传播：舆论世界的哲学[M].北京:国家行政学院出版社,2018.

后　记

　　2024 年深秋，黄叶尽染。在"媒介与性别文化"课堂上常变常新的讲义，终于落实为一本书稿。深耕教学一线十余年，此课始终因其独特的对生命深层的探索以及深切社会热点的属性，深受学生欢迎。每个学期，我都会收到很多学生所撰写的对这门课程的心得与感谢。然相比较课堂授课，对落笔著述一事，我一直诚惶诚恐：一则是国内外相关领域的先贤巨擘成果颇丰，经典论著层出不穷；二则在中国社会转型的过程中，性别文化一直处在解构和重构的动态中，只有建立共创思维，才追得上日新月异的变化。

　　2020 年，该课程开启了线上线下混合式的创新教学模式。我在课程录制过程中确定了相对固定的框架和文本内容，并在课堂外开展了贴合"媒介与性别文化"大课题的分组教学主题，囊括了"新闻（新媒体）与性别文化""脱口秀与性别文化""影视（含短视频）与性别文化""阅读与性别文化""博物馆（艺术）与性别文化""广告与性别文化"以及 X-Part（自主选择的部分），并借由知到、学习通等教学工具，达到了师生同池共创的效果，使这门课程不断展现出新的生命力。之后，又将课程资源投放到智慧树和学银在线平台运营，该课程有幸获得了省级线上一流课程的认定。至此，书写一本与之相匹配的教材，似乎已责无旁贷。

　　如今，这些"落定"的文字，就内容的丰富性、结构的完整性、相关热点性别事件的时效性而言，可能不及"正在发生的课堂"那般灵动，同时亦无法对分组教学的学生无领导小组讨论的热烈、生动进行呈现，但其基于时间积淀的沉思可作为对"媒介与性别文化"课堂跨越时空的阶段性记录与回响，也可作为对课堂内外关注这一领域的大小伙伴们的小小献礼。

感谢我的导师、国家级教学名师、浙江省特级专家肖瑞峰教授为"东方文本中的话语制造与性别叙事"部分书写开篇第一节"古代诗词中的性别流动：'男子作闺音'现象"；感谢钱国莲教授为该部分的第二节"古代叙事文本中的性别凝视与厌女意象"的倾情书写；感谢邵鹏教授为本书的"女性主义的传媒批判理论"章节留下宝贵的笔墨。

感谢浙江工业大学教务处的立项支持，感谢浙江工业大学人文学院各位同仁好友在各个环节的帮助，感谢同学们在课堂上的灵感激发与教学相长。

感谢浙江大学出版社的顾翔老师促成此书的出版，我们的再度合作令我如沐春风。

感谢此书中所有引用书籍、论文及相关资料的作者和出版机构，虽力求列举参考文献标注出处，但难免挂一漏万，烦请包涵。

最后，感谢我的父亲母亲，是他们先进的性别观念，赋予我自少年时代起便清醒强大的性别自主意识；感谢家里的小朋友，他总是对我说："妈妈，我是一个女性主义者哟。"